蔣介石秘檔與信函

風雨載途的宦海，
有驚無險的劫難，
色厲內荏的抗戰，
難挽既倒的兵敗，
是是非非的性格……
蔣介石到底是個什麼樣的人？

張慶軍　著

蔣介石秘檔與信函

目錄

目錄

蔣介石秘檔與信函

序言

「文如其人」。蔣介石的信函恰是他思想的寫照，性格的反映，心理的折射。

從蔣介石的人生軌跡分析，他的信函反映出來的特點，明顯可分爲兩個階段，以一九二六年北伐戰爭的發動爲標誌。在此之前，由於他的地位還不甚顯赫，尚處於個人奮鬥時期，因此常有真情的流露。同事、親戚、僚屬之間也多以書面形式進行表達，或娓娓而談，或嘵嘵置辯，或抵掌而論，甚至不無偏激、衝動和不成熟。惟其如此，反而顯示了作爲一個普通人的喜怒哀樂，反映了他的心路歷程。

北伐戰爭發動後，蔣介石開始登上了權力的最高峰，從此以後，他寫信的風格也爲之一變，給人一種頤指氣使、霸道的感覺，多指示，多教訓，多說教，其語言也顯得枯燥、程序化，而缺少真情的流露。在形式上，因爲戎馬倥傯，轉戰南北，爲追求便捷、快速，則多以函電的形式表達，篇幅也較之以前更爲簡短。這種變化，其實也顯示了一種身分上的變化。

蔣介石的信函也反映了他一生的各個側面，內容涉及家庭、婚姻、政治、軍事、外交等各個領域，由於蔣介石地位的特殊性，人生的傳奇性，因此圍繞他發生的許多事至今仍是人言人殊，如霧裡看花，莫衷一是，而這些信函則正是他個人的自白，對我們全面深入地研究蔣介石，乃至對民國史的探討都不無益處。

事實上，作爲歷史上一位風雲人物，執中國政壇牛耳數十年，他的信函確有可讀、玩味之處。他的某些人生觀、處世哲學、立身思想、統治手法、治兵心得，也都帶有某些明顯的中國傳統社會的烙印和儒家思想的痕跡，不乏糟粕，也不乏值得總結討論之處，這些，正是我們出版此書的原因。

嶄露頭角

蔣介石致孫中山函

一九二四年秋，廣州發生商團叛亂，其時的蔣介石，正在黃埔島上一門心思辦軍校，幾個月下來，一支完全新型的軍隊已初具雛形，猶如一把待出鞘的利劍，正欲一試鋒刃，恰巧商團叛亂，給了黃埔軍牛刀初試的機會。

這次商團叛亂的主謀人物是陳廉伯，這個人在廣州商界跺跺腳也地動山搖。他善於理財，尤其長於經營銀行業，在運輸業、礦業、絲業等方面，也都插上一手，身任廣州總商會會長兼出口洋莊商會總理。

陳廉伯不是個好打交道的人，別看他西裝革履，溫文爾雅，生意場上的你死我活、爾虞我詐，早把他摔打得狡猾、陰險。買辦當久了，不僅服飾舉止很歐化，連心也偏向著外國老闆。

陳廉伯

他對孫中山的廣東革命政府早就心懷敵意了，特別是實行國共合作政策以來，廣州的革命氣氛日漸高漲，工人、農民、市民，很多人都被組織起來，遊行、集會，各種活動搞得熱鬧非凡。因此，他懷有一種本能的敵意。

孫中山廣東政府的財政經濟狀況給了陳廉伯另一個煽動商民的機會。一九二三年，孫中山在廣州重建了陸海軍大本營，雖稱爲廣東革命政府，但號令不出城門，控制的地區狹小，僅爲廣州及其附近地區，再加上多年戰亂，廣東已百業凋零、經濟殘破。當時孫中山最頭痛的事，就是沒有錢，「粵局之戰，其主要則在財政，而所急正在此時。粵中各財政機關，幾已羅掘俱窮，實無可再籌之餘地。」這不是誇張，大本營重建已八個月，正常財政收入僅爲三百多萬元，而省不得的必要支出就達千萬。「巧婦難爲無米之炊」，孫中山沒有辦法，只得靠發行印花稅、變賣官產、借款、加稅等辦法作爲非正常收入。再不能應付時，只能要求商人「報效」一點了。

如果說孫中山這是無奈之舉，那麼盤踞在廣東的各路軍閥可就是乘機勒索了。反正欲取之財，又何患無辭，要錢的名堂多得很。孫中山因爲要借助他們的力量，也不好隨便得罪，苦就苦了廣州那幫商民，三兩天被打擾破費一番，直弄得怨聲載道。

陳廉伯正是利用這種不滿，並假手商團來與廣東政府對抗的。

商團，本來是屬於民間性質的一種自衛組織，廣州商團大約有一千人，由陳廉伯任團

蔣介石致孫中山函

長，在他的控制下，性質已有了變化，成了香港英國殖民者在廣州的軍事代理力量。商團與廣東革命政府的較量從一九二四年五月始，也正是蔣介石執掌黃埔軍校的時候。

還是因爲錢的問題，廣東省政府爲了增加收入，擬實施某些稅制改革，陳廉伯馬上敏銳地感覺到，這正是擴大政府與商民矛盾，孤立政府的好機會，於是煽動抵制活動，並以罷市爲形式表示反對。

由於孫中山沒有採取果斷的措施，陳廉伯覺得政府軟弱可欺，挑釁迅速升級，他以廣州爲中心，聯絡廣東各地商團，成立了「廣州商團聯防總部」，自任部長，企圖以武力爲後盾與政府抗衡。

英國方面也表示對陳廉伯予以支持和同情。自從孫中山加強和蘇聯的聯繫後，英國政府心裡就不舒服。因此暗中策動，希望製造另一個政府代替國民黨來統治廣東。而陳廉伯的商團正好提供了一個現成的工具。

一九二四年八月九日晚，習習江風拂過黃埔，掃去了白天的燥熱，校園裡一片安靜，摸滾摔打累了一天的黃埔師生睡得正是香甜。校長室的值班人員卻接到了孫中山由廣州大本營發來的一封快信。

他沒敢怠慢，火急地遞交給了蔣介石。

蔣介石沒有一絲表情地接過信。他深知孫中山的工作方式是沒有時間界限的，他一天能簽發好幾十件命令、信函、公牘，事無巨細，大事小事都「事必躬親」。在這點上，蔣介石可說是完全繼承了。

可是這封信的內容卻使蔣介石的眼睛亮了起來，由於時間急迫，孫中山的字跡比平時略見潦草：

介石兄鑒：截緝挪威商船私運軍械事，今晚著鄧彥華率江固艦來長洲……可協商共同一致行動。

蔣介石眉毛一擰，很快披掛整齊地走了出去，在裡屋的校長夫人陳潔如還不知道發生了什麼事情。

到底是財大氣粗，陳廉伯除了一口氣向在香港的德商順金隆洋行購買了九千支之多的槍械外，意猶未足，又在歐洲採購了大批武器。首先將在香港購到的武器用挪威商輪「哈佛」號秘密運回。

陳廉伯爲何不惜血本又氣壯如牛？原來他得到過英國方面的許諾：

「如能反對廣州政府，英國可爲組織商人政府給予援助，君即爲中國之華盛頓。」

這後一句話最爲陳廉伯受用，也點燃了他的野心，商業上的成功使他感受到了自身的價值，但又缺少了些刺激：現在他要繼續謀取軍界、政界全方位的成功，要立下蓋世奇功，讓後人崇拜、仰慕。「王侯將相，寧有種乎？」難道陳廉伯就不能創出一番局面來？天不佑之！陳廉伯沒有想到，他的計畫剛開始實施就遭到挫折。

蔣介石致孫中山函

英國駐廣州領事館裡有一位與孫中山私交甚篤的朋友，將這個消息透露給了孫中山，而此時的陳廉伯還蒙在鼓裡，一切按部就班地進行著。

蔣介石接到命令後，即登上「江固」艦，在珠江的長洲、沙角和白鵝潭一帶巡弋，蔣介石對這裡的水域地形很熟，兩年前，孫中山被陳炯明的大炮逼到「永豐艦」時，蔣介石曾從上海趕來與孫中山在這裡飄泊了不少時日，故地重臨，蔣介石又有了一番新的感受。

果然，東方發白之際，在白鵝潭附近，濛濛晨霧之中，出現了「哈佛」號身影。在脫去炮衣，威風凜凜的「江固」艦面前，「哈佛」號沒有反抗，被帶到了黃埔島。

「貨」被學生們很快地卸了下來，望著那些亮澄澄、新嶄嶄的武器，蔣介石眼都直了，喉結上下滾動，他在心裡罵道：區區一商團，居然也有福氣用這樣的好槍。他聽到一些學生嚷著要把這槍留下來，分配給黃埔學生用。學生這種心情，蔣介石又何嘗不知，但不能採取赤裸裸「硬扣」下來的辦法，他先給學生來了一頓教訓：

「這一個星期，我們大家所視爲最重要的案件，就是扣械案，這個問題應該如何解決，我相信每個人的腦海都在思索，所以我現在特拿這件事和各位講一講。」

「現在政府把商團私運的軍械拿到學校裡來，決不能算是本校的軍械，乃是本黨的軍餉。」

「如果我們仍同從前假革命軍一樣，不聽政府命令，不受本黨指揮，軍械拿到手就算是私產，這就是假革命軍了。軍械到了假革命軍手裡，就要禍害人民，擾亂國家，如果如此，不但本校的總理和本校長因此多了一個罪名，本黨的前途也因此絕望了。所以我們學校對於這軍械如何處置的問題，決沒有置喙的餘地。如果黨裡說這個軍械我們可以取用，我們就取用，如果黨裡說我們始終保管，那就要保管，要完全做一個革命軍的模範給人家看，這是我對於扣械案的主張。」

蔣介石採用了一個較爲高明、迂迴曲折的方法來爭取將這批軍械留在黃埔，說這番話的第二天，他就上書政治委員會，請求決定革命軍募練計畫，他建議說：

「時局至此，革命軍募練計畫萬不能緩，茲預定募練幹部三營，以為整頓現有各軍及以後新練各軍幹部之用，此外預備步兵三團，炮兵、工兵各一營。步兵每團步槍約計二千三百零四桿至二千三百四十桿（因兩種編制，未能確定），機關槍六桿，其人數合官兵、夫役與輸卒，共計全團人員為三千五百六十九名。」

照蔣介石的計畫，即使將所扣商團槍械全部留下，尚不敷分配。他在心裡已經打定主意，絕不讓這批槍枝流出黃埔。

花了上百萬鉅款買來準備派上大用場的軍火，卻被廣東革命政府扣進了黃埔，真讓陳廉伯急得上火。

據香港某西報載：陳廉伯自稱廣州商團爲法西斯黨，他們計畫南聯陳炯明，北結吳佩孚，外國人居間策劃，成立商人政府，並定於八月十四日起事，推翻孫中山領導的政權。

被打破預定計劃的陳廉伯，當然不肯善罷甘休，他利用自己在廣州商界的地位，於八

蔣介石致孫中山函

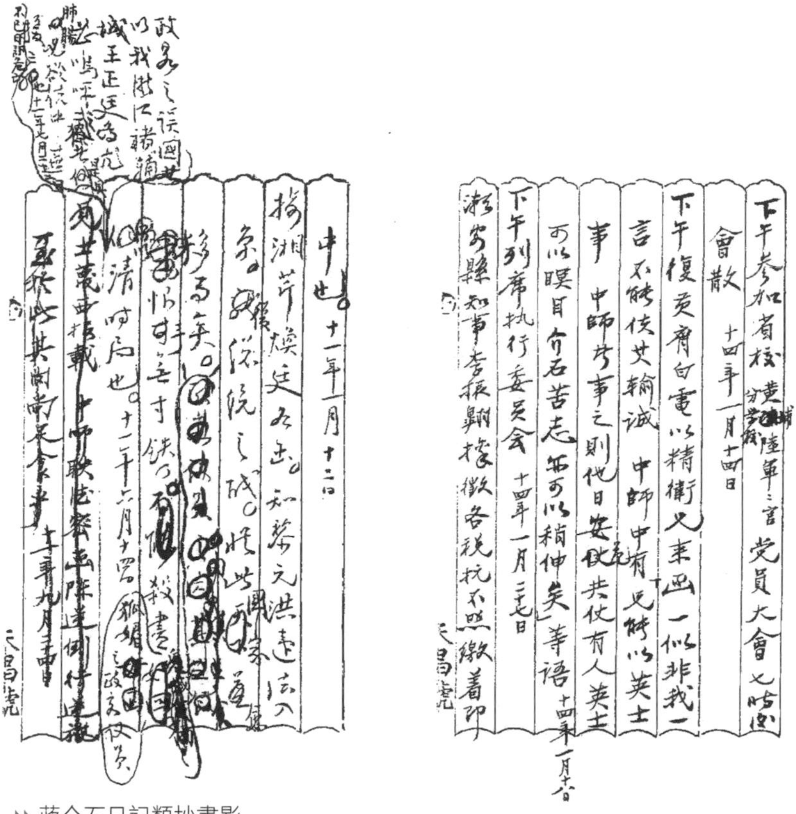

蔣介石日記類抄書影

月十二日指示全市商店醞釀總罷市，要求放行「哈佛」號，並歸還槍械，十四日，又組織近一千人的「請願團」，闖進了孫中山的大本營。

利用「請願團」，以民間名義施加壓力，是孫中山既熟悉又痛恨的伎倆。民國初年，袁世凱就用過這一手。孫中山又勾起了往日的回憶，所以一向好脾氣的他，今天一點也不肯通融。

商團代表鄧某伶牙俐齒，他指責政府扣押

軍械是非法的，因爲事先已取得政府對購買軍火的批准。

孫中山據理駁斥，指出實購槍數及種類與申請所報數字不符，他一語道破實質：

「商團軍只有一千人，爲什麼要九千支槍？」

鄧某雖沒有正面回答孫中山的問題，但卻把那層意思透了出來，「槍存人存，槍亡人亡」，他如此氣焰囂張地答覆孫中山。

孫中山神情嚴肅起來，說：「如果是用來攻擊政府，當然不能發還，而且要和你們決一勝負。武器的處置，須待訊查之後才能決定。」說完，拂袖而走。

英國方面也開始施加壓力了，海關稅務司的一位英國官員見交

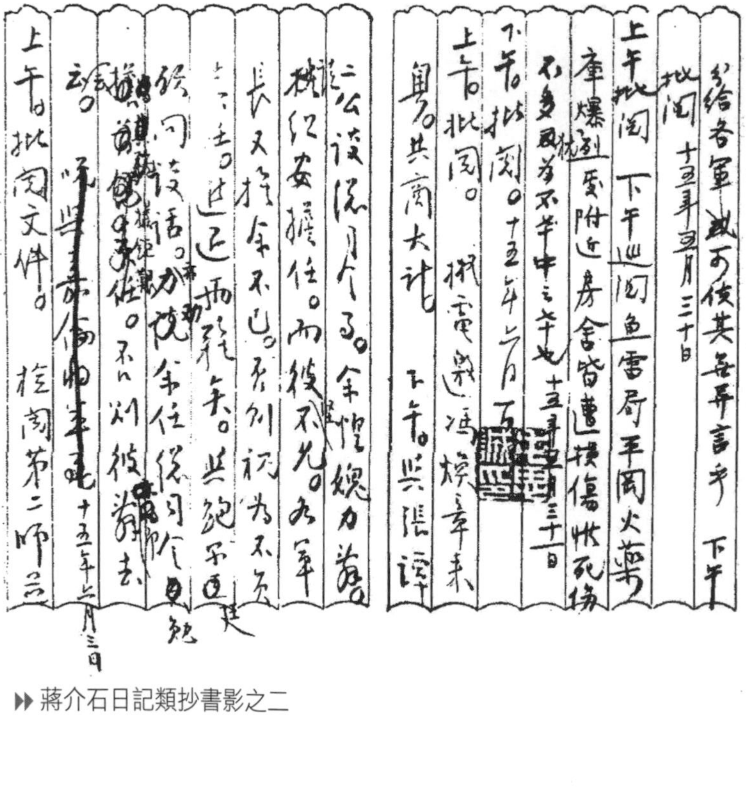

▶▶蔣介石日記類抄書影之二

蔣介石致孫中山函

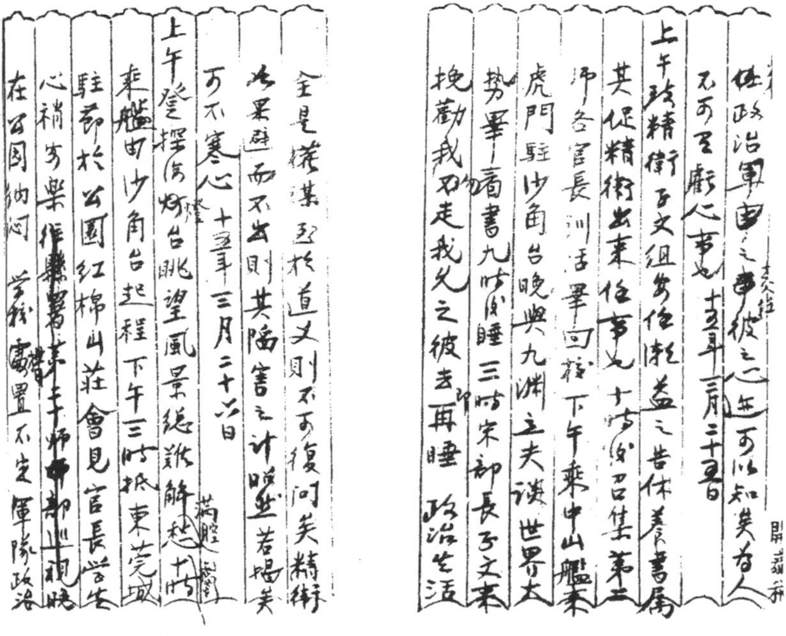

蔣介石日記類抄書影之三

涉了半天沒有結果，氣急敗壞地宣稱：「這些槍械都是領有護照的，如果非法扣留，將出動大英帝國的海軍來解決問題。」

蔣介石忿極而答：「若是海軍來保護，我就可以打海軍。」

政府與商團各不相讓，事態迅速嚴重起來。

八月十五日，廣東全省商團聯防總部成立，舉行提燈慶祝大會，向政府示威。

八月二十日，新任廣東省長廖仲愷不甘示弱，佈告陳廉伯私運軍火，煽惑罷市，奉令通緝歸案究辦。

八月廿一日，佛山罷市，商團總部遷佛山。

八月廿五日，廣州及其附近一百三十八埠同時罷市。

同日，孫中山令「寶璧」等艦，向商團集中地點西關開炮。

八月廿九日，英國駐廣州總領事明告廣東政府，聲稱：「奉香港海軍總司令訓令，倘中國當局對城市開炮，所有一切可用的英國海軍軍隊應立即行動。」

廣州沙面領事團亦提出抗議，要「抗爭對一無防禦的城市開炮的野蠻舉動」。

局勢演變到這一地步，連原來袖手旁觀的滇軍首領范石生、廖行超等也焦急起來。廣州的一大半財政收入實際上都抓在范石生等人的手裡，如果商民繼續罷市，甚至引發戰亂，糜亂地方，那麼經濟上的損失是不言而喻的。於是，他們開始和商團接觸，討價還價，希望雙方都能作些讓步，讓戰場變成生意場。

這可是陳廉伯最擅長的領域了，也充分體現了一個奸商的本質，一番盤算後，他答應了范石生提出的調停辦法：

一、陳廉伯表示擁護政府，取消通緝。

二、商團改組，受政府節制。

三、商團槍枝，由商團領槍時報效軍費五十萬。

四、商界復業，各軍回防。

孫中山對范石生等人的調停是不滿意的，他認爲那些條件的要害在於使商團合法化，這將會對廣東革命根據地的統一和安全造成威脅。另外，孫中山已獲悉陳廉伯與陳炯明互有勾結，「陳廉伯已助東江之敵以鉅款，不日當有大反攻，若吾人不先清內患，則前方危矣！」「商團數來調和，每次皆以事故中變，此其故意延長時間，以待東江敵人反攻而爲夾擊之計，已無疑義，我等不可尚在夢中也。」許多有識之士均看到了這一點。

這個時候，北洋軍閥內部又起了紛爭，江浙戰爭爆發，孫中山一直認爲他的頭號敵人是直系軍閥吳佩孚，他的最大目標是進行北伐，統一全國。因此，未待商團問題解決，他就移營韶關，並指示：如商團報效北伐軍費，可發還被扣槍械。

九月十五日，陳廉伯通電擁護政府，十八日，政府下赦免令，經調停人商妥由商人先付二十萬元，發還四千支槍，將於雙十節交付。一切似乎已風平浪靜，河晏水清。

被孫中山不幸言中的是，陳廉伯果有預謀，他們根本不準備履行協定，只待被扣槍械一到手，即掀起大規模的叛亂，並鼓動商界實行第二次罷市。

身在韶關的孫中山獲悉廣州局勢嚴重，他念念不忘者就是黃埔，迭電叮囑蔣介石速速離開黃埔來韶關，以防不測。

蔣介石致孫中山函

介石兄鑒：長函（今佚）悉。從根本辦法以練一黨軍而負革命之責任，此志正與兄同，惟廣東一地可致吾人於死之因有三：其一，即英國之壓迫。此次罷市風潮倘再多延一日，必有衝突之事發生，而英艦所注意者，必大本營、永豐、黃埔三處，數十分鐘便粉碎，吾人對彼絕無抵抗之力，此次雖倖免，而此後隨時可以再行發生，此不得不避死就生一也。其二，即東江敵人之反攻。現在已躍躍欲動，如再有石牌之事發，則鹿死誰手，殊難逆料。其三，則客軍貪橫，造出種種罪孽，亦必死之。有此三死因，則此地不能一刻再居，所以宜速捨去一切，另謀生路。現在之生路，即以北伐為最善，況現在奉軍入關，浙可支持，人心悉欲倒曹、吳，武漢附近我有響應之師，乘此決心奮鬥，長驅直進，以戰場為學校，必有好果也。吾黨之士切勿猶豫，大局幸甚。餘面詳。

此致。

孫文九月九日

孫中山讓蔣介石捨棄黃埔，用意是善良的，但也表明他在對待商團問題上的軟弱，其方針戰略也是錯誤的。放棄根據地而冒險北進，結果是可以想像的。

蔣介石毫不猶豫地拒絕了孫中山的指示，他從來不是盲從者，即使對孫中山也不例外。黃埔是他奮鬥創業的基地，豈能輕易放棄！另外，蔣之爲人，以堅忍著稱，絕不輕易屈服、言輸。他鋪開信箋，激動地給孫中山覆上自己的意見：

先生鈞鑒：手諭祇悉。叛軍與奸商聯成一氣，其勢益凶，埔校危在旦夕。中決死守孤島，以待先生早日回師來援，決不願放棄根據重地，致吾黨永無立足之地也。如果堅忍到底，日內叛奸或不敢來犯，再過數日，則我軍準備完妥，乃可轉守為攻，果能渡此難關，則以後當入坦途。以現有槍械練成一旅之眾，三月之後必有一支勁旅可作基幹之用，以之掃蕩一切殘孽，先圖鞏固革命根據地之廣州，則吾黨自不患其不能發展也。故此時中決不能離此一步，務望先生早日回省，是為今日成敗最大之關鍵也……鈞意如何，立候示遵。敬請鈞安。中正謹上。

蔣介石致孫中山函

應該說，蔣介石這封信對當時形勢的判斷和處理的方針都是準確的，這和中共的分析完全一樣，「形勢已逼到如此分明，即孫中山若不反抗英帝國主義及買辦階級……則廣州政府勢將被逼迫而完全失其反帝國主義性，成爲國民黨首領主持之非國民黨政府」。試想一下，如果蔣介石稍示軟弱，也許黃埔軍校早就不存在了。

商團的叛亂終於在雙十節那天爆發，他們預雇匪徒三千餘人，冒穿商團制服，揮舞槍枝，舉行武裝示威遊行，開槍打死當天慶祝國慶雙十節的農團軍、工團軍和市民、學生數十人，其中還有黃埔軍校的學員。他們獸性大發，甚至將死者胸腹剖開，挖出內臟示眾，一時間廣州城陰風慘號。

慘案發生後，中共廣東區委隨即組織了反對商團叛亂的群眾示威大會，成立「工農學兵革命大同盟」，並發表宣言，號召各界群眾起來投入到反對商團的鬥爭中去，並要求孫中山立刻向一切反革命的商團下總攻擊令。

孫中山仍然猶豫不決，前後矛盾。慘案當日，他曾有急電致廣州各方，指示：「商人罷市與敵反攻同時並舉，叛跡顯露，萬難再事姑息。」希望他們「切勿猶豫，以招自殺。陳賊與逆商殺不足殺，只要諸兄心決膽定，不爲物議所搖，則革命前途，幸甚」。

第二天，他又特派許崇智、廖仲愷、蔣中正、陳友仁、譚平山爲革命委員會全權委員，可以便宜行事，弭平商團事變。

但是，孫中山對於北伐大業實在是太關注了，他實在不願意讓任何事情來干擾他統一中國的宏願，同時，他對廣州平叛也缺乏信心。就在革命委員會成立的當天，他卻兩次下達手令，命蔣介石收束埔校離粵，專力北伐。他告誡蔣：「亂無可平，只有速避耳。」

蔣介石的主意早已拿定，決不離開黃埔，決不姑息養奸。他急忙擬就了一份電報，要求孫中山採納他的主張。

十萬火急。韶州。孫大元帥鈞鑒：中密。本日省城尚未開市，某軍從中作祟，且對商家言，罷市方有話說之語。中正料不久逆敵必來反攻韶關，各軍非先準備南下，擊滅逆敵，斷難北伐。中正當死守長洲，盡我職務。尚請先生臨機立斷，勿再以北伐為可能，而致猶豫延誤。前以槍易北伐費二十萬元，今則槍即繳去，而罷市更劇，商團排隊巡街，佈告煌煌，痛罵政府，亦復成何景象，聞其將有要求造幣廠、兵工廠、公安局皆歸商團管理之舉。

二十萬元槍費既無望，北伐更難。為今之計，惟有集中駐韶兵力，南下平亂之一途也。如何盼覆：中正叩。真。

確實如蔣介石所言，廣州的局勢已經再不能「猶豫延誤」了，廣州城已是白色恐怖，「打倒孫政府」的標語四處張貼，商團把廣州全市的槍枝在西關集中，陳廉伯坐鎮指揮，架天橋，築炮臺，用鐵柵門分鎖各街道：到十四日晚，商團已搶佔了政府各機關附近的制高點，居高臨下，開槍轟打，反革命武裝叛亂已全面展開。

蔣介石致孫中山函

孫中山終於下了決心，「必盡滅省中之奸兵、奸商，以維持革命之地盤」。十月十四日，手令警衛軍、工團軍、農民自衛軍、飛機隊、甲車隊、兵工廠衛隊、陸軍講武學校、滇軍幹部學校，統歸蔣介石指揮，以平定商團之叛。

黃埔師生早就摩拳擦掌，躍躍欲試了。

槍械案發生的第二天，黃埔島即實行了戒嚴，戰鬥的氣氛籠罩著每一個黃埔師生。黃埔師生還集體發表通電，一致表決，絕不發還被扣槍械，準備與商團一戰。黃埔掀起了練兵熱。蔣介石見之甚喜，連日來心中壓抑的感覺也似乎去了一點。

十月十三日，他吩咐下面，於是日晚在操場宴請全體師生。

這頓飯吃得好不嚴肅。皎月當空，碧天如洗，但誰也沒閒暇去欣賞這良辰美景。蔣介石理解大家心意，匆匆用完飯後，即令撤去筵席，他說：

「各位同志學生，今天我們大家在黃埔軍校操場裡聚集，這是不可多得的機會。」

學生們都屏住呼吸，他們知道下面的內容是什麼。蔣介石是在利用這一機會，為鎮壓商團作戰動員，他說：「現在我們在這裡集會，等一會兒便要去打仗也未可知，所以我們時刻不可把打仗這件事忘記，不可以為求學和打仗是兩件事。」

說到這裡，蔣介石有點動感情了，戰事在即，前程未卜，勝負難料，今日聚首，不知明日又在何方？他希望黃埔師生年年再回首今日之情之景。

平叛戰鬥於十月十四日夜間打響，蔣介石派出了黃埔一期第二、三兩隊，這兩隊乃是黃埔精銳，其中不少都是未來的風雲人物，如後來曾任海軍司令的桂永清，兵團指揮杜聿明、黃維，另外，如鄭洞國、李仙洲、侯鏡如、范漢傑等等。

這一戰的結果自然以商團徹底失敗為結局，商團雖然猖獗於一時，但畢竟是烏合之眾。孫中山的威望還是能懾服人心的。

平叛手令一下，滇軍范石生部也不得不加入平叛行列，再加上由韶關調回三千湘軍助戰，陳廉伯抵抗不住，只得落荒而逃。

這一戰，也使蔣介石面上有光，他訓練黃埔軍的成果得到了肯定，尤其是在是否撤離黃埔問題上堅持了自己正確的意見，更得到了孫中山的欣賞，認為其果斷、幹練、堅忍，勝過黨內其他諸同志，因此倚畀更深，使蔣介石逐漸露出了鋒芒，露出了稜角。

治兵之道

蔣介石致沈應時函

「爲將之道，在於恩威並施，寬猛並濟。」這是中國傳統的治兵方略，帶軍秘訣。蔣介石當然心領神會，身體力行。在不同的場合、不同的情況下對待不同的人，也時常變換著形象，變換著手段。

在黃埔軍校，曾有「慈母」、「嚴父」之說，但角色卻是變化的。有的人回憶，慈母，是指軍校黨代表廖仲愷，嚴父則是指蔣介石，因爲前者溫和慈祥，口角春風，對學生體貼關心；而後者卻冷峭嚴峻，輕易不讓人接近。所以，許多人認爲蔣介石是嚴肅有餘，隨和不足。

但也有人對以上說法不以爲然，他們承認黃埔軍校確有「慈母」、「嚴父」之說。但「嚴父」指的是鄧演達，「慈母」應是蔣介石。因爲鄧演達嫉惡如仇，不苟言笑，學生稍犯錯誤絕不輕易放過，治軍帶兵極嚴；而蔣介石則善於施恩，向學生買好，因此收買了一批人心。

其實，以上說法並不矛盾，何時該「慈」，何時該「嚴」；何時寬，何時猛；何時春風滿面，何時冷若冰霜，他自己心裡極有分寸。

一九二四年十一月，平定商團叛亂的戰鬥剛剛結束，廣州政府又在醞釀新的軍事行動，因為在反叛時已經發現陳廉伯與陳炯明勾結的證據，所以廣州方面一致認為，必須清理後院，實行東征，討伐陳炯明，統一廣東，然後才能實現北伐大業的成功。

蔣介石的黃埔學生軍也被列入了東征戰鬥陣容。一天，他剛與粵軍、滇軍、桂軍諸首領許崇智、李濟深、劉震寰、楊希閔等商討完作戰計畫，心裡煩悶得很。

原來，除黃埔軍外，粵軍、滇軍、桂軍都出現了一個令人頭痛的問題——逃兵。

許崇智向兼任廣東省省長的廖仲愷伸開五指要軍餉：「沒有錢怎麼打仗？我的兵都要跑光了。」

沈應時

廣州的財政大權實際上是掌握在劉震寰、楊希閔手中，他們不以為然：「粵軍是本地人，有錢就能拴住他們的心，我們滇桂兵呢……奶奶的，有錢也照樣拔腳開溜呢，說句笑話，睡覺時，我都讓人把他們衣服攏了去，免得他們開小差。」

蔣介石聽了直搖頭，唉，沒錢不行，有錢也不行，如果這

蔣介石致沈應時函

種逃兵現象蔓延到黃埔怎麼辦？帶著一腦門子心思回到黃埔島，已經有人送來駐防在外的黃埔教導團第一營營長沈應時的親筆信。

沈營長在信中告訴他，逃兵現象在他的第一營已經偶有出現，據說是因爲餉銀太低，現專門請示應對方法。

「娘希匹，仗還未打，就張口要錢，難道忘了我們是革命軍嗎？」蔣介石大怒，早在訓練學員時，他就不斷地談論這個問題：

「你們要曉得餉是什麼東西，餉有什麼意義。爲什麼我們可以吃餉，旁人不能吃餉，這種地方都要明白才好……我們黨員眾多，不能個個受軍事訓練，所以特將黨內的青年精華挑選出來，先來訓練，等到這班青年同志訓練成功以後，就可以希望我們革命主義成功，這是我們黃埔學校組織的緣起。但是要訓練這許多的青年同志，非先要籌備大宗的款子不可。我們今日所領的餉，也就是從這個款裡出來的。百姓的錢，是他們的勞動得來的，所以我們的餉，就是百姓的血汗，我們吃這餉，就同吸百姓的汗水一樣。這餉的名聲，不僅是指現錢，凡從政府和黨部領來的爲我們軍隊中一切的伙食、器具、用品以及贍養家屬的費用，統統都可以叫做餉……我們無論在軍隊裡，在學校裡，都只是消費，沒有半分生產的能力……所以給我們的餉，我們要爭回人民的生命和權利，所以有資格去吃他們的餉……我們還要曉得現在中國的人民都被軍閥剝削蹂躪，已經弄得顛沛流離，做人的趣味早已索然無餘了，但是依舊要納稅繳捐，來養活我們軍人，可說已到了筋疲力盡的時候了……我們……要體察來源艱難。」

其實，黃埔學生的覺悟與其他軍閥部隊相較是不可同日而語的，雖然偶有逃兵現象，但絕非主流。但蔣介石卻大爲恐慌，說到底，他對以前的政治說教、主義灌輸並不具有信心：「天下熙熙，皆爲利來；天下攘攘，皆爲利往。」「重賞之下，必有勇夫。」看來單一的精神加餐是不夠的，還要輔以物質上的加餐，他暗暗思忖著，提起筆，指點沈營長道：

來書已悉。近得鄉人來函云，各兵寄往家信，多言餉銀不夠，思將逃回，是不可不預防之也。夫防逃之法，第一，不可使其身邊有錢，當發餉時，當令其繳存營部代為付郵寄家，總不許其袋中過三毫之銀，故此時最要者，查其寄銀回家之通信處也。第二，不准請假外出，即星期日亦令作別種勤務，毋使其閒暇。第三，本月餉銀均發足十元，以後如有成績者，再行酌加一兩元。

此外務須曉以大義，令明白當兵之意義，引起其在營之趣味，使知營為一大家庭。官長待士兵，饑則食之，寒則衣之，病則醫之，無異於父兄之待子弟。在家為良子弟者，在營即為良士兵，在國即為良國民，在黨即為良黨員。又令其明瞭主義之究竟，如果民生主義不成，則中國人民皆成為外國人之牛馬、奴隸，求死而不可得，故現在兵士為其個人及其父母子孫求幸福，所以犧牲生命與安樂，亦不能顧。更令其知團體生活之緊要與快樂，必使其團結精神，共同生死，擊滅叛逆、國賊，與對外取消不平等條約，恢復我中國國家和民族之地位，然後個人真正之幸福乃可得也。

蔣介石致沈應時函

故現在只有一意拼命殺敵，斷不可存一毫逃避之心。逃避者無志氣，無心肝，不但不能當兵，而且不能做人，吾人必須爭氣立志，殺賊復仇，方不愧為人，亦不愧為黨員及士兵。要知軍人以衛國愛民為天職，其人格在國民中最為高尚，故須犧牲一切，方不墜革命軍人之名譽。

吾輩為黨員，為軍人，即是總理之黨員與子弟，要使其能知與黨、與總理關係之密切，而不可自暴自棄，如此則或可感動兵心，團結其精神，不致逃避矣。

練兵以勤為主，耳提面命，始終不怠，必有成效之一日也。如何盼覆。

看來，蔣介石在如何防範逃兵現象發生這個問題上很費了些心思，這封信後來曾在軍中流傳，許多人都佩服蔣介石有一套，以錢爲餌，以情攏心，以義責人，難怪他向手下的軍官誇口：「只要依照我的要求做到了，營盤就像鐵打的一樣結實。」

僅有柔情還不夠，蔣介石十分明白，戰爭是噬血的機器，戰場是決生死之地，一支鋼鐵之師，更需要的是陽剛，是壯烈，是視死如歸。說實話，現在他很擔心他手下的這批學生兵能否經受住血與火、死與生的考驗，能否有軍人的膽量、軍人的氣魄，在戰場上塑造輝煌，爲他打開通向權力的道路。

爲此，他專門召集了軍校黨代表廖仲愷和其他主要幹部在內的討論會，商量如何保證部隊的戰鬥力和意志精神。

蔣介石首先亮出了自己的觀點，他從自己的人生經驗出發，認爲要建立一支戰無不勝的軍隊，並始終保持它鋼鐵一般的鬥志，必須靠嚴肅的，甚至殘酷的紀律，讓這些森森軍紀像劍一樣置於每個官兵的頭頂。讓他們時刻戰慄、警惕而不敢稍有懈怠、鬆散。

一直被國民黨軍隊視爲經典法規的《革命軍連坐法》就這樣於一九二五年一月出爐了。

現在軍隊，不知節制，所以上下不相聯繫，以致進前者徒死而無賞，雖欲賞之，無從查考；退後者偷生而無罰，雖欲罰之，亦無從查考。今定有節制矣！如一班同退，只殺班長。一排同退，只殺排長。一連同退，只殺連長。一營同退，只殺營長。一團同退，只殺團長。一師同退，只殺師長。以上皆然。

如此看之，所殺不過三五人，似與士兵無涉，還可退走，然你們要仔細思忖，此法一行，便是百萬士兵，一時進前退後，也都有查考。所殺雖只幾個人，不怕你百萬人，都退不得。

聽我說這個緣故，比方一團人齊退，必殺團長，團長但見他一團人退時，他決不退，若是他團長一個人不退，必不能夠支敵，必要陣亡在前方，我便將他部下三個營長都殺了，來償你團長之命。營長見團長不退，恐陣亡了團長，就該自己償命，便是營長亦不敢退，他的部下連長，見營長不退，恐傷亡了營長，他的連長怕要償命，就護著營長，亦不敢退；連長不退，若其陣亡，他部下的排長都該殺，排長怕殺，便不敢退；他的部下班長，怕陣亡了排長，必被司令官拿問槍斃，他亦不敢退，就護著排長站住了；班下士兵，恐怕陣亡班長，其餘士兵都該槍斃，便都護著班長，站住不退。如此不是所死的，止於陣亡的部下三五個人，便是百萬人也要同心，哪個還敢輕先退走？

這個連坐法一行，就是全軍之中，人人似刀架在頭上，似繩子縛著腳跟，一節一節互相顧瞻，連坐牽扯，誰亦不能脫身。兵法云，強者不得獨進，弱者不得獨退。又云「萬人一心」，「萬人齊力」。真是要得這個成效，非實行連坐法不可，從今以後，革命軍即實行此連坐法，仰各將士奉行無違，勿視此為普通具文也。

從《革命軍連坐法》中可以看出，它的核心就是一個「殺」字，以死相激，以死相脅，它要達到的效果，便是「全軍之中，人人似刀架在頭上，似繩子縛著腳跟」，「誰亦不能脫身」，它在道義上是藐視人權的，它的手段是封建法西斯的。

但蔣介石卻很得意自己的這一作品，廣州軍界也很欣賞，「亂世用重典」，在當時嚴峻的形勢下，它也確實起到了一定的作用。

東征，終於於一九二五年年初開始進行，黃埔軍果然不凡，連戰皆捷，取得了第一個回合的勝利。凱旋後，蔣介石論功行賞，例如，第一個衝進淡水城的士兵，蔣介石挑他去執掌軍旗。這是一個特別的榮譽，其餘有功之臣，也得到爲數不等的金錢鼓勵，從此以後，這也形成了慣例，用以激勵將士用命。

有賞就有罰，《革命軍連坐法》的第一個開刀對象是教導團一個叫做孫良的連長，此人未接到命令就擅自率部撤退，結果被軍法論處，致使全軍震懾。

恩威並施，寬猛相濟，這就是蔣介石的帶兵特點。

左右逢源

蔣介石給全體國民黨黨員公開信

關於蔣介石在黃埔時期的政治態度，許多人都將他歸入「中派」行列。其實，就蔣的某些言論和行動看，何止是中間偏左，國民黨元老、西山會議派骨幹謝彬在撰寫《民國政黨史》時，就乾脆振筆直書，把蔣介石列爲共產黨「中國支部」的「幹部人物」，而與陳獨秀、李大釗、廖仲愷、譚平山、邵力子諸人並列。

不去討論謝彬是否亂點鴛鴦譜，有一點卻是事實，蔣介石一段時期確實有左派嫌疑。他對蘇聯人奉承得很，稱孫中山爲「國父」，而鮑羅廷顧問就是「亞父」。對黃埔的共產黨人如周恩來、惲代英、張申府也是禮數周到，凡有要求，莫不儘量成全，以示自己坦誠相待。

在黨內，對打著左派旗號的汪精衛更是傾心巴結，刻意籠絡。國民黨「二大」前夕，國民黨內一些極右分子如鄒魯、謝持等人假冒名義，在北京西山召開所謂國民黨一屆第四次中央執行會議，歪曲孫中山聯俄聯共的政策，攻擊共產黨，攻擊共產主義，並對汪精衛也有諸多指責。

消息傳來，蔣介石頓時拍案而起。其時，汪精衛剛被選爲廣州國民政府主席，蔣某人若想在政界、軍界脫穎而出，必須得到汪精衛的提攜。現在，則正是向汪精衛獻禮的機會，並同時向蘇聯顧問、向中國共產黨討好，宣明自己的政治態度，爭取他們對自己的繼續支持。

沉吟半晌，蔣介石俯下身來，手中四號狼毫像沾上靈感，頃刻間，一篇討右檄文一氣呵成，文曰：

廣州中國國民黨中央執行委員會，北京、上海執行部，各省各級黨部，海外各地各級黨部，本黨全體諸同志，鈞鑒：

本黨不幸，值茲廣東統一將告完全，北方民眾共起奮鬥，賣國軍閥自行崩潰，總理主義可即實現之時，忽有一部分同志離異，自赴北京西山，開其所謂第四次中央執行委員會全體會議。自布議案，快其驅除異己、發舒私憤之褊心，而不惜阻撓國民革命之大業，跡其言動，無一不悖於本黨之紀律與總理之意旨，此已有中央黨部及各地黨部起而闢之矣。究其開會情形如何，誰為主席，誰為提議者，誰為附議者，是否經過議事程序所必需之討論與表決，求之京滬報紙，皆無記載，亦未見其自行公佈，曾是總理信徒，而並民權初步一

蔣介石給全體國民黨黨員公開信

書，亦未之讀耶……惟上海民國日報，亦為其所利用，怪異之論，層出不窮，最可痛心，張靜江同志苦口勸言，猶不能促其覺悟，彼輩自承為讀後甚受感動，而飾詞強辯，曾未稍改，實際破壞之技已窮，乃乞靈於文字。

中正承總理訓誨甚久，他無所求，惟願與諸同志迅速完成國民革命。自念國民政府清除反革命之設施，無役不從，睹此現狀，竊為之懼。輒敢本其所見，以黨員之資格，為負責之駁正，非僅正群眾之觀聽，亦冀此一部分離異之同志幡然悔悟，知我罪我，不暇計也。關於共產黨問題，彼輩所以主張排除，不外兩種理由：第一，「共產黨之共產主義，與本黨之三民主義，根本衝突，故共產黨在本黨之內，亦根本不能相容。」不知共產黨之加入本黨，為總理所特許，第一次全國代表大會所議決，果使兩種主義根本不能相容，以總理之明與第一次全國代表之忠於本黨，寧肯貿然決定，以貽本黨之危險。且總理已明言民生主義即是共產主義矣，故第一說決非總理之意，此在彼輩也未始不知。於是有第二說，謂「總理之特許共產黨加入，乃欲共產黨完全化合於本黨，而非本黨為共產黨所同化，今則共產主義已有蠶食三民主義之危險」。

然總理果若是褊小耶？三民主義又果如是之易於撼動耶？而此說之誣總理，誣本黨，蓋視第一說尤甚。總理今固已逝，然當其在時，此種懼疑即已起於一部分同志之間，同志中已有為反共產之運動者。試問總理親自出席之臨時中央執行委員會議，其結果究若何？總理蓋嚴詞警告反共產之同志，而又決定仍容許共產同志之在黨也。總理之所以如是，乃總理之偉大，總理手創之三民主義，誠不同於共產主義，而其為革命的主義則同。總理深知必然包括共產主義，始為真正之三民主義，同時亦必能容納共產黨，始為真正之國民黨也。今日中國革命，已為世界革命之一部分，中國革命成功，則世界革命為之促進，亦世界革命成功，中國革命始真正成功。總理自信三民主義能相容共產主義，而決不懼共產主義將蠶食三民主義，三民主義可垂之百世，推之世界，豈在中國國民革命尚未完成之時，而已懼何種主義之蠶食？總理有如許偉大之自信力，逝世未及一年，而後死之同志，惴惴焉惟被共產主義蠶食之是懼，其師大勇，其徒薄志弱行至此，亦可謂不肖之甚者矣。

人患不自強自立耳，惟國與黨亦然。本黨同志能自振奮，能努力於國民革命，能知中國革命為世界革命之一部分，中正敢信全國國民，均將奔集於三民主義旗幟之下，決無被他種主義蠶食之危險。若不求自強自立，且不自悔，即嚴拒一切主義者於千里之外，亦終於自行崩潰，魚爛而亡耳。

此次所謂第四次中央執行委員會全體會議，宣布共產黨籍之執行委員應除名者，共四人，夫以二十四名之中央執行委員，應跨共產黨籍者四——蓋僅僅六分之一，此而懼人之蠶食，非自暴自棄而不自振作者，決不作此奇想也。此種怯懦薄弱之心理，其果愛黨者之所為乎？凡我同志，均宜深戒。關於汪精衛同志，上海民國日報加之罪者凡三，蓋無一而非任意捏造。共產黨為欲先求中國國民革命之實現，而來加入本黨，謂其惟以消滅本黨為策略，又何異謂共產黨惟求自殺。此語既誣，則謂精衛同志對於共產黨挑撥離間，排除本黨同志之言動，一一實行，自無一而非誣矣。精衛同志在痛悼廖先生之時，謂革命的反帝國主義的向左去，不革命的不反帝國主義的向右去，此為極沉痛極明徹之詞，所以警勉同志

蔣介石給全體國民黨黨員公開信

共同努力於革命，乃以此為叛了總理，真不知民國日報記者是何居心也。是真自不知其早已向右去，立於反革命地位。而徒怨別人分別左右，豈不可怪。

如精衛同志向左向右之說為不當，乃反不如直言之曰革命與反革命之分為當乎，吾同志盍不自反而徒責人也。至謂精衛同志先不主張討伐劉、楊，而其後乃攘人之功，中正躬與是役，敢為切實之聲明：精衛同志本年五月自北京歸粵，先抵汕頭，而於討伐楊、劉之議決策之際，實先得精衛同志之贊同，惟今日反對精衛同志最力之人，乃真有於討伐楊、劉時避居香港者。

革命本非求功，而謂其攘人之功，尤不知何指也。嗚呼，赤化也，共產也，俄人掌握政權也，帝國主義與軍閥之所以誣陷我者，今豈將一一出於同志之口耶？容納共產黨，此總理於本黨改組以前，幾經鄭重考慮，然後毅然決定者也。自改組迄今兩載，成績具在「聯合世界上以平等待我之民族」，尤總理於遺囑中認為與「喚起民眾」，同為完成國民革命所「必須」也。蘇俄同志助成中國獨立之國民革命，其誠意亦彰彰明甚，中正曾言之矣。中國革命不成，列強敢於侮我，皆因國民勇於私鬥，黨員徒爭意氣，團體慣於破裂，明知之而故蹈之，欲不謂之反革命，不可得也。不為革命，便為叛逆，中正益自信此言之非誣，當永以自勉，並願我同志共勉焉。

這封公開信寫得堂堂正正，鏗鏘有力。姑且不論蔣介石對三民主義與共產主義關係闡述得是否準確，單就其立場態度看，宛然一左派形象也，難怪當時中共領袖陳獨秀也被其

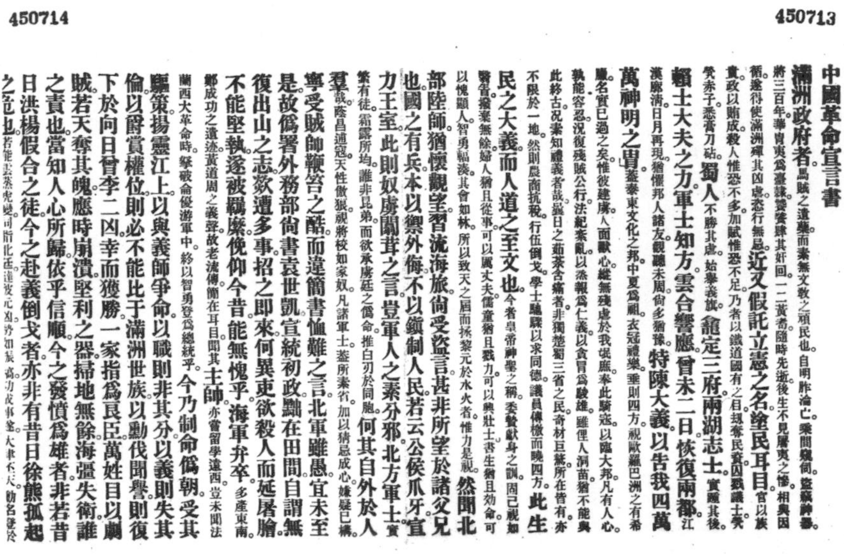

450714　450713

中國革命宣言書

滿洲政府者。馬賊之遺孽而素無文教之頑民也。自明胙淪亡。乘間竊伺。盜竊神器。將三百年華胄夷爲臺隸饕餮肆其奸回。一二黃耇隨時先逝。後生不見屠夷之慘。相與因循。遂得使滿洲稗其凶虐恣行無忌。近又假託立憲之名。塗民耳目。官以族賣。政以賄成。殺人惟恐不多。加賦惟恐不足。乃者以鐵道國有之名劫奪民資。因戮議士。焚笑赤子。悉膏刀砧。蜀人不勝其虐。始舉義旗。龜定三府。兩湖志士。實踵其後。韜士大夫之力。軍士知方。雲合響應。曾未二日。恢復兩都。江漢廓清。日月再現。猶懼邦人諸友觀聽未周。尚多猶豫。特陳大義。以告我四萬萬神明之胄。蓋秦東文化之邦。中夏爲諷。衣冠禮樂。垂則四方。視歐羅巴洲之有希臘。名實已過之矣。惟彼韃虜。人面獸心。縱無殘虐於我。猶庶奉此驕寇。以臨大邦。凡有人心。孰能容忍。況復殘賊。公行法紀紊亂。以烝報爲仁義。以貪冒爲駿雄。雖俚人洞苗。猶不能與此。粉古況秉知禮義者哉。竊日之茹荼含痛者。非獨楚蜀三省之民。奇材巨驁所在皆有。亦不限於一地。然則農商抗稅。行伍倒戈。學士驪隸以求同德。議員傳檄而曉四方。此生民之大義而人道之至文也。今者皇帝神聖之稱。委贄獻身之諷。固已視如弊舍撥棄無餘。婦人猶且從事。可以厲丈夫。儒童猶且戮力。可以興壯士。書生猶且効命。可以愧顯人。智勇輻湊。其會如林。所以致天之屆而拯黎元於水火者。惟力是視。然聞北部陸師。猶懷觀望。習流海旅。尚受盜言。甚非所望於諸父兄也。國之有兵。本以禦外侮。不以鎮制人民。若云公侯爪牙。宜力王室。此則奴虜闒茸之言。豈軍人之素分邪。北方軍士。實繁有徒。霜露所均。誰非昆弟。而欲承虜廷之僞命。推白刃於同胞。何其自外於人羣哉。廕昌逋寇。天性傲狠。視將校如家奴。凡諸軍士。盡所素省。加以猜忌成心。嫌疑已構。寧受賊帥鞭笞之酷。而違簡書恤難之言。北軍雖愚。宜未至是。故僞署外務部尚書袁世凱。宣統初政。黜在田間。自謂無復出山之志。欻遭多事。招之即來。何異吏欲殺人而延屠膾。不能堅執。遂被羈縻。俛仰今昔。能無愧乎。海軍弁卒。多產東南。鄭成功之遺迹。黃道周之義聲。故老流傳。簡在耳目。聞其主帥。亦嘗留學遠西。豈未聞法蘭西大革命時。擊破命優游軍中。終以智勇登爲總統乎。今乃制命僞朝。受其驅策。揚靈江上。以與義師爭命。以職則非其分。以義則失其倫。以爵賞權位。則必不能比于滿洲世族。以勳伐聞譽。則復下於向日曾李二凶。幸而獲勝。一家指爲良臣。萬姓目以闒賊。若天奪其魄。應時崩潰。堅利之器。歸地無餘。海疆失衛。誰之責也。當知人心所歸。依乎信順。今之發憤爲雄者。非若昔日洪楊假合之徒。今之赴義倒戈者。亦非有昔日徐熊孤起之危也。若能雲蒸虎變。司前北伐。達茂元凶。勞如振槁。功成事竣。大業不大。勳名登於

革命黨人宣言

迷惑，稱蔣在「中山艦事變」前，「都找不到蔣有一點反革命的行動」。蘇聯顧問也在工作報告中認定「蔣是具有左派傾向的將軍」。至於汪精衛，更是心懷感激，「這個介石真是夠意思」，他滿意地自言自語道。公開信中最後一段特別有分量，平定楊、劉之亂，蔣介石是具體指揮者，由他出面聲明，是最有力不過的了。

他能將功勞推到汪精衛身上，這份人情著實不薄。投之以桃，報之以李，汪精衛決定在即將召開的國民黨第二次全國代表大會上，提攜蔣介石一把。

儘管在這封公開信中，蔣介石對西山會議派進行了猛烈攻擊，但是在實際行動中卻沒有痛下殺手。他是玩弄權術的高手，真正厲害之處，就是能掌握住事情的分寸，不慍不火。他懂得「過猶不及」這句古訓，什麼事都留有餘地，西山會議派

俱是資深功高，不見得把他蔣某人放在眼裡，因此必須先敲打一番，讓他們知道厲害，有所收斂。但須牢記「窮寇勿追」，萬不能讓他們一蹶不振，這樣一則自己得罪人太狠，二則目前形勢還不宜讓某一派別形成獨掌朝政的局面，因爲蔣介石自忖還沒有那份威望震懾眾心，即使左派掌權，也還輪不到他。所以，他需要保留對手，造成雙方抗衡的局面，以便在今後的矛盾中左右逢源。

一九二六年一月，國民黨第二次全國代表大會在廣州召開，在討論對「西山會議派」的處置問題時，蔣介石一反原來的嚴峻，而是手下留情，網開一面。會上，中共黨員和國民黨左派多數代表出於維護國共合作的願望，強烈要求對「西山會議派」進行彈劾，嚴肅處理。蔣介石卻提出「二大」不要討論「西山會議」案，留到國民黨三全大會去解決，企圖用延宕的辦法取消這項議程，使「西山會議派」繼續留在國共合作的陣營裡。在大會討論彈劾「西山會議派」的前一天晚上，蔣介石又做了手腳，他召集了出席大會的第一軍和黃埔軍校的代表開會，並邀請了汪精衛參加。

汪精衛是個機靈人，一踏進會場就知道蔣介石的用意，果不其然，在蔣介石慫恿下，這些人紛紛請求汪精衛能爲「西山會議派」轉圜緩頰。

汪精衛笑容可掬，耐心地聽完這些意見。他現在已取得政治上事業上的全面成功，一身兼廣東國民政府主席和軍事委員會主席，正要籠絡人心，一方面他認爲對「西山派」人處理不宜過於嚴厲，激化矛盾；另一方面也借機和軍方套套近乎，這個順水人情自然是要做的。

於是，在第二天的討論大會上，汪精衛提出了自己的意見，他說他昨天與部分代表討論時，「大家都以爲對於此案之處分，最好就以總理之心爲心……」什麼是總理之心呢？他解釋說，即是以寬厚待人，以誠意待人。這樣，他下面的話就順理成章了：「那一兩個人主動的，自然應該開除黨籍，但其餘有一時受惑或受人利用的，應該從寬處分。」

以汪精衛當時的地位和聲望，雖說不是一言九鼎，但還是很有分量的，就連與會的共產黨員也要照顧他的面子，作出必要讓步。大會最後通過決議，原提議把居正、石青陽、石瑛、茅祖權、覃振、傅汝霖、沈定一等七人暫時開除黨籍一年的處分，減輕爲書面警告，僅把鄒魯、謝持兩人永遠開除黨籍，對戴季陶則「由大會予以懇切之訓令，促其猛省，不可再誤。」

在蔣介石居間策劃下，右派分子避免了一場痛創之災，這使他們覷出了左派陣營的破綻，也爲蔣介石後來發動反革命政變提供了組織準備。

倒胡驅許

蔣介石給胡漢民、許崇智函

孫中山逝世後，汪精衛、蔣介石逐漸成爲廣州革命政府的雙駕馬車，兩個人的關係也正處於「蜜月階段」。

這裡面有一樁政治交易。

料理完孫中山後事，汪精衛即從北京趕回廣東，不久，即專門拜訪了蔣介石。現在的蔣介石，已非昔日吳下阿蒙，因東征勝利，黃埔軍建功厥偉，蔣已成了廣州軍界一顆新星。

蔣介石對汪精衛的來訪也很重視。汪精衛是國民黨黨內元老，與廖仲愷、胡漢民並稱「三傑」。一九二五年五月八日，兩人在潮安蔣介石的臨時寓所見面。第一次東征結束後，蔣介石有一段時間駐節於此。

汪精衛什麼時候都是那樣整潔瀟灑，今天他也是西裝革履，頭上打著髮蠟，梳理得溜光澄亮。人們評論他說，雖然是一個政客，卻更像一個漂亮的演員，總是喜歡欣賞自己那副比其年齡顯得有點兒年輕的外貌。

蔣介石熱情地起身相迎，他的臨時住所面臨一湖碧波，故屋主人取名「湖軒」，汪精衛見之，連連誇獎此處清幽雅致。

賓主坐定，汪精衛告知蔣介石他在北京的情況，當講到孫中山病危一節時，他說：

「總理病篤中，猶以微息呼介石，綿惙不已。」

汪精衛完全是在刻意籠絡蔣介石，孫中山臨終前最後的留言是「和平、奮鬥、救中國」。汪精衛卻在後面綴上「介石」兩個字。

蔣介石聞之臉色一變。這可是他從前未聽說過的，他夢寐以求的就是繼承孫中山的衣缽，現在孫中山臨終前獨呼喚他，不正說明他是最有資格的接班人嗎？從此，蔣介石把汪精衛的杜撰作爲事實到處宣傳。

「酒逢知己千杯少」。雙方的談話由表及裡，越來越深入，越來越投機。蔣介石大放怨詞，此次東征，主要是以黃埔軍爲主力的西線部隊作戰，作爲全軍主力的楊希閔、劉震寰的滇桂軍卻按兵不動，保存實力，坐山觀虎鬥。蔣介石氣憤地抨擊說：

「楊、劉叛跡已顯，最高決策者卻置之罔聞，勢必養虎遺患。」

這話是在指責胡漢民。孫中山北上時，他就以代理大元帥身分留守廣東，全權處置一切，在對待楊、劉問題上，他一直採取姑息軟弱的態度。

蔣介石給胡漢民、許崇智函

其實，蔣介石雖然對胡漢民不滿，但暫時卻無根本的利害衝突，倒是汪精衛與胡漢民是一山難容二虎。孫中山逝世後，廣東政界能與汪精衛相匹敵的只有廖仲愷、胡漢民二人，但廖仲愷生性淡泊，不尚名利，只要能堅持孫中山的主義與政策，是個十分好合作的人。胡漢民則不同，此公心胸偏狹，自視甚高，除孫中山外，從不做第二人想，汪精衛要想坐上廣東政府的第一把交椅，必先排除胡漢民這個障礙。蔣介石知道汪精衛的心思，故意先展開對胡漢民的攻擊，以爭取對方的共鳴。

見汪精衛頻頻頷首，蔣介石接著道：

「此外，汝爲（許崇智字）也愈益不像話，身當軍局要職，百無一舉，廣州城外各地稅收，盡爲掌握，日事聚斂，卻盡爲私囊自飽，使軍隊之散漫不整，餉糈之偏枯倍前。即以黃埔軍論，如不是俄國人財政上接濟，恐怕也乏食鶉衣、將士離心了。」

這才是蔣介石真正的攻擊目標，因爲許崇智是軍界前輩，是蔣氏前進道路上必然的障礙，不倒許，就不能成爲廣州軍界第一人。

▸▸許崇智

說完這些，蔣介石用眼睛緊緊盯住汪精衛，他已經開出了價碼，欲助汪倒胡，必助蔣倒許，雙方聯手一致，各得其所。

利慾薰心的汪精衛，焉有不同意之理。蔣汪聯手的結果，他們雙方都是滿載而歸。

因爲廖仲愷堅持孫中山的聯俄、聯共、扶

助農工的方針，遭到了右派分子的仇視而不幸被暗殺在中央黨部大門前。「廖案」追查的結果，發現胡漢民的堂弟胡毅生有重大作案嫌疑，而且胡漢民也不能擺脫干係，刺廖前，胡毅生等曾多次在他家中聚會，策劃倒廖。儘管刺廖與倒廖是兩件完全不同性質的事，但胡漢民至少有失察之責。

汪精衛立即抓住這一機會，他與蔣介石暗下採取了一致的步驟。但是，汪精衛在玩弄手腕時到底火候不夠，他所採取的行動及表現讓人感到露骨和性急。

事件發生後，胡漢民自感不安，接連向汪精衛打聽「廖案」辦理情況，汪皆不理會。這對於胡漢民很是刺激，要知道他與汪精衛曾多年共同戰鬥，一度還相交甚深。沒想到汪精衛如此不念舊情，落井下石，還別有用心地指責他對此事要負政治責任。相形之下，蔣介石要聰明委婉得多。他想除去胡漢民的心情較之汪精衛絲毫不遜，因爲從長遠觀點看，胡漢民遲早會成爲他的對手，胡所代表的國民黨元老派幾乎佔據了廣東政府的所有重要位置，使他這位資歷淺而野心大的人難以晉升。因此，他對付胡漢民的手段，甚至比汪精衛

▶▶ 胡漢民

更激烈。

但是，在具體手法上，蔣介石卻運用得很得體。胡漢民近日也找上門來辯白，蔣介石是熱情可掬，洗耳恭聽，對胡的意見表示了十分尊重，與汪精衛那番公事公辦的態度相較益顯人情之冷暖。胡漢民的心胸本來就不寬，他把這幾天的遭遇記住了。因此，在以後的政治生涯中，他始終難與汪精衛捐棄前嫌，赤誠相見，儘管在幾次反蔣鬥爭中處於同一陣線，卻貌合神離，各有心機，削弱了互相的力量。

蔣介石給胡漢民、許崇智函

其實，蔣介石對胡漢民並不手軟，一九二五年一個秋天的早晨，胡漢民起身剛洗漱完畢，就被蔣石派來的黃埔軍人嚇得從後門逃跑。過了很長時間，胡漢民才接到蔣介石派人送來的通行證和一封親筆信，信中云：

「此事與先生無涉，僅殺生有嫌疑，故派人搜捕。」

胡漢民心一熱，到底蔣介石有情有義，比那個油頭粉面的汪精衛強多了。

胡漢民受驚一事，蔣介石後來也乾脆否認是他幹的，說派去搜捕的人是衛戍部隊參謀長王懋功指使的，誰都知道王懋功與汪精衛一向走得很近，胡漢民由此更恨透了汪精衛。事實上，蔣介石當時是衛戍司令。否認此事與他有關，實在令人難以置信。

一九二五年九月下旬，胡漢民因城裡無法居住，移住黃埔。蔣介石終於來勸告他，說蘇聯顧問鮑羅廷的意見，希望他離開廣州，去蘇聯考察遊歷。想想與其幽閉在黃埔島，不如出國散散心，因此沒有多少猶豫，胡漢民爽快地答應了。但是，就胡漢民來說，這無異於放逐。

擠走了胡漢民，蔣介石將矛頭又對準了他的頂頭上司，時任廣州國民政府軍事部長的許崇智。

許崇智，廣東番禺人，生於一八八七年，與蔣介石同齡，但卻被稱爲「軍界前輩」。他一九〇五年就加入了同盟會，參加過辛亥革命和二次革命，擔任過建國粵軍總司令，屬於實力派人物。

許崇智與蔣介石的關係也曾深厚得很，許崇智對蔣介石還有一段知遇之恩，沒有許崇智的提攜，蔣介石很難在軍界嶄露頭角。他們倆是結盟兄弟，有八拜之情，蔣介石當年在粵軍當參謀長時，許就通諭全軍，蔣某人的話如同出自他許某人的口，具有同等效力。

蔣介石卻從內心裡瞧不起許崇智，認爲此人未老已衰，胸無大志。但他無法取而代之，粵軍地域觀念很強，這支隊伍他當不了家，自己手中又無軍隊。後來他掌管黃埔軍校，終於訓練出一支實力不俗的力量，對許崇智就更瞧不上眼了。

可是，許崇智的實力、地位、資歷、影響仍舉足輕重，廣東國民政府成立後，許崇智被選爲軍事委員會委員兼軍事部部長，地位仍在他之上，這就讓蔣介石感到氣悶了，他想做軍界領袖，怎麼也走不出許崇智罩在頭上的陰影。憑蔣介石現有的力量，想扳倒許崇智又談何容易。湊巧的是，在追查「廖案」的過程中，除胡毅生等人外，一些粵軍右派將領如梁鴻楷等二十餘人也涉嫌此案，蔣介石對許崇智提出，粵軍將領牽涉廖案的很多，粵軍

蔣介石給胡漢民、許崇智函

已靠不住，爲了許的安全，建議派黃埔學生軍負責許住宅的警衛。

事實上，所謂保護就是武裝監視，許崇智不甘受制於人，想調駐守在東莞、石龍他最得力的許濟、莫雄兩個師的兵力回師廣州，以防止蔣介石對他地位的衝擊。

既然在「驅胡」時，蔣介石密切與汪精衛相配合，現在「倒許」，汪精衛也投桃報李，大力支持蔣介石。聽到許的嫡系部隊要「發兵勤王」，以汪精衛爲主席的軍事委員會決定，命令廣州衛戍司令部蔣介石「全權處置粵局」，使蔣介石取得了倒許的合法權力。

九月十八日，黃埔軍出動，將東莞、石龍、增城、宜安一帶許部軍隊包圍繳械。廣州城也到處佈滿了何應欽的第一師，許崇智的私人寓所被包圍得水泄不通。

這一夜，蔣介石連眼睛都沒合，通宵籌畫處理可能發生的各種意外。第二天，黃埔學生第二大隊、第一軍第四五團、鐵甲車隊、江固艦根據蔣介石命令一齊出動，其聲勢懾人心膽。

晚上十點，蔣介石給許崇智發函，開頭一段頗費躊躇，因爲他怕許崇智罵他恩將仇報，不念故情，因此擺出一副正經面孔，責以大義：

……總理逝世，中心失所，吾黨同志，各軍將士，無不惟兄是賴，而愚忠如弟期望之般，更不待言。蓋皆以為吾兄必能上承總理大業，下撫師旅有眾，促進革命成功，解除全民苦痛也。乃還師迄今，時經百日，身當軍局要職，百無一舉，軍隊之散漫如故也，餉糈之偏枯倍前也。其於整軍實，圖遠謀，定大計，寂無所聞。縱降而至於軍餉軍額，為革命軍之根本問題，亦且未有規及，一任革命健兒灰心墮氣，致令總理革命之主張，無法以貫徹。吾兄為軍政與財政領袖，是不能辭其責者一。

潮汕未復以前，吾兄擁有西江之地，劉、楊既平之後，更得廣、三收入，近復進佔東莞，以至寶安、增城。綜計稅收，潮汕百五十萬，東莞十萬，廣、三兩個月約計四五十萬，仲愷先生籌交東征費二十三萬，此額外收入，最低限度亦不下二百二十餘萬也。即不斯之計，西江月可收入七十五萬至八十萬元之數，加以東莞、石龍一帶十餘萬，共計約在八十五萬至九十萬以上。而吾兄之師未增，且張和、楊錦龍等部四千五百槍，更就食於海豐、惠東一帶，而其餘軍額，約一萬八千七百槍，即以官兵每人廿二元統計，亦不過四十一萬一千餘元，縱再加十萬為總部交際及一切開支，最多亦不過五十一萬一千元耳。僅以西江、東莞之收入言，月尚可餘三十五萬元以上，其他收入，固未遑論。而今環顧廣東政局為何如耶，各軍乏食鶉衣，姑置緩論，而吾兄所部，且未關放六月之餉，如許大宗收入，用於何所，謂非飽私囊圖己利乎。日事聚斂，將欲何為，是吾兄於財政上不能不負責者二。

中央銀行是總理於環境至艱極困之中，苦心孤詣締造而成，今吾兄囊括全部稅收，不給各軍，而猶恐該行接濟各軍，不克達到吾兄制死各軍之謀。於是復思霸佔該行基本金擔保之印花稅、土絲稅、鹽莢、煤油等稅，百計以圖推倒該行，而謀自立銀行，以贏私利。是吾兄不惟不克繼承總理革命事業，且思推倒總理革命基本，此吾兄不能不負責者三。

廖案發生，陰謀暴露，而害黨叛國者，均為吾兄所部，而兄不引咎自責，幡然悔悟，

蔣介石給胡漢民、許崇智函

知人之不明，用人之不當，竟釀成此巨變慘劇，豈不可痛。吾知總理有靈，必痛哭於九泉矣。吾兄總領粵軍，平時縱容所部強捐勒租，截稅包煙，舉凡種種害國殃民之事，無所不至，而使政府範圍所轄之人民，仍陷於陳、洪、楊、劉時代之景光，此吾兄之應負責者四。

一口氣列出許崇智的四大罪狀後，蔣介石的「倒許」行動似乎變得理直氣壯了：

嗚呼，吾兄內阻革命事業之進行，外聯林、劉、楊、熊叛逆，以為殲除革命根本之計，各軍為疑所部為貳，空談革命，口是心非，信用已失，名譽掃地，如仍放任個性，施展狡謀，弄小策，鬥私智，不惟害及地方，而我總理手創之基業，亦且喪之於吾兄一人之手也。今不惟諸軍不平，氣憤填膺，即兄之所部，亦欲食兄之肉以為快，若仍倒行逆施，固執不改，則吾兄所部為衣食所迫，勢必嘩變，而各友軍亦將難保。事果如此，能無痛心，亦將何以對總理在天之靈？此則吾兄行為反於革命之常規，弟所痛心疾首者也。

今為兄個人計，為本黨前途計，為中國革命計，且為廣東人民計，弟對於兄關係之切，更不能不思有以挽救之。故特提出五軍編立計畫案，實為今日惟一救濟之方案，不惟均各軍之甘苦，且期其從速成立，向外發展。而粵軍內部之隱患，粵局十餘年之糾紛，亦將從此解除，稍蘇吾民水火之痛。蓋自楊、劉討平而後，弟無日不以整理各軍，進出長江，以圖本黨之發展，而輕廣東之負擔，以繼總理之事業，為吾兄忠謀也。乃吾兄延宕狐疑，始則以點檢槍數為標準，繼則以餉項不足為口實，而其不願各軍整頓，使其無形消滅之心，則灼見肺腑矣。吾黨以大計托之於兄，各軍以領袖推之於兄，而期望吾兄之切，可謂無以復加。且平時恕諒吾兄之心，亦可謂體貼入微，對兄之誠，可以質鬼神對天地而無愧色，兄何忍心如此，而使總理最信任之五萬將士，必使其凍餒就斃而後已耶。

吾兄不為各軍革命計，亦當為地方計，即不為地方計，亦當為個人計，試思各軍餓疲，不能出師，則地方人民痛遭深熱，已至於此，豈能久耐，而吾兄個人雖擁富貴，亦豈得安枕高臥乎？東征大計，領款不動，各案通過，留而不行，各軍懷疑，彷徨無告，是皆兄之弗克踐信，吾兄信用，至此已喪失淨盡。

蔣介石越寫越酣暢，筆下猶如神助，口吻一變，直奔主題，請許崇智立即走人。

中正患難之友，忠鯁之士，敬兄之篤，故責兄更切，極不願兄妨礙革命之進行，亦不願兄違反總理之企圖，更不願兄侵沒粵軍餉額，高擁厚資，尤不願兄截留各軍餉源，接濟叛軍，使吾兄革命之生命告終也。兄如執迷不悟，不信針砭之言，則弟惟有束手辭退，以謝國民。如兄不以不才為不忠，且能反躬以自省，深知既往之非，不惑宵小之言，毅然獨斷，保全名節，則兄不如暫離粵境，期以三月師出長江，還歸坐鎮，恢復令名，既朗於公，更浹於私，如蒙贊同，當可為兄準備一切。既兄之所部，弟當負責維持，不負兄之初意，否則兄部嘩變，制止無方，地方紛擾，人民焚溺，是兄不能辭其咎也。公私是非，利害功過，固所不計，知我罪我，惟兄明鑒。如有一毫違心，不忠之意，皇天后土，當共殲之。敬候覆言，不勝懸盼之至。披瀝上陳，更祝康健。

眼看著大勢已去，許崇智仍然駑馬念棧，求救於汪精衛，希望汪能爲之轉圜救駕。豈料電話打到汪府，汪精衛竟是淡淡的一句話：

「汝爲，你太讓我失望了。」

許崇智的心都涼透了，他與汪精衛的關係不薄，汪精衛能當上國府主席，離不開對他的倚恃，而汪精衛不但不予酬謝，此次蔣之敢於驅己，勢必先得汪之同意。因此，這件事雖由蔣介石發動，但他卻恨汪甚於恨蔣，所以後來他見到胡漢民，兩人同病相憐，都把汪精衛痛罵一頓。

由於「廖案」，汪精衛和蔣介石各有所得，但相比之下，蔣介石卻更佔便宜。胡漢民的離去，爲他在政界中騰出了施展身手的空間，許崇智的倒臺，又使他成爲廣東軍界一言九鼎的人物。

而汪精衛雖然表面上獨攬大權，但他與胡漢民的交惡，平添了若干政治對手。胡漢民派的人物不僅與他在政見上不合，對其人格也感到齒冷。在軍界方面，不僅失去了許崇智的支持，而且也失去了對蔣介石掣肘的力量，一旦蔣介石羽翼豐滿，必將難以抑制。

一掃怨憤

蔣介石致汪精衛函

「中山艦事件」中，蔣介石、汪精衛以及中國共產黨等各方面政治力量都不由自主，甚至是莫名其妙地捲進這一漩渦。一時間，流言四起，善惡難辨，蔣介石一口咬定是有「人」蓄意發動暴亂，企圖將他劫持到蘇聯；中國共產黨則憤怒地指出這是蔣介石製造的一樁陰謀，企圖陷共產黨於不義，達到破壞國共統一戰線、打擊共產黨的目的；而汪精衛更是呼天搶地，大叫冤枉……

汪精衛大呼冤枉是有道理的，因為他在這一事件中確實是「清白無辜」。

讓我們把歷史的鏡頭推回到一九二六年那個風雲變幻的早春。

三月十八日黃昏，夕陽西沉，夜色正從海上湧起，一艘名為「安定」號由上海開來的輪船，苟延殘喘地開到黃埔島附近海面，船上乘員個個面如土色，驚魂不安，他們剛剛遭受到海盜的洗劫，那恐怖的一幕，心有餘悸。

忍著哆嗦，強自鎮定的船主大聲安慰說：「大家不要慌，我們已經發報求援，很快就有軍隊開來保護我們。」他指著不遠處的黃埔島，彷彿那兒就是救星所在。

黃埔軍校校長辦公廳主任孔慶睿接到輪船遇劫的消息後，勃然大怒，一幫毛賊竟敢在軍校門口作案，真是膽大包天。他立即命令軍校管理科科長趙錦雯速派巡邏艇一艘，衛兵十六名前往保護。

趙錦雯不敢怠慢，連忙通知該科交通股股員黎時雍調遣船隻，黎卻一臉苦色，囁囁而言：「軍校內船隻都有公用，現無船可調。」

「難道不能想想辦法，向海軍局要，他們總不會一艘船都派不出。」趙錦雯沒好氣地呵斥說。

「是。」黎時雍一面答應，一面抄起電話機，撥通了黃埔軍校駐省辦事處的線路。

接電話的是駐省辦事處交通股員王學臣，他抓起電話，心中就埋怨，這架老爺電話機吱吱作響，根本聽不清對方說些什麼，連估帶猜聽了半天，總算知道個大意，據他後來追述：

「三月十八日午後六時三十分，接駐校交通股黎股員時雍電話云，因本晚由上海開來安定輪船已被土匪搶劫，現泊黃埔魚珠上游。奉孔主任渝，派衛兵十六名，巡艦一隻，前往輪船附近保護，以免再被土匪搶劫。職因此時接電話聽不明瞭，但有飭趙科長限本夜調巡洋艦一二艘。以備巡查之用……」

問題的關鍵就出在此處，黎時雍根據指示，請駐省辦事處派出巡艦（即巡邏艇），但由於王學臣未聽確切，改成巡洋艦一至二艘。失之毫釐，差之千里，這一段歷史頓時風雲變色。

是夜，中山艦鼓桴開往黃埔島。

就在黃埔島與廣州電話往來之間，廣東政府第一號人物汪精衛正以軍事委員會主席的身分，假廣東省政府大花廳宴請各軍政治部主任。作陪的全軍政治訓練部主任陳公博席間就發現平時精力充沛的汪精衛神色倦怠，悄然一問，汪精衛無力地告訴他：

「今天在黃埔軍校演講時，就有些頭暈，現在好像更嚴重了。」

「汪先生太辛苦了，應該休息一下吧。」陳公博體貼地建議。

「哪能夠？我給你們講一段故事，有一次監獄裡頭一個囚犯生病，獄醫來看過之後說：最好你遷地療養一下。話是好聽，你想，一個囚犯怎能自由地搬到別處療養？我現在就是那個囚犯。」

說完這個譬喻，席間頓時哄然而笑，汪精衛卻緊鎖眉頭，現在廣州政局不穩，蔣介石自率領黃埔校軍取得兩次東征勝利後，身價一路看漲，已有問鼎最高權力之心，因爲他的咄咄逼人，他逐漸嚴重的軍事獨裁傾向，以至於同蘇聯顧問的關係，同中國共產黨的關係，同各實力派的關係，還有和他汪精衛本人的關係，都日趨緊張。在這樣的時刻，他怎有閒心養病？

席散了，汪精衛勉強支撐著回了家，迷迷糊糊地更衣上床，一覺醒來，已是第二天日上三竿，蔣介石早已坐在汪府的客廳裡不耐煩了。

蔣介石最近的心情很不安，儘管他在政治上、軍事上已經取得了極大的成功，廣東各界都視他爲統一粵境的功臣，在一九二六年年初召開的國民黨「二大」上，他以兩百四十八票當選爲中央執行委員，僅比得票最多的汪精衛少一票。後來在國民黨二屆一中全會一躍成爲國民黨的領導核心人物，與汪精衛一文一武，成爲廣州國民政府的雙駕馬車。

仕途上的一帆風順，並沒讓蔣介石舒心展眉，相反，卻是悶悶不樂，正所謂居安思危，他的擔心來自幾個方面：

一、來自共產黨方面：自國共實現兩黨合作後，中共的力量迅速發展，在他的看家資本第一軍和黃埔軍校裡，共黨的勢力已發展到不可小覷的程度，許多人已經成爲中堅和骨幹，這就讓他如鯁在喉，如芒在背，必欲去之而後快。

二、來自蘇聯顧問方面：蔣介石對蘇聯顧問的態度只是利用爲主，處處設防範之心。近來，他已察覺到，蘇聯顧問團與打著左派旗號的汪精衛走得更近，關係也更熱乎，特別是那個季山嘉，簡直以汪精衛的導師和代言人自居，在他蔣介石面前指手畫腳，冷言相譏，灰褐色的眼睛裡充滿了冷淡和不屑。

三、來自汪精衛本人：「寧爲雞首，不爲牛尾」，這是蔣介石的性格，他可不甘心二把手的位置，而汪精衛也是酷愛權力之人，兩虎相爭，必有一傷。他與汪精衛之間的爭鬥自然不可避免。

在以上心理壓力下，蔣介石的意識裡產生了錯覺，他似乎感到中國共產黨、蘇聯顧問、汪精衛以及其他實力派正在聯合一致，對他有所不利，有所動作，他曾經舉例道：

「我只拿一件很小的事來說明，請判斷這件事對不對，兩廣統一，共有八軍，第一軍中正本人，第二軍是譚延闓的建國湘軍，第三軍是朱培德的建國滇軍，第四軍是李濟深的建國粵軍，第五軍是李福林的福軍，第六軍歸程潛節制，廣西的李宗仁軍隊照次序排下去，自然是第七軍了。但第七軍的番號偏偏擱下來，留在後面不發表，暗示我的部下先背叛了我，再拿第二師擴編成第七軍，以第七軍軍長的報酬爲我部下反叛的代價，這是不可掩飾的事實。」

蔣介石越說越激動：「我還有輔證，前幾天，我去軍委會要軍餉，卻被無故扣掉二十萬，這二十萬又轉瞬加到第二師頭上，這又是什麼問題？我自前線回到廣州，就有一股倒蔣運動，有人疑我，謗我，忌我，厭我，冷落我，所受痛苦，至不能說、不願說之地步，且非我夢想所能及者，是何異佛入地獄耶。」

聽者啞然失笑，蔣介石神經過敏，真正是杯弓蛇影，草木皆兵。

一九三八年，汪精衛（右二）叛逃前夕在重慶與陳璧君（左一）、曾仲鳴（右一）和長女汪文惺（左二）在一起

蔣介石的疑心沒了邊際，最近，他聽說一艘蘇聯貨輪從海參威開來廣州，聯想到他以前向汪精衛要脅時曾說過要去蘇聯學習一事，害怕汪精衛真的順水推舟，把他打發到異國他鄉，因此一大早就來汪府探聽風聲了。

汪精衛又如何知道蔣介石的心思，現在他感到頭痛欲裂，聽著蔣介石的囉嗦，不由一陣不耐煩。罷！罷！罷！眼見得蔣某人與各方面關係越鬧越僵，不如順其所請，讓他赴俄一趟，也少得眼前聒噪。口氣也就因之變了：

「既然介弟心定如鐵，愚兄也就不固執己見，惟望一路平安，來日大展鴻圖。」

蔣介石的心涼透了，這正是他一直想聽又最怕聽的話，一切都證實了，汪精衛對他下手只是遲早間的事。他喪魂落魄地站起來，心中暗恨。

依稀中，他聽得汪精衛問他今日是否回黃埔島。他機械地點點頭。

回到黃埔軍校駐省辦事處，蔣介石一連接了數通電話。

黃埔軍校教育長鄧演達向他詢問，據稱中山艦奉蔣校長令，連夜開至黃埔，不知有何公幹？蔣介石怔了怔，說：「我從來沒有發過這個命令。」他扔下電話，詢問周圍人是怎麼回事。

駐省辦事處主任歐陽鐘嘴張了張，卻咽下了話頭，這件事他是知情的，卻出於某種陰暗的目的，有意識地對蔣介石作了誤導。

原來王學臣接到電話，立即報告了歐陽鐘。歐陽鐘是右派組織孫文主義學會的骨幹，海軍局局長兼中山艦艦長李之龍的對頭，海軍軍官學校副校長歐陽格之侄，與海軍局十分熟悉，即親赴交涉，大概覺得來頭大一點好辦事，故意將調艦的命令改為蔣介石所下，當時李之龍因公外出，負責接待的是作戰科科長鄒毅，立即答應即派艦前往黃埔，聽候差遣。海軍局值日官日記記載的十分清楚：

「因李代局長電話不通，無從請示辦法，故即著傳令帶同該員面見李代局長，面商一切。」

李之龍的回憶與此也相吻合：

「三月十八日晚，有三人來文德樓之龍寓所，一人聲稱奉蔣校長命令，有緊急之事，飭派能鬥爭軍艦兩艘開赴黃埔，聽校長調遣。時適之龍外出，此三人即交下作戰科鄒科長一函留呈之龍。及之龍是晚回家啓視，該函略云『軍校辦事處歐陽鐘秘書來局，謂奉黃埔鄧教育長電話，轉奉校長面諭，飭海軍局即派得力軍艦兩艘開往黃埔，聽候校長差遣。職（鄒科長自稱）已通知寶璧艦預備前往，其餘一艘，只有中山、自由兩艦可派，請在此兩艦決定一艘』云云，之龍閱畢……遂決定派中山艦前往聽候差遣。」

但蔣介石對這一切卻毫不知情。

送走了蔣介石，汪精衛的頭腦清爽了許多，他有點後悔，剛才對蔣介石的態度太冷淡了，這樣會使兩人的矛盾趨向表面化，這不是一個政客的作風，在這種心理支配下，他抄起了電話，有意識地與蔣介石套起了近乎。

蔣介石敷衍了兩句就放下了話筒，嘴裡喃喃道：

「奇怪，汪某人從不關心我的行止，怎麼今天一個勁地打聽我是留在廣州，還是去黃埔？」

站在一旁的王柏齡不懷好意地提醒道：「這件事是否與李之龍擅調中山艦有關？」

王柏齡，第一軍教導師長，他是江蘇江都人氏，日本陸軍士官學校十期生，蔣介石辦黃埔時，把他招延至軍校，任教授部主任，一時信任至極。

王柏齡爲人輕浮油滑，李之龍在黃埔求學時，就對他很不以爲然，因此王柏齡也就經常在蔣介石面前告李黑狀，挑撥是非。

蔣介石一怔，細細體會王柏齡這話的味道。

恰在此時，電話鈴聲又不合時宜地響了起來，這次傳來的是他的學生，海軍局代局長李之龍的聲音。

李之龍的口氣十分恭敬，他告訴蔣介石，因俄國參觀團來穗，欲調中山艦擺擺場面，既然在黃埔已無戰鬥任務，可否蒙校長允許，讓中山艦回廣州。

蔣介石的腔調有點陰陽怪氣：「之龍，中山艦開來黃埔不是我的命令，我既沒有要你開去，他要開回來，就開回來好了，何必問我呢？」喀嚓，不等李之龍解釋，蔣介石掛斷了電話。

王柏齡作恍然大悟狀。

「果然汪主席的電話與李之龍這小子有關。」見蔣介石仍在狐疑，他又追了一句：「李之龍背叛師門，最近抱上了汪精衛這條粗腿，更加目中無人了。」

王柏齡的挑撥太陰險、太可怕了，他將個人的私憤引入到國家軍政大事中，其後果，

蔣介石致汪精衛函

必然遺禍至大。

不幸的是，蔣介石對王柏齡的話卻深以爲然，李之龍原是黃埔一期生，早在入校前就是中共黨員，還擔任過蘇聯顧問的英文翻譯。他長袖善舞，對廣東政府的上層人物都很熟悉。對李之龍的才華，蔣介石是欣賞的，也曾試圖拉攏之、培養之，但李之龍不爲所動，成爲共產黨在黃埔軍校領導的左派組織——青年軍人聯合會的骨幹，這自然與軍校右派組織——孫文主義學會幕後主持人水火不相容。

畢業後，李之龍又倚其才華及關係，很快脫穎而出，官至海軍局代局長，成了坐鎮一方的大員，在黃埔學生中也是第一個掛上中將軍銜的人。他的任命，與蔣介石無關，自然讓蔣介石有背叛師門之感。

果然，蔣介石將中山艦的調動與汪精衛的反常聯繫起來，這就是他一再聲稱的「萬萬想不到的事情」，他有了懷疑的理由。因此，蔣介石推論說：「季山嘉陰謀，預定是日待我由省城乘船回黃埔途中，想要劫我到中山艦上，強逼我去海參威。」

接完李之龍的電話，蔣介石在屋中不停地來回踱步，良久良久，他猛然停住，眼睛裡閃出猙獰：「有槍在手，有兵在手，何懼之有？若不於此時當機立斷，何以救黨，何以自救？此時再不決心，尙待何時。此時若不殉黨，何顏立世。今日事只有敗中求勝，背水一戰。」

一股殺氣在他胸中翻騰。

震驚中外的「中山艦事件」就這樣發生了。

蔣介石的行動果斷而有力：當晚，海軍局代局長李之龍就遭到秘密逮捕，並宣布對第一軍第二師中共及左派分子進行整肅，第六團黨代表胡公憲以下黨代表、政治工作人員四十餘人被看管，拘捕關押於造幣廠內。與此同時，省港罷工委員會、東山蘇聯顧問團駐地、海軍局也遭到包圍、查封。

爲了使自己的行動合法化，蔣介石指令加緊對李之龍及其他涉嫌人員的審訊。當各方面的資料彙集到一起後，他不由得暗暗叫苦，原來是王學臣聽錯電話，歐陽鐘假傳聖旨所致。中山艦頻繁調動，也有海軍局出示的黃埔軍校駐省辦事處公函爲證，眼見得李之龍是冤枉了，汪精衛也與此事無涉，是他蔣介石神經過敏了。

他不停地敲打著自己的太陽穴，現在當務之急，就是要應付來自各方面的詢問、責難，以塞悠悠眾口，儘管共產黨人、蘇聯人尚未發難，但他們這種暫時的委曲求全，乃在於對內幕的不瞭解，他們在等著要一個說法。

汪精衛則不然，他是廣州國民政府公認的第一領導人，代表著國民黨的正統，完全可以冠冕堂皇、理直氣壯地對他進行聲討，指責「中山艦事件」是一起反革命叛亂行爲，號召天下共討之。蔣介石想到這裡，不由得不寒而慄。

「是福不是禍，是禍躲不過」，在上海灘上打過滾的蔣介石心一橫，不退反進，將錯就錯，準備和汪精衛攤牌。

三月廿二日，國民黨中央政治委員會召開會議，蔣介石、汪精衛終於對簿公堂，陳公博有這樣的記載：

「廿二日早上中央政治委員開會了，這次會議，因爲汪先生不能起床的緣故，所以開在汪先生家中。開會之時，汪先生依舊睡在床上，我們環著床來討論。那時蔣先生也來了，他本來平時就不大說話，那天更少說話，似乎有點倔強，也似乎有點愧怍。」

蔣介石剛走，汪精衛就跳了起來，嘆天地不公，嘆人心不古，姓蔣的失理還不饒人，真不是君子。

汪精衛的夫人陳璧君撇撇嘴，白了汪精衛一眼。她瞭解汪精衛的脾性，脫不去書生氣，抹不下面子，只能背後一味地發狠，待到真刀真槍時，反而心虛。

「有話爲什麼當面不說。」陳璧君搶白道，她最看不慣丈夫這股窩囊勁了，還抵不上她這個女流之輩。

陳璧君攤開信箋，手握管毫，揮筆如風，她是不能吃啞巴虧的人，在這封給蔣介石的信中，把對方罵了個狗血噴頭。對蔣介石的所有行徑，以一「僞」字相斥。

汪精衛也有一信，寫得就不如夫人那樣潑辣犀利了，猶抱琵琶半遮面，怨人責己，酸酸楚楚，他告訴蔣介石，他已無心爭是非，打算離開廣州。言下之意，希望蔣介石能道一聲挽留，這樣才有面子待下去。

「真是婆婆媽媽。」蔣介石心裡嘲弄著，不禁想到孫中山以前對汪精衛的評價，嘆道：「昔日總理已有言，譏汪書生難成大事，今果其然，今果其然。」

確實，在汪精衛性格中，缺少那種堅忍不拔，能屈能伸，無所不爲的精神。慣於投機取巧的人，一旦遇到強硬有力的對手，便很難支撐下去。

蔣介石的嘴角向上牽了牽，清癯的面孔上露出一絲殘忍，他走到窗前，四月的廣州已是繁花似錦，燦爛的陽光讓人有股灼熱感，但他依然戎裝整齊，風紀扣扣得端正結實。「立夫，你執筆，給汪兆銘回一封信。」蔣介石向他的英文秘書陳立夫吩咐著，一股殺伐之聲從他胸腔中湧出：

季兄（汪精衛字季新——筆者注）先生鈞鑒：

奉讀三十一日手教，開誠見示，敢不銘心，千里咫尺，孺慕更殷，既感臨別贈言之切，何忍再蹈緘默不道之咎，如不傾吐衷曲，神明似覺難安，故敢直陳不諱，知我罪我所不計也。

一番客套後，蔣介石的口氣陡然尖銳刻薄起來：

一年以來，弟自問對公對私皆出自赤忱坦白，決無絲毫掩飾，如壁姊函中之所謂「偽」者也。然夫人必欲以此加於弟，其亦仁者見仁，智者見智，或有此解，然無傷於弟之光明，特不知兄亦有如此之感想，以疑而生厭也。至兄對弟之個人之至誠扶掖教導，不餘遺力，人非木石，焉能無感？述往思來，但有自覺慚惶而已。惟世人固有感其親近左右背其見解而不能自主者，弟執於疏不能間親之意，而又不能為兄明言之，因循誤事，以至今日言念及此，能不痛心？茲以夫人斥弟為偽之語不得不略陳梗概，以明耿耿之心。今兄既忍心撒手棄弟而行，復有何言，弟豈敢戀棧久留不共進退乎？繼思總理托弟以大事，如中途而廢，不惟有喪總理之明，而且無以副吾兄之望，況國家大事豈敢供人兒戲，以一己之利害而置大局於不顧？是以引一息尚存此志不懈之義，以盡總理遺囑，並遵吾兄意旨，即對於CP（中國共產黨的英文縮寫——筆者注）之合作亦必求精神上之團結，但不能如兄之遷就謙讓而於事實反生障礙也。

前者弟知兄之用心苦也，然其結果如斯，是兄與弟皆不能辭其咎耳，手教所言：「弟已厭我，使我不得不去，然立於革命路線，固不可招之便來，揮之便去，此行實出於自願。」云者，以弟觀之，適得其反，以過去之事略證之，蓋明弟言之不謬也。兄誠不識弟之真性，故有疑弟與厭弟之心，如人以弟為偽，而兄即以為然。譬有人欲去弟以為快者，或有謀弟以為安者，而兄將如之何？吾知兄必以為不然者。然由來之漸不可不防，如聽信非人，必中陰謀者離間之計，以致鑄成大錯。書中反言弟之受間無乃過乎？然弟對兄意始終如一日，不惟不疑兄，而且諒見仍願與兄共事者。

以兄之本意無他，惟為左右所蒙惑耳。今事既至此，兄又抱病不出，而弟亦不忍相強以增病狀，惟革命事業非弟一人所能負責，更非弟一人所能盡責也。然弟既不願負總理之重托，又不願置兄之責任於不顧，任重如此豈能致遠，諒兄亦不忍恝然置之，遷地養#萬不能逾三月之期，於此期內或可不擾精神以期速瘳闕疾。

如逾期不歸，則待軍心稍定，民心略安，弟必步兄後塵以明心跡。倘能屆時惠來，釋然大悟，屏除左右，共圖國事，所謂學西文求學問者，恐非革命期間之所能許可也。

蔣介石知道事到如今，已是無路可退，且認爲汪精衛受人蒙蔽，受人挑撥，不向汪把話挑明，自己將陷入困境；於是，他一口氣爲汪精衛列出十條證據：

茲恐兄以弟為疑兄厭兄之心終難釋然，而以弟為偽之意又不能不明辯之，故不揣冒昧略陳事實如左：

一、自弟由汕回省以來，即提議北伐，而吾兄當時且極端贊成之，並準備北伐款項以示決心，不意一經季山嘉反對此議，而兄即改變態度，因之北伐之意無形打消，坐失時機，此吾兄不能自主之一端也。

二、季山嘉提議派兵往北，此為其打消北伐根本之計。弟即知其無北伐之意，當時並以彼之用意與計畫陳明於前，此計於吾總理北伐畢生之志完全相反，兄既知之而復允之，此亦吾兄不能自主之一端也。

三、自第二次全國代表大會以來，黨務政治事事陷於被動地位，弟無時不抱悲觀，軍事且無絲毫自動之餘地，革命前途幾至絕境。故與兄提議必先予之確實交涉，不可使中國革命限於被動地位，以違反我總理聯合蘇俄之要旨與蘇俄扶助中國革命獨立之本意。然此不可專為蘇俄同志責實，兄與弟皆不能辭其咎也。

四、季山嘉勸弟往北練兵之計，其虛實誠偽已彰明較著。蓋弟在粵一日，而季山嘉個人之計畫總難實現，故其不得不設法使弟離粵以失去軍中之重心，減少吾黨之勢力。乃兄不察，竟順其意且贊成之，惟恐不遑。及弟與季山嘉反臉，弟意赴俄休養，而兄恐觸其怒，

蔣介石致汪精衛函

反催弟速行。弟受總理付託，革命之重任不能以一顧問之喜怒而定去留，亦不能以一顧問之態度而頓變故友之態度，置一切情理於不顧，此亦吾兄不能自主之一端也。

五、自弟辭職之後，當時實有遁世絕跡、獨善其身之決心，而乃兄滯遲延擱，既不批准，使弟不能辭責引退，而又留中不發，使弟又不能負責整理，卒之軍紀廢弛，整頓無方，以致三月二十日之事一發不可收拾。此固非兄之本意而兄之不能自主盡可知矣。

六、委任李、黃為第八、第九軍長，而季山嘉特留第七軍長一缺以待來者，此缺非其預備王懋功（第一軍第二師師長——筆者注）去弟後，即以此為報酬懋功之缺乎？此等大端，兄豈未曾察知乎？既知之而不矯正，是兄不能自主之又一端也。

七、軍事委員會議決本校經費為三十萬元，第二師經費十二萬元，翌日仍擅減本校經費為二十七萬元，而加第二師經費至十五萬元，當時弟問兄何以參謀團推翻議案，擅減經費究係何人主持？乃兄只顧左右而言他。此等推翻決議擅移經費不謂小事，豈兄果不察知乎？弟且明問而兄又置之不答，一任若輩之擺弄，以自失政府之威信，且跡近行賄，使其所部推倒上官。此端一開，則革命軍紀豈可收拾？甚矣！季山嘉倒行逆施至於此，而兄不能矯正，是兄不能自主又一端也。

八、撤退季山嘉之電，鮑顧問電同意，兄豈不知季山嘉與弟相處之難，而兄偏視之如寶，任使其與弟為難，卒成今日之結果。是兄不能自主之又一端也。

九、第一軍自招募成立以來，未有欠餉至三月之久者，弟之所以能指揮如意，軍心團結者，此非無因也。自弟由汕回省以後，汲汲以欠餉為慮，吾兄亦允發給，及季山嘉打破北伐之計以後，兄即一反前議，甚至欠餉亦靳而不理，使弟對部下盡失其信仰，必使其軍隊離心，不能維持而後止。為弟個人之不德，竟使我全體將士皆成餓殍，此何忍心？於是使弟不得不出於辭職。至今仍不能脫離關係且成為怨府。此兄不能自主之一端也。

十、當三月初旬，吾兄召集孫文主義學會及聯合會會員訓話時，聞兄有「土耳其革命成功乃殺共產黨，中國革命未成又欲殺共產黨乎？」此言也不知兄何所指，而軍官聽者無不驚駭，皆認兄此語是引起共產黨與各軍官之惡感，無異使本軍本校自相殘殺也。所以三月二十日之事一觸即發，以為共產黨員聞兄之言必有準備，而謂其有共產黨之心，則弟保其絕無之事，蓋一般軍官皆知革命戰線之不能撒散，與其殺共產黨，不如謂其自殺也！且當時事實可證明其動作皆出於自衛，而無攻人之行動也。

這十大證據，全是捕風捉影，似是而非。例如北伐問題，對軍事一竅不通的汪精衛對此並沒有什麼特殊的想法；再比如經費問題，蘇聯顧問早就對蔣介石的揮金如土感到憤怒，建議汪精衛對軍費加以合理使用和分配，這也是無可厚非的事；還有所謂流言蜚語等等，更屬蔣介石的小題大做，故弄玄虛。

但是，蔣介石就是一口咬定，根本不容解釋，否則，他貿然發動「中山艦事件」就失去了理由，就成了徹頭徹尾的叛亂，在信的末尾，他盛氣凌人地教訓汪精衛道：

總之，吾二人應為總理負繼續革命之責，不能以一顧問之喜怒而為喜怒，亦不能以一顧

蔣介石致汪精衛函

問之好惡而中傷感情，以弟之心推之，固知兄必無負弟之意。然以上述之事實證之其果，弟為人間乎？抑兄早為人間乎？其果弟疑兄而厭兄乎？抑吾兄疑弟而厭弟乎？請兄思之。惟一年以來，吾兄對黨對國之功績為總理逝世後之第一人，此無論何人不能否認者，而優柔寡斷，大權旁落，竟使事事陷於被動地位，即中山艦冒分移動陰謀暴露，弟對於兄決不有絲毫之芥蒂，然而平日之放縱釀成今日之惡果，可不悲乎？然往事已矣。吾惟望於此三月之內宿疾痊可早告勿藥，出任艱巨，共負總理付託之使命。

弟以為革命事業欲期其成，弟固不能離兄，而兄亦不可離弟，方是慰我總理在天之靈，惟祈兄以後處事務使大權在握，當機立斷，事事立於自動地位，不為左右所欺蒙，則弟必始終追隨於吾兄之後，若兄果始終不出，厭而棄弟，則弟惟有引咎辭退，決不再事第二人以自卑其人格。耿耿此心，當為吾兄深知也。弟自信與兄無論相隔至如何之久之遠，精神決無貳注。無論何事，總以吾兄之意為意，此可告慰於吾兄，而兄亦不必以此紛擾精神，靜心調養以備他日更任較繁劇之工作，俾我二人得以共事至最後之一息也。

如兄仍有以弟為偽、為疑、為厭者，則弟但求貴恙之速痊，個人私見無不可以犧牲一切，如有益於黨國，即刎頸謝罪在所不計。區區之意，惟垂鑒之。專此敬覆。

並請

鈞安

弟中正手上

中華民國十五年四月九日

「看你還有臉皮賴下去。」蔣介石心裡重重哼了一聲，汪精衛平日最要面子，他偏不給面子，信裡面處處含鋒帶刺，撩得人心疼。

汪精衛終於離粵赴歐，走得灰頭土臉，走得心有不甘卻無可奈何。而對蔣介石這樣的對手，他大有一種秀才遇見兵，有理說不清的感慨。從此，國民黨的雙駕馬車變成了由蔣介石一人信馬由韁，汪精衛終生也未能動搖蔣介石這一地位。蔣介石通過「中山艦事件」，不僅打擊了共產黨，而且打擊了汪精衛和國民黨左派，大大加強了他在政治上、軍事上的地位。

安撫左派

蔣介石致黃埔留校同學函

北伐出征在即，千頭萬緒，蔣介石最不放心的，還是他的發家之地——黃埔軍校。

這也難怪，黃埔軍校本來就是國共合作的產物，共產黨、左派的力量幾乎佔據半壁江山，連蔣介石自己都承認，他最欣賞，認爲最出色的學生幾乎都是共產黨員，例如號稱「黃埔三傑」（蔣先雲、陳賡、賀衷寒）者，共產黨人就占了兩位，而在教官中，像政治部主任周恩來、訓練部主任鄧演達、上校教官張治中、政治教官惲代英等等，都在學生中享有極高威信，可惜他們不是姓共即是姓左，讓蔣介石好生遺憾。

「中山艦事件」發生後，蔣某人開始在軍中、校內清理「門戶」，請共產黨走人。這一行動，立即引起師生將士大嘩，紛紛起而詰問，張治中拉著鄧演達找上了蔣介石，怒氣沖沖道：

「校長這種做法，是否顧慮到一般革命同志的信仰和一般革命青年的同情。」

鄧演達的話更刺人，更乾脆，他直截了當地稱蔣介石這一連串行爲「疑近於反革命行動」。蔣介石一怔，張治中、鄧演達都是直爽漢子，對黨忠心耿耿，對工作任勞任怨，對他蔣介石本人，也是尊敬有加，禮貌有加。現在同時向他發難。

張治中、鄧演達這些老國民黨員尚且如此，那些年輕學生更不必問了。蔣介石不寒而慄，眼看著他馬上離開廣州，共產黨人如果興風作浪，他的後院立刻不穩，黃埔基業頓呈風雨飄搖之勢，這是蔣介石最怕發生的事。

「一切以穩字當頭」，蔣介石心中暗暗思忖，必須要安撫好共產黨和左派的憤怒情緒，彌合國共之間的裂痕，哪怕是一種僞裝，是一種權宜之計。

主意拿定，他鋪下信箋，一字一琢磨，給黃埔留校師生寫下臨別所贈：

張治中，字文白，一八九〇年生於安徽巢湖，著名愛國將領。青年時，受辛亥革命的影響，擁護孫中山，曾先後參加過護法運動和北伐戰爭。一九三二年「一二八」淞滬抗戰時任第五軍軍長，不顧阻撓，毅然開赴前線，同十九路軍並肩作戰。一九三六年「西安事變」發生時，他主張和平解決。一九三七年淞滬會戰，張治中奉命指揮國民黨軍隊之精銳在上海與入侵日軍浴血奮戰。

▸▸ 張治中

蔣介石致黃埔留校同學函

本校全體官長學生各同志鈞鑒：本校長受本黨與政府之委任，督師北伐，出征在即，惓惓寸心，即對我全校官長學生，尤不能自已也。血誠所寄，臨別忠告，凡我同志，幸各諦聽。

革命成功之最大要素，為團結精神，統一意志，集合一切革命勢力，打倒帝國主義為惟一目的。是以本校之校訓為親愛精誠，本黨使命為謀求全民革命，且必植基於農工也，且與共產黨合作。我全黨官長學生，宜相親相愛，宜團結一致，宜共同集合於革命旗幟之下，努力工作，則革命成功，指日可待。關於國共問題，尤為重要，以後共產黨不得批評三民主義，而國民黨員亦不得有排斥共產黨之態度。本校長惟以整個革命為前提，前次所提整理黨務案，及要求我同學各保持純粹之黨籍，皆僅考慮本黨與共產黨合作之方法，並非懷疑本黨與共產黨合作之原則。無論其退出ＣＰ，而為純粹之國民黨員，或退出國民黨而為純粹ＣＰ分子，本校長皆一視同仁，無分畛域，各同學亦切勿稍有歧視。既為同學，又同致力於革命，即宜互相親愛，共泯猜疑，彼反革命者，不獨仇視ＣＰ，凡國民黨努力之同志，亦概指為ＣＰ，或加以責黨之罪，此種態度我同學萬不宜效之。其秘密之小組織與任何小團體，皆宜懸為厲禁，視為親愛精誠之大敵。

近來部隊中有仇視政治工作人員者，即為陷入反革命之漸。各官長宜於暇時研究政治經濟，各學生宜十分重視政治教育，方不負本校軍事政治並重之旨，且可充分明瞭主義，成為真正革命軍人。至服從命令，恪守紀律，尤為軍人必守之天經地義。本校長出征以後，校長職務已委任方教育長代拆代行，各官長學生務一致服從方教育長命令，即與服從本校長之命令無異。黃埔今日已為革命之中心，一方為全國人民所矚望，一方為帝國主義者所嫉視，惟有以大無畏之精神，百折不撓之志氣，輔以謹慎戒懼之心理，廉潔勇決之美風，確信革命係為勞苦群眾謀解放，而非為個人爭功名富貴。故大群之團結必須堅固，小己之自由概應犧牲，實行總理創造之三民主義，完成中國之自由獨立，皆在於是。前方之勝利，悉係於後方之鞏固，而校尤為革命之根本，我全體官長學生，其共勉之。中正敬啟。

不假情面

蔣介石致張繼函

張繼，字溥泉，國民黨元老，爲人直爽，性格衝動而暴躁，思想偏激而右傾，是「西山會議派」重要骨幹。

張繼的脾氣相當不好，動輒以拳頭解決問題，早年追隨孫中山，就曾在日本與康（康有為）梁（梁啟超）黨徒動過拳頭。黃埔軍校成立，國民黨另一元老戴季陶擔任軍校第一任政治部主任，也被張繼罵以「共產黨的走狗」，並且遭其老拳痛擊之苦。

張繼對蔣介石的印象也很惡劣，平時很少交往，一者瞧不起蔣這個後生晚輩，二者將蔣歸入了被「赤化」的行列，而不屑與之爲伍。直至「中山艦事變」發生後，才對蔣的態度略有變化，但是，他覺得蔣的手段還不夠毒辣，應該快刀斬亂麻，痛下殺手，從根本上剷除共產黨。

於是，張繼給蔣介石修書一封，此信原文已佚，但其意思是向蔣介石提出兩點意見，一是繼續對共產黨實行打擊，停止國共之間的合作；二是照顧所謂「老同志」，因當時胡漢民、許崇智、吳鐵城、任梯雲等相繼或被逐，或被棄，或被黜，讓他們產生了兔死狐悲之感，他批評蔣介石過於冷酷，過於嚴峻，不講情面。

張繼

「真是愚不可及。」蔣介石讀著張繼的來函，不禁搖頭，「識時務者爲俊傑。」大戰在即，敵眾我寡，讓他和共產黨、和蘇聯顧問撕破臉，無異於自毀長城。他還需要對方的無私援助和奉獻，需要對方出謀出策，出人出財。

但是，張繼那頭也不能不應付，因爲他代表著國民黨的右派勢力，而且功高資深，蔣介石雖然不怕得罪他們，卻也不願得罪他們，因爲他與共產黨的矛盾總有一天要爆發，還要仰仗他們推波助瀾，搖旗吶喊；至於說他排擠黨內老同志，「哼！」蔣介石鼻子裡發出不屑之聲，「順我者昌，逆我者亡，不要在我蔣某人面前倚老賣老。」他抓過一遝信箋，筆走龍蛇，寫道：

溥兄先生惠鑒：日前奉讀手教，至深惆悵，人事蝟集，未即裁答。茲以出發在邇，所懷未吐，若鯁在喉，且懼兄不責其疏慢，而疑其有他意，獲咎滋重，撥冗奉布，幸賜省察。

蔣介石致張繼函

本黨與共產黨合作，為總理與仲愷兄在日所確定，革命勢力必求團結，共產黨主義雖與本黨有別，其致力革命則人所共認。本黨今日策略，既與其他革命勢力合作，而仍欲排除，豈非矛盾。今日吾人所以與共產黨合作者，斷定國民黨決非共產黨所能篡竊而代之也。前提決議（指整理黨務案——筆者注），則無論共產黨有否謀代國民黨之計畫，而弟以為必無可能之事，此弟所敢自信也。故本黨所尚須討論者，非與共產黨應否合作之原則，而在與共產黨如何合作之方法。

聞近有以賣國賣黨詆弟者，弟謂今日無賣黨與賣國之問題，只有敗黨與亡國問題。誰為敗亡，惟不努力革命，只惴惴焉懼人之食，此黨國敗亡之所以不能復振耳。本黨如能自強，無論他人有何陰謀，皆不能消滅本黨。能使本黨消滅者，其惟本黨同志自己不革命，而猜忌其他之革命勢力，弟之所以兢兢自勉，並願與諸同志共勉者，惟此不敗黨而已。且證以事實，汝為在此時，蘇俄同志，有為軍事上之政務官者，今且無之矣；五月十五以前，跨黨同志有為中央黨部部長者，今亦無之矣。是否賣黨，弟無庸自辯也。至責弟對於舊同志太過冷酷，不及總理之寬大，則尤有說。弟既主團結革命勢力，則凡屬革命同志，皆極盼望其合作，豈對於久共患難之舊交，反有歧視？惟既以革命為前提，則與革命工作有妨礙者，又豈能多所顧惜？汝為不離粵，南路叛將無從消除，財政統一無從實現。錦帆不禁錮，不將東征有後顧之憂，亦何以使勾通叛逆者知所儆懼？鐵城則於廖案發生時，有縱逃兇犯之嫌疑。（本年五月復運動黃埔學生，煽動金融風潮，以圖顛覆政府。）梯云謀向英人締結一萬萬元之大借款，與帝國主義者妥協。吳囚而任自去，皆非得已。

弟認為在革命進行上，不得不暫犧牲個人交誼者，惟此數君而已。精衛、漢民二兄，弟但有苦留，而彼倏然遠行，咎豈在我。去年之西山會議，今年之上海大會，弟皆表示反對，此則黨紀所在，無可通融也。弟以為欲革命成功，必須徹底做去，不妥協，不姑息。總理革命四十年而未成功，其原因甚多，然亦未始非一般老同志從旁掣肘，使總理不能徑行其志之所致。本黨每有一最負責任之同志，不避勞怨，出任艱巨，即為一般老同志所不喜。英士、執信、仲愷今皆死矣，方其在時，皆對於總理最負責任，而一般老同志，皆抱忌嫉態度。弟每念及，輒為心碎。弟今願為英士、執信、仲愷之續，而決不敢師法釣名沽譽之流，稍存一毫畏難圖安之計也。

今總理亦已逝世，弟追念總理最後之付託與今日革命之環境，不論如何艱難困阻，皆不敢稍棄其責任。成敗利鈍，既所不計，毀譽榮辱，更何容心。如弟為個人計，正可藉灰心或高蹈為名，乘機休養，則誰不以我明哲保身為得策，然而於國家與革命前途，將為何如耶。弟今願負完全責任，不稍存觀望與推諉之念，他日本黨有成，固為黨員人人之義務，萬一不幸而致敗亡，則弟個人獨負其責也。惟本黨之覆轍，實不忍明知再蹈。且自本黨改組以來，嚴振黨紀，總理亦已改其往昔之態度——此觀於馮自由之處分而可知者——使總理今日尚在，而弟得親承其訓示，則其不妥協不姑息之處置，或視弟更為徹底亦未可知。博寬大之美名，而誤革命之大計，非弟所忍為也。如鄒海濱、章太炎等，放言高論，以反對革命勢力之鞏固與發展者，尤不願同志為之也。區區之意，尚需團結國內軍人與同胞，以對抗帝國主義，何況對舊日親愛之同志，豈敢恝然置之乎？惟兄等圖逞私憤於一時，深中帝國主義者分散革命勢力之毒計而不自知，對弟不惟不諒苦心而反疑之，事之痛心孰過於此。

兄以愛黨之故，不敢輕徇私交，此弟所深佩，惟愛黨必以其道，因革命勢力必求團結，不能懷疑及於總理所定與共產黨合作之政策。因革命手段必須徹底，不能稍違總理晚年嚴整紀律、改造本黨之精神。兄為真愛黨者，或能聞弟言而首肯歟？北伐成敗關係黨國存亡，弟所欲求教者甚多，倘能惠臨長沙，共商至計，不勝大願。書不盡意，惟希亮察。

有了這層警告，「西山會議派」收斂多了，知道蔣介石不好欺負，同時，他們還把反共的希望寄託在蔣介石身上，因此在以後的行動中，對蔣介石攻擊少了，而將主要火力集中在共產黨身上、國民黨左派身上及汪精衛身上。

北伐暗潮

蔣介石致中執會函

關於北伐的發動，國民黨方面及蔣介石一直堅持認爲，共產黨起到了干擾、阻礙和破壞作用，其中最顯著的證據就是陳獨秀的那篇《論國民政府之北伐》。

論文剛一發表，蔣介石就做出反應：一九二六年八月廿三日晚，他與白崇禧通宵談論時局。「閱《嚮導》報共黨領袖陳獨秀誹議北伐文，公謂其意在減少國民黨信仰，而增進共產黨地位，然而果有何效，」廿四日，又直接向國民黨中央執行委員會發函，要求向共產黨責問，追查責任和影響：

廣州。國民黨中央執行委員會公覽：

現閱《嚮導》週報第一百六十一期陳獨秀君《論國民政府之北伐》一文，反對本黨北伐，阻止國民革命。查陳獨秀君乃中國共產黨領袖，《嚮導》週報為中國共產黨言論機關，此種言論，中國共產黨當負其責任。值此嚴緊時期，發此言論，顯然破壞兩黨合作之精神，影響重大，不敢緘默。應請中國共產黨中央執行委員會負責答覆，免致誤會。是否有當，尚祈核奪。蔣中正叩。

不知《論國民政府之北伐》觸動了蔣介石的哪根神經，幾十年來，一直是國民黨方面攻擊中共反對北伐的依據，爲避免斷章取義之嫌，特將全文摘抄如下：

論國民政府之北伐

一九二六年七月七日

北伐的意義，是南方的革命勢力向北發展，討伐北洋軍閥的一種軍事行動，而不能代表中國民族革命之全部意義。

在此時北伐聲中，我們若不懂得這個意義，便會發生許多錯誤的觀念及行動。

中國民族革命之全部意義，是各階級革命的民眾起來推翻帝國主義與軍閥自求解放，全民族經濟解放，尤其是解除一般農工平民迫切的困苦。北伐只是討伐北洋軍閥的一種軍事行動，還說不上是和帝國主義者直接的武裝衝

蔣介石致中執會函

突，這種軍事行動，對於推翻軍閥確是一種重要方法，然亦僅僅是一種重要方法，而不是惟一無二的方法。在軍閥統治之下的民眾，若誤認北伐是推翻軍閥解放人民之惟一無二的希望，遂至坐待北伐軍之到來，自己不努力進行革命工作，這便是大錯，這便和前代人民仰望弔民伐罪的王師是一樣，完全失了近代革命的意義。

再論到北伐軍之本身，必須真是革命的勢力向外發展，然後北伐才算是革命的軍事行動；若其中夾雜有投機的軍人政客個人權位欲的活動，即有相當的成功，也只是軍事投機之勝利，而不是革命的勝利。至於因北伐增籌戰費，而搜刮及於平民，因北伐而剝奪人民之自由，那更是犧牲了革命之目的，連弔民伐罪的意義都沒有了。

現在廣州國民政府之北伐是怎樣呢？在第一點，他自然還不是直接的和帝國主義武裝衝突。在第二點，廣東以外的各省人民，確有坐待北伐軍到來之幻想。在第三點，我們敢肯定地說，現在國民政府之北伐還不是由於革命力量膨脹而向外發展，乃是因為吳佩孚進攻湖南，國民政府不得不出兵援湖南以自衛。在第四點，國民政府之北伐戰費，應該發行軍事公債，向紳商籌募。如果因為北伐而預徵錢糧和抽收賭捐，向農工平民搜刮，不但當年中山先生不曾因北伐搜刮平民，即現時唐生智在湖南，軍費並不比廣東寬裕，他只發行殷實公債，而未向農民謀求，國民政府對農民政策總不應該比唐生智不如。

國民二軍之潰敗，對農民政策之失策乃是最重要的原因，近來國民政府對農民的態度，已經使農民懷疑，若再因北伐戰費而預徵錢糧和抽收賭捐，若更進而剝奪廣東革命的民眾從護法政府以來所獲得的些少自由，反而給予反革命的買辦、土豪、貪官、奸商以充分的自由，則我們在野黨應該向政府嚴重勸告，必須北伐與民眾利益雙方兼顧，如此才能鞏固國民政府。

在上述情形之下，所謂革命軍事行動的北伐，現在尚未成問題。因為在國民政府內部的政治狀況上，在整個的國民政府之實力上，在國民政府所屬軍隊之戰鬥力及革命的意識上，都可以看出革命的北伐時期尚未成熟。現在的實際問題，不是怎樣北伐，乃是怎樣防禦，怎樣防禦吳佩孚之南伐，防禦反赤軍勢力之擾害廣東，防禦廣東內部買辦、土豪、官僚、右派響應反赤。

帝國主義早已定下了吳、張分途討滅南北二赤的計畫，為此英吳、日張分據南北，才能和緩他們當中的衝突。現在英吳對日張在北方既不能不大大讓步，則吳佩孚南下進攻廣東，無論對國民軍作戰勝敗，都必得張作霖之援助而實行，吳佩孚一回漢口，必以全力取湖南，再由湖南進攻廣西，屆時動搖不定的小軍閥如贛鄧、閩周，都必然決定態度，奉吳令一致向廣東進攻；不但如此，還有香港帝國主義者封鎖於外，陳林、魏邦平舊部，勾結土匪、土豪、官僚、買辦，擾亂於內；如果竟至如此，國民政府能否支持下去，當前是一個嚴重的問題。並不是我們神經過敏，這樣危險的局勢，實已迫在目前，絲毫不容我們忽視。

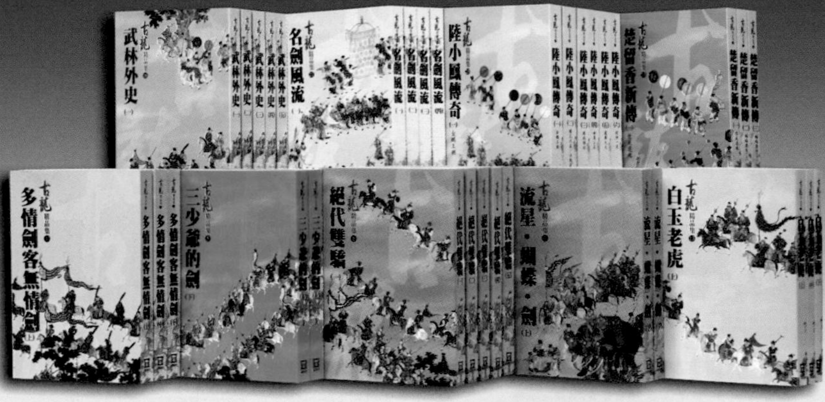

武林外史
名劍風流
陸小鳳傳奇
楚留香新傳
多情劍客無情劍
三少爺的劍
絕代雙驕
流星・蝴蝶・劍
白玉老虎

與《淘寶筆記》相媲美，網路瘋傳
更精彩刺激、高潮迭起的淘寶世界
淘寶達人
浪拍雲 著
每一件古玩都代表著一段歷史,
沉澱著一種文化,講述著一個故事……
達人告誡:「看古玩不要聽故事,好東西自己會說話。」
網友熱烈分享，
史上最驚心動魄的尋寶經歷！
傳說中的「肚憋油」裏面，竟有兩隻西周千年玉蟬；
老宅塵封的密室裡，讓人眼花繚亂的皇陵珍寶；
海盜一生心血的沉船寶藏、柴窰梅瓶、焦尾琴……
緊跟著淘寶達人的腳步，上山下海尋找奇珍異寶！
之1 無價之寶
之2 鬥寶大會
陸續出版中
每冊 特價$199
風雲書網 一次滿足您所有需求！
想知道最新最快的書訊？想花費最合理的價格買書？
請上風雲書網 http://eastbooks.com.tw
郵撥帳戶：風雲時代出版公司 郵撥帳號：12043291
電話：02-2756-0949 傳真：02-2765-3799 地址：台北市民生東路五段178號7樓之3
E-mail：h7560949@ms15.hinet.net 官方部落格：http://eastbooks.pixnet.net/blog

蔣介石致中執會函

所以現時國民政府的職任，已經不是北伐而是「防禦戰爭」，廣東民眾的口號，也已經不是北伐而是「防禦戰爭」，全國民眾的口號，也已經不是響應北伐，而是擁護「革命根據地廣東」！

將陷於四面圍攻的國民政府，他的領袖們，應該和衷共濟，尤其要尊重人民的自由與權利（革命軍正為此和軍閥戰爭，也就是革命軍和軍閥不同之一點），使人民心悅誠服的和國民政府合作，以戰勝此困難，使此困難不但不能覆滅國民政府，轉而能夠鍛煉國民政府領袖及其軍隊和一切民眾的革命意志與戰鬥力，然後再匯合全國民眾革命的勢力，進而北伐，才能夠以革命的北伐力量完成國民革命。

通讀全文，我們有一個明顯的感覺，作爲中國共產黨總書記的陳獨秀發表這篇文章的真正含義，並非刻意去反對或破壞北伐。

陳獨秀

事實上，陳獨秀一直贊成國民政府北伐，早在一九二六年三月初，陳獨秀就表達了他對北伐的熱心，曾「多次電告廣東」，敦促北伐一事。在這前後，他與蔣介石也有聯繫，曾有四電一函致蔣汪（精衛）二人，蔣介石自己也承認，此時陳獨秀的意見和他「完全相同」或「大體相同」。這自然包括北伐了，爲什麼陳獨秀又突然改變了觀點呢？

這正是「中山艦事件」的影響，因爲蔣介石在此事件中對共產黨人大打出手，讓人感到了寒心。所以，在中共中央五月初發出的一份通告中，就提醒中共黨員注意「危機若不能很小心地消弭，則前途危險正多」。作爲中共領導人，陳獨秀認爲有必要將這深化了的危機公開化。因此，他把眼光重新投到了工農群眾身上，認爲只有群眾的廣泛覺悟，才是共產黨力量壯大的標誌，立於不敗之地的依靠。所以，他呼籲廣東以外的人民，要拋棄「坐待北伐軍到來之幻想」，「不可專門依賴國民政府北伐得到解放」，「應該自己努力做推倒軍閥統治的運動」。

國父在中山艦與官兵合影

更讓陳獨秀擔心的是，此次北伐，將演變成蔣介石建立軍事獨裁統治的行動。在此，他提醒人們注意，「若其中夾雜有投機的軍人政客個人權位欲的活動，即有相當的成功，也只是軍事投機之勝利，而不是革命的勝利」。這就觸到了蔣介石的痛處。

正是從以上角度考慮，陳獨秀才斷言：「革命的北伐時期尚未成熟」，同時認爲，僅

吳佩孚

靠軍事行動討伐北洋軍閥，「不能代表中國民族革命之全部意義」。

顯然，陳獨秀的錯誤不在於「反對北伐」，而在於將中國革命和軍隊的領導權讓給蔣介石，沒能預見到北伐將給中國人民在客觀上帶來解放的可能性。這是「中山艦事件」後蔣介石的做法在陳獨秀心中留下的陰影，使他對北伐的革命性產生了深深的憂慮。正是在這個意義上，他事後也承認「對北伐的態度是消極的」。所以，就有讀者來信質問，這是「挑撥北伐期中的人心，煽惑一班不明真相隨風飄落的革命者嗎？或者先生被反動派利用，在此北伐期中灌輸令人懷疑的論文，代他們鼓吹嗎？或者先生聰明一世，朦朧一時嗎？」所以，就有蔣介石落井下石，乘機攻訐，影響人們對這篇文章深層次的思考，擴大其中產生的誤會。

恨其不爭

蔣介石給第一軍官長函

民心的向背，是決定戰爭勝負的關鍵之一，蔣介石對此並非沒有清晰的認識，所以他沒少對部下耳提面命，反覆交代不准擾民害民，還在第一次東征期間，他就反覆告誡過黃埔官兵：

「這次我們出去打仗，一定可以殺滅陳炯明，肅清東江，因爲我們處處愛護百姓，百姓也處處幫助我們，軍隊只要百姓幫忙，必打勝仗，這是天經地義，不能更改的。」

「如有騷擾人民，違反軍紀的，上自校長，下至士兵，都要槍斃，因爲法律無情，能守法就是革命軍，否則就是反革命軍，人人都可以殺他。」

蔣介石令行禁止，不是一紙空文說說就算的。後來黃埔一期生桂永清違反軍紀，私自將繳獲之細軟裝點郵回家，他就曾動過殺機，並在致學生公開信中點名批評，稱桂永清行爲是黃埔軍校「第一大恥辱」。

現在，北伐大軍出征，蔣介石又一次重申軍紀，希望全體將士愛惜民眾，保護百姓。他本人也十分注意形象，據目擊者記載，「公在軍中兵士化、平民化，草鞋布服，奔走驕陽下，凡登山越嶺，必下轎讓伕息力數十里」。

蔣介石如此約束自己，沒想到部下卻恣肆妄爲，第一軍官兵一路上擾民害民，搞得怨聲載道，聲譽日墜，如果不是從軍裝制服上來判斷，真是弄不清誰是北伐軍，誰是北洋軍了。

蔣介石坐不住了，專門乘車去了株洲，將第一師、第二師官兵集合起來訓話。

一開始，蔣介石的口氣還算親切，像家長教訓子女，「本總司令今天對我國民革命軍第一師、第二師全體官長士兵，乘著這個機會，要把你們這次由廣東到湖南的許多缺點以及良好的地方，統統講明白。以後各位將士弟兄，就要照本司令所講的話，實實在在地去做」。

開場白過後，他的火氣漸漸上來了：

「這次第一、二師從廣東出發到湖南。一路經過的地方，隨便占住民房，無論男女學校，都要強迫人家搬出，讓給我們軍隊住。還有一幫反動派，專造本軍謠言，說是第一軍官兵如何如何，吃鴉片煙的事，這真是我們第一軍無上的恥辱。那吃鴉片煙的，就是我們第一軍的蟊賊，誰都可以槍斃他。還有在路上賭錢的及買東西不給錢的，以後如果真有，就不是國民革命軍了，更不是從前的第一軍了。」

蔣介石這話說對了，自從共產黨人被他逐出第一軍後，一些帶兵官失去了約束力，像王柏齡之流的右派軍官簡直無法無天了。因此他痛心地說：「第一軍在國民革命軍裡面，紀律是最嚴明的，並有一個《連坐法》，打仗的時候，無論誰退下來，都要槍斃，這叫做軍法不留情，」可是，「現在的第一軍的第一、二師軍紀風紀怎樣？」

蔣介石指著部下問，聲調突然變得尖銳刺耳：「你們自己曉得嗎？從前很好的名譽，很大的光榮，現在要完全敗壞在你們手裡了。你們自己不覺醜！實在外面沒有一個時候不聽說第一軍的軍紀壞了。」

蔣介石真是恨鐵不成鋼，氣得不少話都說過了頭，但這反而也產生了一個效果，顯示了私人感情中那種特有的口不擇言的隨便和親切自然，他誇張地說：

「老實對你們說，去年打東江，我對於學生是很愛惜的，這回從廣東到湖南來，我對於學生就非常痛心，悔恨我自己不該辦這樣害人的學校。」

爲什麼僅隔一年，黃埔軍就面目全非，變了模樣，蔣介石沒有從深處找原因，他只能警告他的學生：

「你們不要以爲校長沒有看見，沒有檢查，就可以隨便，其實你們做的壞事情，校長沒有一件不曉得的，尤其是吃空額，冒名頂替，是最壞最痛心的。吃空額是前清綠營最腐敗的事，犯了這事，不僅營長要槍斃，連排長以下，都要處罰，這最不名譽的吃空額的事，哪裡是我們做得的。你們做了不好的事，自己同學互相蒙蔽，但總瞞不了我的耳目，老百姓常常給我講的。」

蔣介石似乎忘記了聽他訓話的這群人早已從黃埔畢業，成了帶兵官長了，卻還像當年校園內那樣，口口聲聲自稱校長，這也是他籠絡人心的一個辦法，使部下回憶起黃埔島上師生朝夕為伴、耳提面命的時光。後來凡黃埔出來的人都摸準了這一套，不管蔣介石頭銜多麼顯赫，一律稱校長，這不僅能讓人感到彼此的感情頓時接近了許多，也能使大事化小，小事化了。

這一番長講，蔣介石可謂聲情並茂，以至到最後，竟喉音喑啞，幾乎嘶喊著警告他的學生：

「如果不能照我的話做到，我不再講什麼話，只有多預備幾顆子彈，來槍斃我自己的學生。」

走下講壇，蔣介石又召集第一、二師官長訓話，治兵先治將，他一再要求他們要愛惜士兵，以身作則：「認定自己是奉著軍職的一個人，你們就要盡這責任，就要操守廉潔，就要勇敢忠實，給兵士們做個榜樣。這才不負本校教育的苦心。如果你們到了一個地方，自己只是偷懶，不管士兵哪裡去，自己只管嫖賭，不管士兵有茶吃沒有，有飯吃沒有，早夜也不點名，這樣放棄職守，你自己就不當自己是個人，兵士自然也不當你是個人了。像這樣的長官，簡直與狐群狗黨無異，那有志氣、有血性的兵士，還肯來同流合污嗎？」

蔣介石這番話說得沒錯，可惜是對牛彈琴，第一師師長王柏齡就不以為然，「槍一響，腳就踏上了生死界，現在不抓緊機會享受人生，更待何時」。所以他放蕩如故，鬆散如故。

蔣介石給第一軍官長函

蔣介石聽到這些情況後，氣得幾乎暈厥，立即喚來副官，口授一份電函：

郴州。探總預備隊王（俊）指揮、第一師王（柏齡）師長、第二師劉（峙）師長，並分轉各團營連長鈞鑒：會密。迭據告，此次一、二兩師行軍紀律未盡嚴肅，曷勝駭嘆。中正平日與爾等申儆者何事，我革命軍北伐之目的何在。行軍時不能愛護人民，臨陣即能殺賊，亦有何用，況紀律稍弛，作戰必無勝理。萬不料我最有光榮歷史之第一軍，閱時未久，即已墮落。須知第一軍在精神上已成為革命政府之模範軍隊，今不能嚴振風紀，敗壞第一軍之名譽，其害猶小，而減損人民對革命之信仰，其害更大，爾等自問能在革命史上負此重咎否。務須各發天良，嚴約所部，微細事項，概應嚴密注意，重大過失，更宜切實查懲，倘再不知奮勉，中正惟有執軍法以繩其後。其政治工作人員，尤須與勞苦群眾謀切實之聯絡，勿稍有傲慢輕蔑之態度。仰各凜遵勿違。總司令蔣。印。

▶▶ 國民革命軍宣傳畫

用兵江西

蔣介石給孫傳芳函

在討論北伐戰略時，蘇聯顧問加倫將軍和蔣介石都很躊躇，北伐軍究竟有多少斤兩，多少能耐？勝算幾成？前途若何？他們不能不算無遺策，謀定而後動。

敵我的力量是懸殊的，蔣介石扳起指頭計算著，國民革命軍總兵力計八個軍，約有十萬人，但其中可能出動的部隊，不過五萬人。各軍軍長爲：第一軍何應欽，第二軍譚延闓，第三軍朱培德，第四軍李濟深，第五軍李福林，第六軍程潛，第七軍李宗仁，第八軍唐生智。此外，有以八艘軍艦構成的海軍艦隊及擁有飛機三架的空軍一隊，實在是兵單力薄。

反觀敵方陣營，卻是兵強馬壯，聲勢赫人，僅吳佩孚麾下就不少於二十萬人，已超過北伐軍總數一倍有餘；孫傳芳的五省聯軍大約也在此數；至於東北軍閥張作霖控制的武裝，更是龐大的讓人生畏，其人馬達到三十五萬之衆。這樣算下來，敵我兵力懸殊有十倍之差。

蔣介石倒吸了一口涼氣，他用雙手揉著太陽穴，力量如此懸殊，這仗該怎麼打啊？

但是，他沒有膽怯，沒有猶豫，現在，他已經有了腹案，只是在把它端出來之前，還要聽聽加倫將軍的意見，他很佩服這位蘇聯顧問，還需要他的指點和幫助。

加倫一直伏在桌上，專心地考慮他的作戰方案。毋庸置疑，加倫的軍事素養在當時是首屈一指的，論及軍事藝術，歐陽修在《准詔言事上書》中有一句明訓：「善用兵者，以少爲多；不善用者，雖多而愈少也。」作爲一名優秀軍事指揮人員，加倫雖然未讀過宋朝歐陽修的大作，對這層道理卻是懂得透澈。以少擊多的關鍵就在於集中力量，造成局部的優勢，各個擊破，從而取得整個戰略的主動。

仔細地分析形勢，這種情況的出現是可能的。北伐中，將要面對的三大敵人是吳佩孚、孫傳芳、張作霖，他們不是鐵板一塊，談不上同仇敵愾，而是各懷心機。據加倫瞭解，吳佩孚這個人是性情中人，自恃「常勝將軍」這塊金字招牌，心高氣傲，狂妄自大，素有奪天下之志，是廣東政府的宿敵。最近兩湘變亂，他又插手其間，與之一戰，勢不可免。而孫傳芳，雖遙尊吳佩孚，內心卻未免有觀望之

▶▶ 孫傳芳

意，坐看吳佩孚與北伐軍廝殺，以收漁利。這種心態應該誘發引導，加以利用。至於張作霖，加倫更加有把握，從過去歷史看，奉系與廣東政府關係一直保持著虛與委蛇，互相還曾有過「三角同盟」以共同對付直系。另外，由於地理原因，最先與北伐軍對壘的，必是吳佩孚，繼是孫傳芳，而張作霖慣於火中取栗，必先等待各方戰得精疲力竭，他才會出來收拾殘局，撈取最大的利益。

加倫就像一位高明的拳手，瞄準了對方的破綻，他要利用這一破綻，制定出最符合自己利益的戰略。根據他的設計，北伐應進行如下三個階段：

第一階段，即首先出師兩湖，重錘打擊吳佩孚，廓清湖南、湖北的北洋勢力，而置孫傳芳於一旁，儘量利用孫、吳之間的矛盾，爭取其暫時的「中立」。同時，在閩粵邊境佈置一支有相當力量的預備隊，防備孫傳芳的側襲，以求萬全之策。

隨著武漢三鎭的佔領，北伐也就進入了第二階段，因爲武漢爲九省通衢之地，華中政治、經濟、軍事、文化中心，有此立足之地，即可以此爲依託，將戰事轉到江西，全力與孫傳芳作戰。同時，部署在閩粵邊境之預備隊，也應向福建、浙江進軍，與江西戰場配合作戰，形成對孫傳芳的夾攻，爭取早日攻克南京，力求在長江流域紮下根基。

攻克南京後，北伐即進入了第三階段，此一階段的戰略部署應該兵分兩路，一支沿京漢線北上，與北方的馮玉祥的國民軍會師河南，奪取中原，進擊北京；另一支則沿津浦線進攻，最後兩支部隊共同奪取京津地區，消滅奉系軍閥張作霖的主力，把國民革命推向全國，奪取北伐戰爭的徹底勝利。

加倫的眉頭越來越舒展，眼神越來越清朗，他一次又一次對自己的作戰方案審視、挑剔，終於滿意地點點頭。

「英雄」所見略同，加倫與蔣介石的作戰方案有驚人的相似。

但是蘇聯顧問切烈潘諾夫對此卻有不同的看法，在其所著《中國國民革命軍的北伐——一個駐華軍事顧問的札記》中回憶說：加倫所制定的北伐戰略最初曾遭到反對，因為他與蔣介石一開始制定的方針策略有矛盾之處。切烈潘諾夫說：

「早在加倫回廣州之前，就已最終作出了北伐的決定。一九二六年四月，由蔣介石（他那時的頭銜是步兵和炮兵的總監）、總政治部和作戰部主任以及總參謀長李濟深所組成的委員會就開始工作了……

「到五月，進軍計畫的兩種方案已經擬訂好了，最初的方案預定北伐為三個階段。

「第一個計畫規定了進軍湖北，佔領湖南和江西。部分軍隊開往江西，以便佔領贛州——吉安一線，向該省主要城市南昌挺進，進而在武昌與其他部隊會師。應派三個軍（六個師）攻入江西，四個軍（八個師）打湖南。

「計畫制定者的意圖是要達到如下目的：一、集中國民革命軍的武裝力量，做到旗開得勝，首戰告捷，並保證從其他各省給予必要的支援；二、與北方的國民軍，與江西的方本仁，與湖南的唐生智達成協定；三、聯合四川和貴州，從而削弱敵軍的力量。

「我們看到，在第一個計畫中為一些正確的主張打下了基礎，但是它有一個根本的缺陷，在這樣的戰略意圖下，勢必同時對吳佩孚和孫傳芳作戰。應當不使孫傳芳轉入進攻江

蔣介石給孫傳芳函

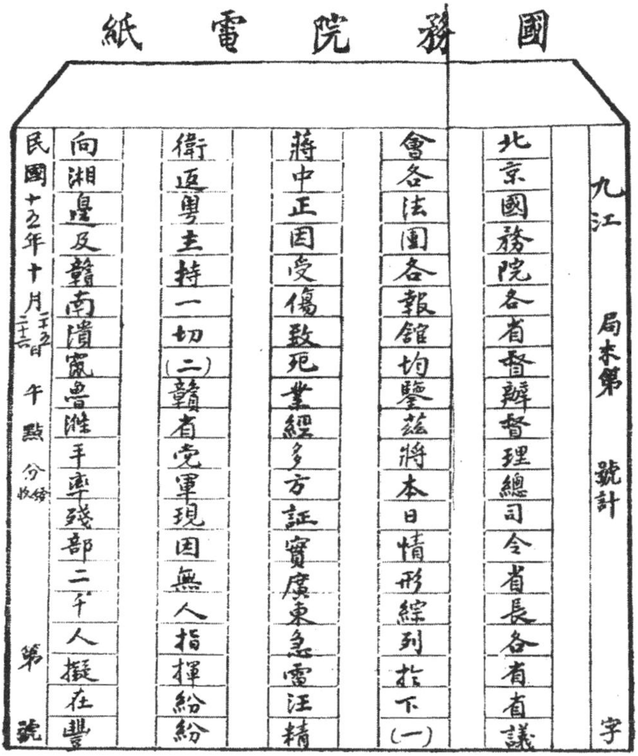

國務院電紙

九江 局來第 號計 字

北京國務院各省督辦督理總司令省長各省省議會各法團各報館均鑒茲將本日情形綜列於下(一)蔣中正因受傷致死業經多方証實廣東急電汪精衛返粵主持一切(二)贛省党軍現因無人指揮紛紛向湘邊及贛南潰竄魯滌平率殘部二千人擬在豐

民國十五年十月二十五日 午 點 分收發 第 號

孫傳芳宣傳蔣介石「受傷身死」致各方電

西才好，而閩粵邊界方面對孫傳芳進攻的威脅是沒有防範的。後來證明這個失算有多麼危險。

「必須解釋一下，加倫竟不得不為堅持這個合理的作戰計畫而進行激烈的爭執，這絕對不是偶然的。」

切烈潘諾夫這本回憶錄是上世紀六〇年代出版的，不少蘇聯「老大哥」都有好為人師的毛病，在回憶歷史時，總是突出、誇大蘇聯顧問對中國革命的作用和重要性，切烈潘諾夫也不能免俗。

事實上，蔣介石對於

北伐戰略的總體規劃與加倫將軍並無衝突。

當年黃埔島練兵時，蔣介石的搭檔、黃埔軍校黨代表廖仲愷就觀察到一個現象，每逢大的決策前，蔣介石總要閉門數日，潛心靜氣，殫精竭慮，繞室而思，直至醞釀成熟，方滿臉玄機排闥而出。

「中山艦事件」後，他就去了沙頭角，那兒遠離塵囂，海天茫茫，正是靜心思考的好地方。蔣介石細心揣摩、分析、設計。幾天以後，一份詳細備至的北伐戰略計畫放到了國民黨中執會委員們的面前。

在這份報告書中，蔣介石提出北伐戰略如下：

一、聯絡北方國民軍，使其退守西北，保守固有之實力。

二、聯合蘇俄，以增進革命之勢力。

三、派員聯絡川黔，以牽制滇鄂兩軍。

四、聯合湘贛，作攻守同盟之勢，約其共同出兵之期限，以制吳軍之南下。

五、聯合孫傳芳，使之中立，不為敵用。

六、兩廣決於三個月內（即本年六月底），實行出兵北伐……

此份建議是四月三日送交中執會的，從內容上看，與加倫的北伐計畫如出一轍，從時間上看，加倫剛返回廣州，而蔣介石也剛從沙頭角回來，雙方沒有時間互相討論。

蔣介石用兵的一貫特點，是招降納叛，將很大力量用於分化瓦解敵人方面。他喜歡看《孫子兵法》，懂得「上兵伐謀，其次伐交，其次伐兵，其下攻城」的道理。讓他與敵手

蔣介石給孫傳芳函

硬碰硬，消耗實力，甚至多條戰線作戰，那是他千方百計要避免的。因此，可以肯定，切烈潘諾夫的回憶文章關於此處的記載有出入。

戰略大方向確定之後，蔣介石立即付諸實施，在向兩湖用兵的同時，向孫傳芳搖起了橄欖枝。

孫傳芳，山東歷城人，一八八五年四月十二日出生。早年報考北洋陸軍速成學堂，在步兵科學習。期滿後，因學業優秀，被練兵處以直隸官費生名義送往日本，在日本陸軍士官學校第六期學習軍事。

一九〇九年年初。孫傳芳年方廿四歲，學成歸國，經清朝陸軍部考試，名列優等，被賞為步兵科舉人，派往北洋陸軍第二鎮任職。在該部，孫傳芳靠上了他的山東老鄉——被袁世凱封為「壯威將軍」，官至兩湖巡閱使的王占元，從此步步高升，十餘年間，由一名普通教官爬到長江上游警備司令兼二十一混成旅旅長，算得上小有名氣了。

孫傳芳事業上的突飛猛進卻在脫離王占元以後。一九二一年，湘鄂戰爭爆發，吳佩孚玩弄手腕，先利用湘軍逐走王占元，又坐收漁利，趁湘軍立足未穩，殺了個回馬槍，取得湖北地盤，並以第二師師長職，使孫傳芳脫離了王占元。在當時，一個正規部隊的師長，即使拿一個省長的位置也不換，有槍就有權，就有地盤，吳佩孚在名義上不也只是北洋第三師師長嗎？還不是予取予求。

從此，孫傳芳的手伸展開來，兼收並蓄，多多益善，一取福建，二占浙江，三吞蘇滬，四奪安徽，五省稱霸，將江西又攬入懷中。他以盧香亭為浙江總司令，周蔭人為福建總司令，陳調元爲安徽總司令，鄧如琢爲江西總司令，自己坐鎮南京，遙控指揮。論名分，他尊吳佩孚爲長；論實力，卻較吳有過之而無不及。

廣東政府發動北伐，高呼打倒軍閥，他也暗自戒懼，自己肯定劃在軍閥之列，也應在被打倒名單裡。因此他急著催吳佩孚速速南歸。豈知吳佩孚對北伐軍太輕視，戰事之初，放棄根本重地兩湖，卻忙著與馮玉祥算舊賬，被國民軍拖在了南口，最讓孫傳芳不滿意的是，吳佩孚太頤指氣使，如指揮下屬一樣命令他，調動福建和江西兩省的軍隊，分兵進攻廣東西江、北江，另派重兵由贛西入湘進攻長沙，讓他與北伐軍拼實力，拼消耗。

像這類吃虧的事，孫傳芳從來也沒幹過。所以，他氣呼呼地回電告訴吳佩孚：「目前贛南吃緊，對湘事不能統籌兼顧，只能爲相當之援助，仍請我帥自行主持。」

孫傳芳打定主意袖手旁觀了。

於是，他密令所管轄的東南五省軍閥，採取「保境安民」政策，授意「江浙協會」向北伐軍聲明：「孫帥爲使東南五省不睹鋒鏑，決不與任何方面爲敵。」

他自己又修書一封給蔣介石，解釋部隊調動原因，希望雙方能兩相平安，互不干涉。

接到孫傳芳的信，蔣介石眉開眼笑，「吾計成矣」，立即給了孫傳芳一顆定心丹，明確表示絕不與孫兵戎相見。

> 南京。孫馨遠（孫傳芳字馨遠——筆者注）兄鑒：儉電真日奉讀，辱承指教，感何可言。革命軍人，意志坦白，其所蘄求者，全民之福利，非個人之地盤，令不得已而用兵，

蔣介石給孫傳芳函

期救人民於水深火熱之中，非如軍閥之擴張私人實力可比。弔民伐罪，師出有名，堂堂正正之旗，詎屑為遮遮掩掩之舉，視閩贛為敵增兵，決不諱言。唯事實上近月以來，確只有將原駐閩贛邊界之部隊，開調他方，而宗旨上則對於閩贛，但求其不受吳佩孚偽命，不擾我革命根據地，決不稍渝親仁睦鄰之旨。此請兄細心考證，必可深信其不受欺者。

今兄亦已承認閩贛增兵，則以後閩贛是否不視我為敵，是否不受吳偽命，不得不請兄賜以切實之保障。吳佩孚黷武亂國，其於我粵，尤百計破壞，中正不忍坐視國家之危亡，尤不能束手以待人之宰割，自衛衛國，皆有出師討吳之必要。惟對於全瞬軍人，力求團結，共負報國責任，絕不忍為自相殘殺之舉動。志同道合，直可連為一體，豈僅各不相犯而已，兄以蘇、浙、皖、贛、閩五省之治安自任，若能順應革命潮流，以保五省人民之幸福，中正必請於政府，承認兄為五省之總司令。否則用兵固為不詳，割據亦豈至計，君子愛人以德，兄寧能姑息以自召崩潰耶。

湘事實非炎午（原湖南省省長趙恒錫字炎午——筆者注）所能收拾，湘粵同為革命策源地，而炎午輕棄其革命黨人之歷史，假聯省自治之名，以謀私利，又始終依附吳佩孚，引其武力以禍湘，因而醞成今日之亂。十五年來，迷信武力統一者，固不敗；標榜聯省自治者，亦無一倖存，救國之道，惟有在正確之主義。以兄明達，必見及此，謹布誠悃，惟希詳察。蔣中正叩。文。

這封信寫得皮裡陽秋，話中有話，軟硬兼施，但中心觀點還是清楚的，即孫傳芳不與北伐軍爲敵，則雙方井水不犯河水。爲了進一步說服孫傳芳，蔣介石還派去了孫的故交，現任國民革命軍總司令部總參議的何成濬來到南京，遊說孫傳芳。

此人可謂一時之怪傑，屬孟嘗君之流的人物。他出身世家，長袖善舞，性格隨和，討人喜歡；他愛交朋友，也肯幫朋友的忙；他既不懂革命，也不懂政治，是個「濫好人」。何成濬出道早，是同盟會老人，也是軍界的前輩，交遊遍天下，各式各樣的朋友都有，如保皇黨，立憲派，國民黨的右派、中派、左派，乃至醒獅派、共產黨、無政府主義派等人，他與孫傳芳的交情也非一般。他們是日本陸軍士官學校校友，何比孫還早一期，是五期步兵科畢業生。老同學見面，無話不談，孫傳芳拉著他的手：

「國家已經弄得四分五裂，誰也奈何不得，我的實力保衛五省有餘，支撐全局不足，我對南對北，一視同仁。」

何成濬搖搖頭，誰不知道孫傳芳來自直軍，與吳佩孚乃北洋一系，血比水濃，怎麼能南北一視同仁。

「真的。」孫傳芳著急地解釋，「章太炎先生最知道我，國民黨的上層人士我也見過不少，孫中山先生的主義是不錯的。但是，國民黨同俄國過激派和中國共產黨搞到了一起，那是很危險的。目前的國民黨第一要統一和穩健，第二要驅逐過激派，蔣介石如果有這樣的誠意，這樣的決心，我們是可以商量合作的。」

何成濬連忙說：「國民黨在俄國的過激派沒到中國之前就存在了，中國共產黨不過是紙上談兵的一些書呆子！這不過是一時的策略，誰不跟誰做朋友呢？」

蔣介石給孫傳芳函

孫傳芳搖搖頭，這位老同學果然糊塗，對政治一竅不通，共產黨怎麼會是書呆子？憑他的政治敏感，可以預言，「也許，他們，包括蔣介石，今後共同的、最危險、最可怕的敵人，就是共產黨。」

何成濬卻滿不在乎：「好啦，這都是小問題，蔣總司令的內心很有分寸，北伐軍的主要敵人是想著武力統一的吳佩孚，他才是我們的大敵。作爲老朋友，你給我個準信，讓我好向蔣總司令交代。」

孫傳芳雙手一攤：「態我早表明了，安境保民，嚴守中立，望蔣介石也遵守諾言。」

蔣介石的諾言寫在紙上，但沒放在心上，不久，就在長沙作戰會議上提出修改計畫，主張下一階段作戰方針，應確定對鄂暫取守勢，而將主力轉向江西，打垮孫傳芳，以鞏固廣州革命根據地。

「現在的形勢，已與北伐出師時不同，廣東的最大威脅，在孫不在吳，個中緣由，諸位都明白，吳佩孚從南口千里回師，緩不濟急；而孫傳芳卻是一有野心之軍閥，有情報說，他最近正增兵贛閩，以圖拊我之側背，擊我之後方。爲北伐最後勝利計，當應集中兵力，撲殺此獠。」

說完，蔣介石用眼睛望著李宗仁，希望他能表態支持自己的意見，因爲第七軍是兩湘戰場的主力，與另一主力第四軍的關係也一向和睦，有他支持，唐生智再反對也沒有用。

李宗仁知道蔣介石的心思，他在暗防唐生智，恐唐得志於武漢以後，形成尾大不掉之勢。今番如對武漢取守勢，全師東移，則吳佩孚主力南下，和他作消耗戰的，將是唐生智的第八軍，待其兩敗俱傷，再北取武漢，便無虞唐生智割據稱王了。從蔣介石利益考慮，此計一石數鳥，但卻犯了兵家大忌。

果然，唐生智嚷了起來，他個子本來就高，一站起來，更是引人注目。他雙手抱胸，陰陽怪氣道：「好哇，既然蔣總司令要打江西，我也不反對，乾脆，我帶我的第八軍打武昌，雙管齊下，革命也可早一點成功。」

「對呀，我們可以左右開弓，你打你的江西，我打我的武漢。」唐生智的將領一齊鼓噪，他們這是將蔣介石的軍。以北伐軍區區五萬人的兵力，一條線作戰尚不敷使用，何況左右開弓。

李宗仁忍不住站了起來，怎麼在最高一級的軍事會議上，沒完沒了地鬧起意氣。他息事寧人，語氣委婉地陳述了自己的觀點：

「北伐軍勞師遠征，利在速戰，應乘吳佩孚南北疲於奔命之時，將敵援軍各個擊破，直搗武漢；然後以大別山、桐柏山爲屏障，扼守武勝關，北則可進窺中原，直取幽燕，若沿長江順流東進，則孫傳芳五省地盤，已爲我革命軍三面包圍，底定東南，也非難事。」

說到這裡，他望望蔣介石，解釋說：

「且當總司令誓師北伐之時，我中央已決定對孫傳芳採取懷柔政策，派人聯絡，希望與其合作，使其不作左右袒。故當我軍主力進入湘東，孫傳芳即通電保境安民，表示中立。我中央運用政略、戰略，雙管齊下，已成功大半。雖然孫氏的中立並不可靠，其志欲我軍和吳軍鷸蚌相爭，而彼收漁翁之利。然我正可利用此點，達成各個擊破之目的。今若轉移目標，進攻江西，不僅逼使孫傳芳與吳佩孚相結合，抗拒我革命軍，且使吳部得到喘息的機會，重整旗鼓以謀我。得失利弊，洞若觀火。再者，贛境交通不便，補給困難，如果戰事偶有差池，新附義的友軍可能逡巡不前，影響民心士氣更大。根據上列要點來說，我軍攻贛實在危險，盼總司令暨各同志加以深思熟慮。」

這番話有情有理，唐生智固然大快，蔣介石也因爲肚子裡那套打算實在搬不上桌面，也就不堅持了。他站起身，冷冷地宣布會議結束。

一切仍按原計劃進行，北伐軍一路奏凱，直抵武漢三鎮，蔣介石原本想由第一軍一舉拿下武昌，爲兩湖戰場圓滿畫上一個句號，未想到卻在這裡折戟沉沙，撞得鼻青臉腫，徒惹輕鬆攻下漢口、漢陽的唐生智一番笑話。

失之東隅，收之桑榆，蔣介石勒轉馬頭衝向江西戰場，想撈回自尊，撈回威信。

何成濬給撤了回來，換上了也是日本士官學校畢業的張群，對孫傳芳的態度頓呈強硬。根據蔣介石的授意，提出一個非常令孫傳芳難堪的條件，必須由原江西軍務督辦，國民政府新委任的江西宣慰使兼第十一軍軍長方本仁主持贛政。這一點，孫傳芳無論如何不能同意，方本仁是他手下叛將，起用他，豈不讓將士離心，朝自己臉上抹黑，今後何以馭下，何以服眾？

既然孫傳芳沒有歸順之意，蔣介石理直氣壯地向孫宣戰，九月五日，國民革命軍向江西守軍展開全面攻勢，北伐戰爭又進入了新階段。

江西戰場不是塊好啃的骨頭。首先是王柏齡的第一師和程潛的第六軍中了江西守將鄧如琢的「誘敵深入」之計，幾至潰不成軍。

自進入江西以來，戰事發展順利，程潛、王柏齡不由興起輕敵之心，九月十七日，第六軍銜枚疾進，暗襲南昌。王柏齡師直取牛行車站，先行肅清此處之敵，並阻擊南下增援。十九日，程潛與王柏齡自奉新抵南昌城下，敵軍勢單力孤，棄城而走。程王相對一笑，從容進城，得意之情，溢於言表。

南昌失守，孫傳芳大驚，即命鄧如琢速下殺手，九江之盧香亭也南下馳援。大敵壓境，王柏齡卻馬放南山。第一師突遭偷襲，軍中無主，舉止失措，一團團長孫元良倉皇而逃，陣地棄守。幸薛岳第三團拼死力戰，方脫全殲之厄。

由於第一師的潰敗，南昌藩籬盡失，孤城難守，程潛頓足嘆息，下令撤離南昌。廿三日晨，在萬河一帶被鄧如琢扭住，苦戰突圍，廿四日渡過贛江，廿五日在萬壽宮收拾殘部。兵困馬乏，援兵全無，程潛只得疏散隨員，剃鬚化裝，扮演了一齣「曹孟德潼關遇馬超」。此一役，第六軍及第一師損失慘重，為北伐以來各軍所未有。

聞南昌敗績，蔣介石御駕親征，決定二打南昌。

攻城任務由副軍長魯滌平指揮的第二軍及已經趕來江西的劉峙的第二師承擔。

隨蔣介石一道來南昌的桂系大將，號稱「小諸葛」的白崇禧背負雙手，心事重重。他剛才已巡視了戰場，南昌城垣高大結實，傍水依道，增援便捷，再加上城前大片開闊之水田，這攻城部隊該如何運動，如何接敵，這仗又如何打啊。白崇禧打了個寒戰，這南昌城不要成為第二個武昌。

蔣介石給孫傳芳函

他向蔣介石建議，應該著力於切斷南潯線，對南昌擾而不打，使敵棄守兩難，屆時，南昌將唾手可得。蔣介石橫眉怒目，他認爲白崇禧在潑冷水，武昌之敗，他銘刻於心，這面子，他急著要找回來。

據《南昌通訊》載：

南昌附近劇戰，為近代戰役罕見罕聞，視武昌殆有過之，自夏曆八月十三日起，國民革命第六軍程軍長潛率隊入城，維時鄧如琢已赴樟樹佈防，省長李定魁驚慌無措，即偕警隊統領李德銘逃竄，北軍駐城四日，鄧即督隊於十七日夜反攻，北軍不得已棄城而去。鄧入城後，軍隊大為騷擾，商店閉市，人人自危。迨至夏曆九月初三夜，革命軍又大舉攻城，李定魁才歸又逸，於是唐福山、張鳳岐、岳思寅等竭力抵抗……

孫傳芳手下將領名氣都不算大，卻不少是拼命三郎，凶悍好鬥，他們在心理上，並不懼怕蔣介石，因爲孫傳芳正處在鼎盛時期，而且出道比蔣早，聲望比蔣大，他們對孫更崇拜，因此投降者少，頑抗者多。

另外，他們守城的力量有增無減，因爲南潯鐵路控制在手中，援兵源源不斷趕來南昌，這不僅是兵源上的補充，也是士氣上的補充。

守者嚴陣以待，攻者義無反顧。十月十二日自早晨四時三十分，南昌城四周，無處不在激戰，無處不響槍聲，無處不鮮血淋漓，無處不生死相搏。

第二師在咬牙苦鬥，先入城者賞，怯陣者殺無赦，蔣介石發出了死命令。已記不清這是第幾次衝鋒了，只見得勝門前屍體爲塞，章江門前血流成河。戰士們縱然驍勇，無奈南昌城城高壁堅，徒嘆奈何，頓挫難前。一覽無餘之開闊水田，進有所礙，退無所蔽，戰士們跋涉其間，行動遲緩，無疑成了城牆上敵人射擊的靶子，休說破城，連接近城牆都難於登天。

第二師依然死戰不退，「連坐法」軍紀森嚴，蔣介石正鐵青著臉在後面督陣。如同皇恩浩蕩，蔣介石突然鳴金收兵。

這讓攻城部隊指揮員感到不解，蔣介石的性格誰都清楚，不達目的，絕不甘休。今天早晨戰前動員，他還發誓今天一定要拿下南昌城，難道他也知難而退了？

守城敵軍也迷惑，對方雖未得手，卻也未露敗象，打得正在酣暢之處，戛然而止，令人生疑。岳思寅、張鳳岐、唐福山三守將聚到一起商量，蔣介石究竟玩什麼花樣。

蔣介石果然有花樣。自戰鬥開始，他一直在前線指揮部觀察指揮。望著劉峙在城下束手無策，望著第二師在城下久勞無功，他臉上陣陣發熱，怎麼盡讓他碰上這些棘手的活。武昌失敗，還可說偶然，南昌再敗，就不好解釋了，威信勢必大受影響。

參謀長白崇禧一再勸他收兵，他執意不肯，反而心中起了怨恨，認爲這是在看他笑話。他已經注意到，白崇禧與李宗仁的桂系有一種割不斷的血緣關係，當然希望自己被李宗仁比下去。

蔣介石氣憤地走出指揮部，一陣清風拂過，卻突生奇想，強攻不行，可否智取；明攻不成，可否偷襲。屈指一算，恰逢月虧之時，正宜夜襲。

夜半時分，各部隊準備完畢，爲了辨明敵我，官兵脖子上都掛著一條紅白相間的布條，以資識別，又規定了兩長一短的燈光聯絡信號，蔣介石信心十足地期待著偷襲成功。「周郎妙計安天下，賠了夫人又折兵。」蔣介石的妙計也沒有瞞過唐、張、岳三敵將，他們一致斷定，攻城軍不敗而退，必有所謀。

於是，城中放出了暗探，乘著夜幕的掩護，悄悄潛至陣前，不僅瞭解了北伐軍的夜襲行動，甚至摸清了對方標誌及聯絡的暗號。

三守將相視一笑，擊掌約定，今夜將計就計，以其人之道還治其人之身。

隨著夜幕的降臨，南昌城頭燈籠高掛，通明一片，口令聲聲，戒備森嚴，大隊兵馬卻一批批悄悄潛至城外四周，士兵們脖子上居然也掛著與北伐軍一樣的布條，他們準備混水摸魚，以偷襲對偷襲。

望著滿城燈火，北伐軍萬沒想到敵人已經出城，危險正在逼近，他們只顧隱蔽前進，即使感覺到一些異常現象也不敢聲張，好幾次都發現一隊隊黑影在他們身後迂迴，定睛一看，依稀見到對方脖子上掛著的布條，兩長一短的燈光暗號也應對正確，也就釋疑了。

眼看著就要接近城牆，卻聽背後槍聲大作，火光沖天，攻擊部隊頓時亂了陣腳。城中敵人見偷襲得手，連聲炮響，城門大開，反向北伐軍衝殺過來。

偷襲的敵人攻北伐軍之不備，橫衝直撞如入無人之境，他們齊聲吶喊，黑暗之中也不知有多少人馬，北伐軍自總司令部以下各級指揮機關均已失去控制，陷入了各自爲戰的混亂。

蔣介石早已驚慌失措，全仗著衛兵隊拚死保護，情急之下，已顧不上尊嚴，數度執白崇禧手，語無倫次，連連問道：「怎麼辦？怎麼辦？」

蔣介石那隻冰涼的手傳遞著恐慌的訊息，白崇禧卻鎮定如故，他大聲傳令各部隊從前線沿贛江上游撤離。當天早晨，他臨時鋪就的兩座浮橋派上了用場。

全仗白崇禧料敵先機，攻擊南昌的部隊雖敗未潰，僥倖全師而退。

第二次南昌攻城之戰宣告失敗。

皎月當空，江風習習，停泊在九江江面上的「江新」輪燈火輝煌。

孫傳芳佇立船頭，連日來壓在心上的石頭被搬開了，他舒暢地吐了一口氣，南昌大捷，爲他提供了一條體面解決江西戰事的途徑。

他不想乘勝追擊，當年他與「狗肉將軍」張宗昌激戰於蚌埠，大獲全勝，此時取濟南，奪山東，易如反掌，他卻收兵不前，以至有部將怨其胸無大志。其實這正是孫傳芳的聰明之處。他不像吳佩孚那樣張牙舞爪，而是鋒芒不露，步步培養自己的實力，逐漸地向外擴張。「欲速則不達。」對這句古訓他心領神會。現在，他認爲求和的機會到了，南昌之勝，增加了他討價還價的砝碼，相信蔣介石也會知難而退。於是，他利用商民害怕戰火禍及的心理，運動江浙各商界聯合會，呼籲所謂「和平」，罷戰歇兵。十月十五日，有「東南和平運動聯合會」人士褚福成、虞洽卿、殷鑄夫、王曉籟、鄔志豪等致電蔣介石，文曰：

蔣介石給孫傳芳函

武昌蔣總司令鑒：聞和平代表提議停戰撤兵，雙方接洽，已見端倪，東南人士，額手稱慶。惟邇日魯軍假道，風傳甚盛，人心惶恐，閭閻震驚，止戈息武，時不可失。自我先驅，益昭令德，尚祈毅然即日宣布停戰，劃地緩衝，然後公議善後。億兆生靈，實利賴之。除電請孫總司令即日停戰外，特此電陳。褚福成（以下人名略）叩。

顯然，這份倡議書是配合孫傳芳十三日的宣言。在這份宣言中，孫儘管故作豪壯，卻準確無誤地向廣東政府傳達了求和的訊息。

孫傳芳首先往臉上貼金，自稱：

芳酷愛和平，不落人後，與民休息，實獲我心。然而，唯黨軍越境稱兵，節節進逼，雖前經屢讓，釁自彼開。奪我省垣，犯我巨邑，盤踞重鎮，荼毒生靈，如贛境之牛行、樂化、生米街、塗家埠及德安等處，被其攻擊甚力，本軍為貫徹保境安民之初旨，不得不稍示驅除，以固吾圉。且南潯鐵路，為贛省交通之樞紐，德安附近軌道，被敵撤毀，更不能不竭力抵禦，以維路政，以便商民。此次各處凡被進攻，雖經本軍悉於擊潰，然為留餘地，並未窮追。

賣完這個人情，孫傳芳筆鋒一轉，詛咒發誓說：

芳燃萁煮豆，戒懼良深。但和平必出於雙方，戰事庶期於速結，如我遵軌範，彼逸藩籬，片面言和，事安有濟。倘彼方及時覺悟，勒馬懸崖，即日完全撤兵，退出贛境，則和平得早實現。芳即犧牲一切，願付東流，耿耿寸心，天人共鑒。

蔣介石的答覆是一份《討孫檄言》，昭告天下，誓與孫傳芳決生死。這就是蔣介石的性格，痛定思痛，愈挫愈勇，並沒有爲南昌之敗而氣餒。十月四日，即南昌兵敗第二天，他就致函廣州政府，宣明自己的態度：

廣州。李總參謀長（即李濟深）轉張譚二主席鈞鑒：南昌圍城部隊以撫州逆敵，有反攻企圖，南潯路逆敵，頑強難制，故決撤回增加至南潯路及對撫州警戒，俟肅清南潯線，再攻南昌。復孫傳芳代表及人民代表蔣伯器之電，乃言撤圍即表示撤兵日期，雖宣言停戰，亦不是表示其誠意。申明和戰問題，決於中央，並須請示機宜，究竟如何？乞復。然中意對孫不能妥協，否則無異於北伐失敗也。中正叩。

與此同時，他又致函孫傳芳，表示除非對方歸順，絕不息兵。

南京孫馨遠先生鑒：中正出師討吳，迭經宣言，陳義至為詳盡。比讀執事陽電，誤會滋多，殊深怪異！中正受先總理之遺教，以完成國民革命為職志，而吳佩孚怙惡不悛，近復受帝國主義之嗾使，勾結叛軍，陳師湘境，中正受黨國之委託，督師討伐，師行所至，敵眾望風披靡，人民載道以迎，賴將士勇於犧牲，人民樂為贊助，不旬日間，用能底定湘鄂，迅奏膚功，豈如遵電所云竊國厲民而雄者，所能得此。吳既已敗亡，執事素以救國救民相號召，自當乘此時機，合力以圖建設，庶免戰禍蔓延。乃竟為吳張目，移江、皖、閩、浙之兵於湘、粵邊圻，希圖一逞。執事三十日所下作戰命令及對湘粵作戰計畫，中正可持以宣示國人，執事禍粵之心，實已如見肺腑。來電反謂我軍擾汝邊圉，浸汝贛西，未免自欺欺人。前者令唐福山、謝文炳擾我湘南，尚謂未越雷池一步；苟延北洋正統之生命，不惜引起南北之爭，反謂中正強分南北。中正只知主義之異同，無分南北之界域，彰彰在人耳目，如馮樊各軍，皆北方健兒，以其同情於革命，無不視為同志，其共安危，此其明證。至於我軍所用青天白日滿地紅國旗，係先總理立志革命時手訂，稍知吾黨歷史者，當能言之。

夫動輒目人赤化者，此吳之故智也。執事明達，何以蹈此窠臼。執事以保境安民為職志，應速撤退駐贛各軍，關於建設諸端，自當從長計議，東南各省，得免兵禍，固中正之所欣願，惟執事詳察焉。蔣中正。元。

「你們的總司令是否搞錯了，是誰在江西一潰再潰，是誰兩敗南昌，不是我孫某人，而是他蔣介石，卻憑什麼讓我交出江西。」孫傳芳揚著蔣介石的電函對張群嚷。

張群的臉色也是紅一陣白一陣，戰爭就是力的較量，以力定勝負，定輸贏，如今蔣介石卻是顛倒了關係，以輸家的身分擺贏家的姿態，孫傳芳如何能接受？

蔣介石要的就是這種結果，他是存心要打下去的。十五日，由他親自起草的《討孫宣言》以國民政府名義告白於天下，文曰：

……中國為四萬萬人民之中國，東南五省為中國行政之五省，任何人不得而私有，亦任何人不得而串割也。今孫傳芳利用保境安民之名義，取東南五省，為其私產；視東南人民，為其家奴。承軍閥割據之風，行魚肉人民之實。如是而曰保境安民，是保孫傳芳之境，安孫傳芳之民，而非保中國之境，安中國之民也。溯自孫傳芳割據五省以來，摧殘愛國青年，剝奪人民自由，殘忍肆虐，難以數計。至於各種苛捐雜稅，如宅地稅、戶口稅，強加鹽稅，勒索米稅，把持市政，銷售鴉片，苞苴公行，賄賂城市，使五省人民水深火熱，不遑寧處。此次派入江西之逆軍，尤到處肆掠，如袁州、臨江、九江、南昌、撫州一帶，受禍尤烈。婦女多被姦淫，良善多被屠殺，老弱轉為溝壑，閭閻變為邱墟，人民惶惶，朝不保夕，淒涼愁慘，目不忍視；此誠東南百年來未有之浩劫，而非孫傳芳之所謂安民也。

本政府此次出師北伐，本為打倒帝國主義走狗吳佩孚之反動勢力，以鞏固我革命根據地，業經迭次宣言，對於孫傳芳，原欲以主義相感化，冀其幡然來歸，湔光舊染。蓋本先大元帥仁恕之量，不欲苛求，且恐重苦吾民，故力謀縮小戰區，不願多方樹敵也。江西

蔣介石給孫傳芳函

之鄧如琢，本受吳佩孚之委任，始則仇視本黨，繼則出兵犯湘，素惟吳佩孚命令是聽。江西毗連湘粵，當本軍入湘攻鄂之初，江西兵力薄弱，我二三六軍，本可踏虛抵隙，殲滅鄧逆，直出九江，會攻武漢。所以不先入贛者，蓋欲孫傳芳之確實有所表示，自動驅鄧，以削滅吳佩孚之勢力。不料本政府孚之以信義而孫傳芳報之以仇讎，竟於我軍與吳酣戰武長之際，封閉我江浙黨部，禁錮我東南黨員，解散上海工會，禁止愛國運動，與三民主義為仇，為帝國主義作倀。

本政府恐其迷而不悟，屢電勸告，啟之以自新之路，無如孫傳芳陽為周旋，陰則傾其全力以抗犯我革命軍，一方面假其保境安民之邪說，以欺弄社會；一方面則下令攻擊，亟思襲取湘粵，以實現其九省領袖之迷夢。……至其魑魅魍魎，乘危打劫之手段，投機取巧之慣伎，狡猾惡劣，猶為吳逆所不及，蓋吳佩孚武力統一之主張，早為人民所痛恨；而彼乃代以保境安民之辭，以圓其謬說，使人民盡入於麻醉狀態，以消沉其元氣。此種手段乃君主帝王，用以愚民之政策，其陰狡蓋有甚於吳佩孚。至其分遣爪牙四出，運動我軍內部，以名利為勾結，以妖言相煽惑，幸本軍將士，篤信主義，上下一心，不為所欲，而其仇視我革命，設計之毒，蓋可知也。嗚呼！孫傳芳憑恃武力，割據東南，侵略湘粵，麻醉人民，阻撓革命，抗犯義師，仇視本黨，殘殺同胞，實為中國內亂之罪魁，三民主義之障礙，乃吳佩孚第二，而人民之公敵也，……本政府責任所在，焉得不聲罪致討。

這篇宣言，寫得義正辭嚴，痛快淋漓。

蔣介石的決心也不是盲目而下，之所以知難而進，是他接受了中共中央和蘇聯軍事顧問加倫的建議，改變作戰計畫，將第四軍一部調到江西，加上已入贛的第七軍，使北伐軍實力大增，從而使其看到其黎明的曙光。這時，北伐軍東路主力在何應欽率領下，猝然發難，進兵福建，威脅江浙。眼看著側背遭襲，孫傳芳無心戀戰，撤兵自保，江西戰場從此成了一邊倒的局勢。眼看著勝利在握，蔣介石正走向他一生事業的巔峰。

欲拒還迎

蔣介石致汪精衛函

大約在一九二六年九、十月間，也就是北伐軍底定兩湖，轉兵江西的前後，北伐陣營內突然傳出呼聲：迎接汪精衛回國。這頗讓蔣介石感到尷尬和頭疼。

「中山艦事件」發生後，汪精衛避走異國，但他影響猶在，特別在國民黨左派中，許多人更是盼其歸國，以抵制蔣介石的日益專橫。何香凝就曾哭著對吳玉章說：

「現在是跟北洋軍閥決戰的最後關頭了，可是國民黨內部情況這樣糟，怎麼辦？一個人專橫跋扈，鬧得大家三心二意，這次戰爭怎麼打下去，國民黨怎能不垮臺！」

由此可見，國民黨左派迎汪的目的，就是要提高黨權，對蔣介石的權力有所限制，防止他向新軍閥墮落，使又一袁世凱重現於中國。

相當一部分軍事將領也有此意，儘管他們各自目的不同，但抬出汪精衛，以抵制蔣介石的勢力和影響，則是一致的。據蘇聯顧問鐵羅尼觀察，由於北伐軍第八軍軍長唐生智的迅速崛起，已形成與蔣介石抗衡之勢，他「把所有不滿蔣介石獨裁的人都糾集在自己周圍，人數不少，甚至蔣介石的參謀長白崇禧，也不甘充當蔣的部下，而傾向於唐生智」。

鐵羅尼的話未必準確，但基本事實是存在的。

與迎汪浪潮相配合，一九二六年九月，國民黨中央政治會議決定召開中央及各省區聯席會議，其間，左派曾提出統一黨的領導機關案，將中常會、中政會合併。另外組織政治委員會，它可以包括左、中、右各派，但主席及秘書必須是左派。這一意圖很清楚，即罷免蔣介石的中央常務委員會主席和張靜江代理主席職務，所以張靜江就堅決反對，堅持這次大會不能提到主席問題，因為這實則就是迎汪復職之先聲，他撕開臉面警告蘇聯顧問鮑羅廷：

「要蔣先生辭去黨政，無異於反對中國革命，我們請你做顧問，並不希望你這樣做。」

十月十五日，中央及各省區聯席會議終於召開，出席中央委員三十四人，各省區黨部代表五十二人，共產黨員代表占四分之一，左派代表占四分之一，右派代表僅為少數，會議基本控制在左派手中。

迎汪案是大會的重點討論內容，張靜江認為：汪係個人事，不用過分張惶。他心中明白，現在宣傳汪精衛，無疑是貶低蔣介石，甚至是為「中山艦事件」汪精衛所受的冤枉正名，是個原則問題。但是，江蘇、上海、安徽、浙江四個黨部代表提出：當此黨政發展

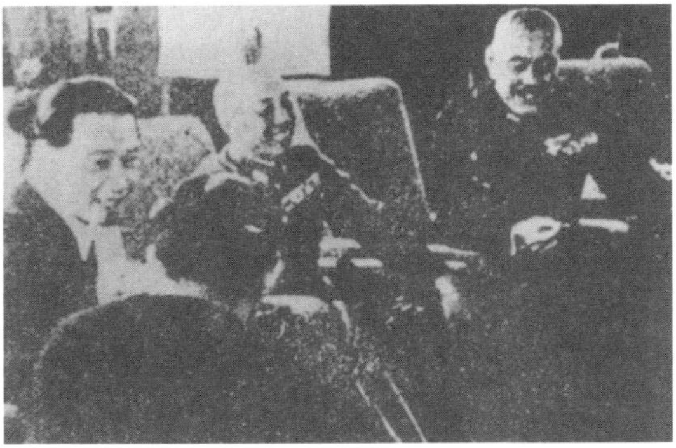

▶▶汪精衛（左）與陳公博（中）、板垣征四郎（右）等在一起

的時候，蔣介石同志主持軍事於外，一切建設政治與黨務，非有能提綱挈領如汪同志主持大計於內，不足鞏固革命基礎，實現黨政真精神。

該提議有山西、山東等廿五個黨部附署。最後，會議決定推何香凝、彭澤民等人會同張靜江、李石曾即日前往接駕，歡迎汪精衛回國。

面對迎汪的呼聲，蔣介石強自鎮定，在國民黨二屆二中全會閉幕式上，他故作大度：

「汪精衛、胡漢民兩同志，我們大家必要請他倆出來，尤其是汪先生，我們必須請他趕快銷假，主持黨務。」

這不是蔣介石的真心話，他清楚地意識到：迎汪即是倒蔣。由於他的黃埔軍在兩湖戰場寸功未立，威信、聲望都大受影響，其地位已經動搖了。據陳公博回憶，當初蔣介石從武昌奔赴江西之際，曾與他有一席談。

「公博先生，後方有許多人要請汪先生回國，你知道嗎？」蔣介石裝著漫不經心地隨口問道。

陳公博不答，自從廣州出發以後，他與後方少有聯繫，但也知蔣之提問不是空穴來風，據他所知，前方將領確有這個醞釀。

「汪先生真要回來，你以為怎樣？」

蔣介石終於沉不住氣了。

此時的陳公博，尚未成為汪精衛的死黨，所以回答也很滑頭：「汪先生回來，如果於革命有益的，自然贊成他回來，倘於革命沒有什麼利益，暫時住在國外也好。」

顯然蔣介石不滿陳公博的回答，他勃然變色，臉早沉了下來：

「我以為黨政軍只能有一個領袖，不能有兩個領袖，如果大家要汪先生回來，我便走開。」

話說得如此之絕，似毫無迴旋餘地。

汪精衛終於回國了，蔣介石也沒有走。

一九二六年九月十六日，中共中央與共產國際遠東局開會討論迎汪問題，認為現在正處於北伐的關鍵，迎汪倒蔣太危險，繼蔣而起的唐生智可能比蔣介石更右，希望蔣介石向左轉變也很渺茫，因此只能推動蔣汪合作。

陳獨秀還公開向蔣介石派來探聽中共態度的胡公冕表示，中共只是在以下三個條件下贊成迎汪：一、汪蔣合作，不是迎汪倒蔣；二、維持蔣介石軍事領袖地位，使北伐事業繼續向前發展；三、不主張推翻「整理黨務案」。

陳獨秀還讓胡公冕勸告蔣介石，汪精衛回來並非於蔣無利，至少可以緩和各軍事將領與蔣介石的矛盾，使國民政府增加得力負責人員，張靜江才不孚望，在廣東的腐敗政治，汪回可以整頓。

蔣介石致汪精衛函

蘇聯顧問加倫將軍也勸告蔣介石，讓汪精衛出任「黨政首領」。對加倫的話，蔣介石很相信，他終於想透了：以退爲進，讓汪精衛陪著他一起蹚這渾水，以替他分謗。恰好汪精衛也靜極思動，表示「前事無嫌」，不咎既往。「迎汪」的口號終於落實到了行動，就等著蔣介石公開表態了。

這仍讓蔣介石好是爲難，好生彆扭，十月三日這一天，他的臉色一直很難看，一直在心裡安慰自己，「大丈夫能屈能伸，退一步海闊天空」，至晚間，方抬起筆，發出迎汪函：

張（靜江）譚（延闓）二主席鈞鑒：請轉汪主席鈞鑒：弟不學無術，致獲罪左右。刻奉手教，拘抑誠摯，令人淡之，益增汗顏。本黨使命前途，非兄與弟共同一致，始終無間，則難望有成。兄放棄一切，置弟不顧，累弟獨為其難，於此見兄敝展尊榮，豈能放棄責任與道義乎？耿耿至今，當能鑒其愚忱，而諒其無他也。茲特請靜江、石曾二兄前來勸駕，代達鄙意，並乞偕來，共荷艱巨，使弟有所遵循，不致延誤黨國，是所至禱！中正。

寫完，蔣介石即擲下筆，不再一顧。

但這封信在字面上卻是情至意切，汪精衛虛榮心大感滿足，一年前離國而去的愴然與失落蕩然無存，他吩咐夫人陳璧君打點行裝，準備著新一輪的蔣汪交鋒。

遷都之爭

蔣介石致張靜江、譚延闓函

隨著北伐軍佔領武漢，進軍江西，革命的中心開始向北轉移，由於廣州偏居一隅，「遷都」問題隨之提上了議事日程。

蔣介石最先發言，自進入兩湖以來，唐生智的力量發展最快，各軍之間，就數他最「闊」，收容敗兵，搜羅軍械，眨眼間，一個軍變成四個軍，已經形成了尾大不掉之勢。蔣認為國民政府遷都武漢，有利於牽制唐生智，以防他在武漢另創局面。

一九二六年九月九日，蔣介石致函張靜江、譚延闓請政府常務委員會來鄂主持政務，文曰：

張、譚二主席鈞鑒：漢陽漢口既克，而武昌城敵因無退路，故尚負隅，現在正在設法勸降中，城雖未下，而軍事實無問題。武昌克後，中即須入贛督戰，武漢為政治中心，務請政府常務委員，先來主持一切，應付大局。否則遷延日久，政治恐受影響，請勿失機。最好譚主席先來也。如何？乞覆。中正叩。

蔣介石的意見很難讓人贊同，武昌城尚在吳佩孚手中，總不能讓國民黨中央在敵人炮口下辦公吧，所以譚延闓直搖頭：「蔣介石也太心急了，打下武昌再遷都也不遲。」蔣介石卻是心急如焚，十八日，又再次去信解釋，話說得非常露骨：

張譚二主席鈞鑒：（杰密）文元電敬悉。中明日由長沙入贛督戰，湖北軍事，交孟瀟負責辦理，民政以鄧演達為政務委員會主席，財政以陳公博為財政委員會主席，另設湖北臨時政務會議，由中兼任主席。入贛期間，派孟瀟代理之；凡民財軍政，皆由政務會議通過，該會直屬於中央黨部。政務會議在鄂設施，凡政務須有省黨部政治部政治局通過施行。惟中離鄂以後，武漢政治，恐不易辦，非由政務委員及中央委員先來數人，其權恐不能操之於中央，必中央來人另組政治委員會，以代臨時政治會議為要。討孫宣言，請先預備。但南昌未下奉方態度未明之前，不宜發表，尊意以為如何？中正叩。

很顯然，蔣介石是希望借鍾馗打鬼，運用黨和政府的力量來控制唐生智。至於譚延闓，此公久居官場，老於世故，廣州如今風平浪靜，他與各方面的關係也很融洽，何必去武漢，與昔日冤家唐生智糾纏。他的回答冠冕堂皇，言之有理：「現在的主要工作在鞏固各省基礎，這種工作以首先向廣東省實施最爲適宜。如真忙於遷移，不如先把各省的基礎鞏固起來。」回絕了蔣介石的要求。

在蔣介石催促下，國民黨中央改變初衷，十一月廿六日，中政會決議：「中央黨部及國民政府北遷武漢。」蔣介石卻出爾反爾，視國事如弈棋，隨著他進略江西，平定贛境，又提出遷都南昌，連當時號稱「中間偏蔣」的李宗仁也有不滿。

「所謂『中央北遷問題』，實係由蔣總司令堅持要國民政府和中央黨部遷往總司令部所在地南昌所引起的。先是，我軍肅清鄂贛之敵後，廣州國民政府便決定北遷，以配合北向進展的軍事。就形勢說，中央北遷，應以武漢最爲適宜。南昌，斷沒有成爲臨時首都的資格。蔣總司令所以堅持南昌的原因，自然是私心自用，因那時中央方面防蔣軍事獨裁的空氣日見濃厚，武漢方面的四、八兩軍，在蔣看來又非其嫡系。萬一國府和中央黨部遷往武漢，蔣必然失去控制力，所以他堅持中央應設在南昌。但是蔣氏的理由卻十分薄弱，他無法否定武漢在地形上的重要性，他反對遷武漢的理由是政治應與軍事配合，黨政中央應與總司令部在一起。但是總司令部爲何不遷武漢，反要中央政府移樽就教呢？蔣的理由是總司令部應設在前方，以便親自督師。但是，總司令部如設在武漢，不是更接近前方嗎？北上可指揮平漢線，東下可指揮長江下游，南昌反無此方便。因此蔣的理由實不成其爲理由，說出來真是辭窮理屈。但是蔣氏個性倔強，硬幹到底，絕不表示讓步。」

李宗仁的分析只說對了一半，因爲四、八兩軍在武漢早成事實，蔣介石也曾於十一月底興沖沖準備離贛去武漢設立總司令部；促使他變卦的，乃是十二月十三日成立的「中國國民黨中央執行委員會暨國民政府委員臨時聯席會議」（以下簡稱臨時聯席會議）。

按照計畫，廣州政府從十二月初就開始陸續遷往武漢，廣東的中央黨部和國民政府實際上已停止辦公，鮑羅廷等感到，政府遷移，不能不辦事，於是提議成立臨時聯席會議，由國民黨左派分子徐謙爲主席，決定「中央執行委員會政治會議未遷到武昌開會之前，由此執行最高職權」。

這一舉措，使蔣介石勃然大怒，認爲這是鮑羅廷有意利用政府北遷的間隙，將他甩到一邊。一九二七年一月三日，他指使張靜江強行在南昌宣布正式召集中央政治會議，中央黨部與國民政府暫駐南昌，停止聯席會議活動。鮑羅廷的態度也很強硬，七日，要求蔣介石緩遷南昌，並召開聯席會議第十一次會議，會議致電蔣介石：「苟非有軍事之急變，不宜更改決議，坐失時機。」一口回絕了蔣介石的要求。

遷都之爭由此而劍拔弩張。

蔣介石致張靜江、譚延闓函

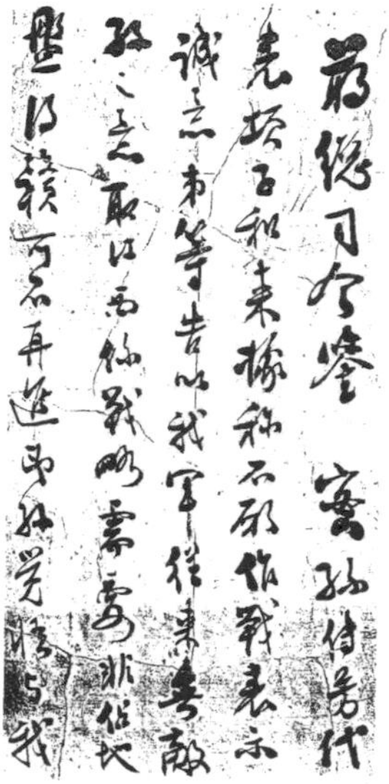

譚延闓致蔣介石函手跡

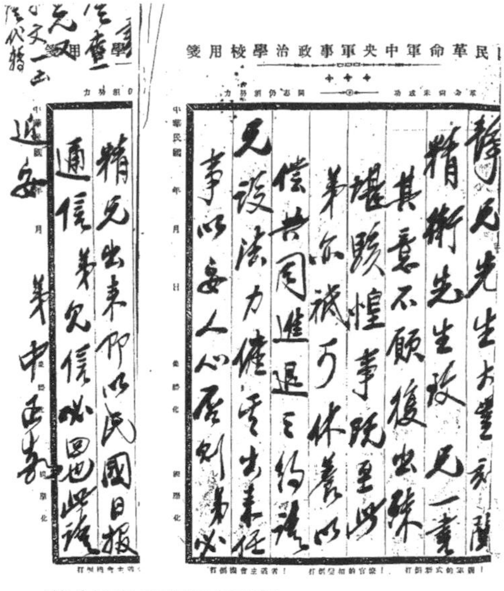
民革命軍中央軍事政治學校用箋

蔣介石致張靜江函手跡

籠絡雄才

蔣介石致白崇禧函

一九二六年春，桂系大將白崇禧與蔣介石初會於羊城。此行，他是專程考察廣州國民政府北伐準備情況及商量雙方合作事宜的。

兩個人都很自負，都有一雙挑剔的眼睛，都在揣測著對方的分量。

白崇禧暗暗點頭，蔣介石有一副標準的軍人風度，說話不疾不徐，軍事理論方面很有造詣，而且還有個人心得，這在他談論未來的北伐計畫時就能顯示出來。

蔣介石也在端詳著白崇禧，「小諸葛」的名聲很響，盛名之下，是否符實，他邀請白氏到黃埔島一行，給他的學生講講課，是否有真才實學，在黃埔學生面前一試便知。

白崇禧豈有推託之理，他點點頭，臉色十分鄭重。

白崇禧，一八九三年生，廣西桂林縣南鄉小尾村人，據白氏族譜載：「吾族始祖伯篤魯丁係元朝進士」，原籍南京，明朝洪武年間落籍桂林，相傳明太祖禁止子民用外國姓，乃更伯爲白。

白崇禧自小聰明過人，才思敏捷，小時候讀書，從未有過被戒尺打手心的記錄，無論讀私塾，還是讀軍校，成績絕沒有落到第三名以外。所以，白崇禧很自信，有了這份自信，行爲處事也就顯得特別果斷，胸有成竹。

他一貫信奉這樣的道理：「兵在精不在多，將在謀不在勇。」當年與李宗仁等征戰廣西，兵進柳州時，曾遇陸榮廷手下大將韓彩鳳阻道。韓素有趙子龍之稱，兩軍對壘，白崇禧也驚訝於韓部之剽悍，知難以力敵，於是布下疑兵之計，用假電話調動韓彩鳳，乘其兵力分散，予以猛擊，遂獲全勝。在他一生戎馬生涯裡，像此類傑作還有不少。

▶▶蔣介石（中）與李宗仁（左）、白崇禧（右）在徐州會戰前夕

白崇禧還善於打大仗，布兵排陣，自有秘訣。有一次，李宗仁與沈鴻英在桂平擺下戰場，一決雌雄。大戰在即，卻見白氏中宵靜坐，挑燈品茗，

蔣介石致白崇禧函

運籌帷幄之中，早定下克敵制勝之計。兵分三路，師出詭道，直搗沈鴻英老巢桂林，猶似飛將軍從天而降。沈鴻英也不得不自嘆弗如，感慨曰：「我沈鴻英十餘年來，帶兵數萬，橫行桂、湘、贛、粵四省，誰亦莫奈我何，初不料今日竟敗於幾個排長出身的小子手下。」

白崇禧確實是從排長起步的。將帥起於卒伍，小排長中焉非沒有大將之才。

但是，白崇禧給黃埔學生上課還是緊張的，軍校有第一流的教官，學生軍的輝煌戰績已證明了這一點。他們在統一廣東諸戰役中居功厥偉，至今尚未嘗敗績，所以心高氣傲得很，沒有點真才實學，是上不了黃埔講壇的。

白崇禧清了清嗓子，跨上了講臺，他沒有滔滔不絕地賣弄，對要講的戰例也沒有作過多的發揮，就開始在黑板上畫起地圖。

他畫得很仔細，山川河流，地勢地貌，一一標點清楚。就憑這一手，黃埔學生十分佩服，蔣介石心裡暗道，白崇禧不是浪得虛名。

惺惺相惜，蔣介石起了愛才之心，言語神情，尊敬有加。所以，北伐戰爭一發動，他就向桂軍首領李宗仁提出，聘請白崇禧爲北伐軍總司令行營參謀長。

蔣介石愛才，識才，卻也忌才。白崇禧出身桂系，與李宗仁等有千絲萬縷、血濃於水的關係，所以在對白氏的使用上，一直是縛手縛腳，不讓其盡興發揮，爲此，白氏特別苦惱，曾埋怨道：

「蔣總司令原爲第一軍軍長，現在他雖然是總司令，但對第一軍難免有些偏愛，使其他各軍感到不平。軍中耳語，煩言極多，我身爲參謀長遇到這類事情，簡直無法應付。加以蔣總司令又耳明眼快，事必躬親，使參謀長益不易發揮辦事效率。所以坐在參謀長的位子上，實在是如臨深淵，如履薄冰，小心之至，遇事總要請示總司令親身處理云云。」

白崇禧豈是甘受束縛之人·他早就在尋找機會，脫離蔣介石的擺佈，打出一片自己的天地。

蔣介石手下的第一號大將何應欽成全了白崇禧的願望。不久由何率領的東路軍師進福建，一路上過關斬將，所向披靡，卻在進入浙境時突然裹住了腳步。

何應欽之所以拖拉，原因很簡單，浙江與福建不同，孫傳芳主力集聚於此，不如讓友鄰部隊開路，以保全自己的實力。

蔣介石卻急壞了，那時，程潛的第六軍正水陸兼進，向南京方向進發，傳聞中國共產黨也正在上海組織力量，準備發動起義，蔣介石的心眼小，一旦這兩個重要城市落入他人手中，那是他無論如何不能忍受的。

然而，環顧左右，身邊雖然不乏戰將，但卻缺乏統帥之才，能獨當一面者，捨白崇禧無人。

無可奈何之下，只得借重白崇禧了。蔣介石一反往日的冷峻，露出了和煦，「健生——」他用那口寧波官話脆生生地喊著白崇禧的字。白崇禧應聲而至。

蔣介石手中揮著一份電報，面露難色：「敬之報告說，他在福建諸事煩手，非半月不能入浙，十九軍、二十六軍在桐廬、寧海連戰皆北，浙江戰事不利，這如何是好？」

蔣介石致白崇禧函

白崇禧眉頭一皺，說：「浙江戰場事關重大，若失手，不僅江西大本營根據地受影響，且使江右軍程潛部也直接感受威脅。」

「是啊。」蔣介石連忙接上，「東路軍非兵力不足，乃係指揮官指揮不當，何總指揮不能分身，你我二人應當前去一人，不過……」他頓住不說，拿眼睛盯住白崇禧。

白崇禧心思何等敏捷，他正想脫離蔣介石身邊，到戰場上一展長才，因此十分爽快：「總司令是全軍之統帥，豈可任局部指揮，如總司令不以我才能淺薄，我願前往浙江服務。」

見白崇禧如此乾脆，蔣介石心中一動，他又開始盤算如何籠絡白崇禧，不使其生出外心，因此表情一換，露出了歉疚之意：

「健生親自入浙指揮，最令人放心了，只是嫂夫人近日要來南昌，中正過意不去。」

白崇禧心中微微感動，他的夫人馬佩璋即日將由武昌來南昌探親，他們夫妻恩愛，已有很長時間未見面了。蔣介石事無巨細，連這點都想到了。

白本是性情中人，蔣介石這番體貼，反讓他豪氣萌生：「革命軍人四海爲家，以主義爲重，前線危急，不敢久待，我即日就率兵入浙。」

他走後的第二天，夫人就抵達南昌，蔣介石爲此專門向白崇禧發函致歉：

「兄出發之次日，嫂夫人即前來，夫婦不能相見，中正之過也。」

人情味十足。

既然將白崇禧放了出去，蔣介石乾脆人情做到底，對白氏獎勵有加，重任有加，隨即發表白爲東路軍前敵總指揮，指揮第一、二、三及附義各軍入浙作戰。

命令發表時，第二軍代軍長魯滌平極感不服，因爲論年齡、資望，魯氏均遠在白氏之上。然蔣介石卻堅持己見，「魯與白豈能相提並論。」他一口回絕了魯滌平的要官。

果然，到浙江戰事發生，第二軍曾一度失利，魯滌平幾有潰不成軍之勢，値此緊要關頭，白崇禧親率總預備隊兩團，星夜冒險蛇行前進，深入敵後，直搗敵將孟昭月的總指揮部，方使全局轉危爲安，卒獲全勝，佔領杭州，肅清浙江。此一趁危用險的進兵方式，讓魯滌平佩服得五體投地。

不僅魯滌平佩服，蔣介石的嫡系第一軍也佩服，第一軍一向自稱爲天子門生，目高於頂，除了蔣某人，誰也不買賬，但是，白崇禧卻能駕馭這匹烈馬，指東打東，指西打西，如身使臂，運用自如。

京滬克後，白崇禧再受蔣介石重托，受任爲北伐軍第二路代總指揮，指揮陳調元等軍循運河兩岸南進。陳調元原係白崇禧的老師，軍界前輩，且曾任方面大員有年，此次屈居白氏之下，頗感不服，仗著資歷，直接找到蔣介石，蔣介石毫不理會，斬釘截鐵地告訴陳調元：

「白崇禧行！你應該接受他的指揮。以後你就知道了！」

果然，嗣後津浦線之戰，白氏用兵如神，每每出奇制勝，陳調元不禁爲之擊節嘆賞。

蔣介石致白崇禧函

一九二七年七月間，因蔣介石意氣用事，導致徐州戰事失利，孫傳芳、張宗昌之直魯聯軍乘虛反攻，如疾風暴雨。陳調元位居第二路前敵總指揮，張惶不知所措。白氏命陳部先退，自率總指揮部特務團殿後，掩護本路軍，緩緩南撤。雖迭經敵軍猛撲，然白氏指揮從容，三軍穩重如山，不驚不亂，陳調元尤爲之咋舌稱奇，同時也驚嘆蔣介石眼光準確。

想到這裡，白崇禧倒吸一口冷氣，最近因徐州戰敗，蔣介石遷怒於第十軍軍長王天培，將其軍法處置。平心而論，王氏固然有過，而罪不致死，蔣介石其目的，只不過殺雞儆猴，因爲王是李宗仁的前敵總指揮，白崇禧不禁心中生出一股寒意，害怕有朝一日也落個兔死狗烹的下場。況且，桂系如今風頭正勁，戰功卓著，兵精將勇，以李（宗仁）、白之實力、才華，只要和衷共濟，不難自成局面。

因此，他們決定向蔣介石攤牌，攤牌之前，白崇禧也曾有過猶豫，他的口袋裡至今裝著蔣介石在他赴浙江作戰前的那封信，每個字都滾燙滾燙，情真意摯，暖人心房。假如不知道蔣氏之真正爲人，真要爲其所感動。

剛剛何應欽來過，透露了一個驚人的秘密，蔣介石準備伺機解決桂系的第七軍。白崇禧跳將起來，蔣介石這種當面含笑，背後下刀子的做法讓他心寒齒冷，終於決定先下手爲強，以其人之道，還治其人之身。

「逼宮戲」終於上演了，白崇禧充當了最主要角色，步步緊逼，迫使蔣介石就範。

從此以後，終其一生，蔣介石再也沒有向白氏稍示親熱，當用則用，當棄則棄，一切「公事公辦」。

蔣介石給陳儀、鄧演達電

一九二六年十一月，北伐軍經過苦戰，終於取得江西戰場勝利，小諸葛白崇禧乘勝揮兵，緊追孫傳芳手下大將鄭俊彥不放。其時，國民革命軍第十四軍之一部也從贛南調至贛北，在前面堵住敵軍退路，並拆毀橋梁，布下阻截陣勢，鄭俊彥丟下了部隊隻身而逃，其下轄三個軍，前無去路，後有追兵，乃派代表求降。

白崇禧隻身來到敵營，鄭部之三個軍長王良田、李彥青、楊賡和只求活命，餘皆不問。白崇禧唾手而得此大便宜，焉得不允，遂同意他們三人由南潯路離開贛境，其部隊則歸自己掌握。

白崇禧也是多此一舉，打電話向蔣介石報告處理經過，他還有向蔣介石炫耀一番的意思。

蔣介石在電話裡就火了，這三個軍落到了白崇禧手裡，還不等於進了桂系的囊中。因此，他的話很嚴厲，指責白崇禧之舉無異於資敵行為。蔣介石內心怨恨不能明說，只得借題發揮，嚴令將三位降將捉拿歸案。

軍令如山，白崇禧只得連夜派人將三降將捉了回來，送給蔣介石處理。王良田曾指著白崇禧責備說：「大丈夫一諾千金，白參謀長食言而肥，不僅我們三個軍長不服，歸順的手下兄弟們恐怕也會寒心的。」

白崇禧的臉上也很掛不住，拍著胸脯保證，他一定要在蔣介石面前力言，保住三人性命。

話雖如此，但白崇禧心中也沒譜，如果這三個軍由黃埔系人繳械，蔣介石也許會做這個順水人情，但換成他白崇禧，肯定沒門。

果不其然，這三位俘虜押到南昌，蔣介石就一直尋找藉口而開殺戒，很快，他就找到了一個冠冕堂皇的理由：「以牙還牙，為金佛莊團長報仇。」

金佛莊，浙江省東陽縣人，中共黨員，犧牲前係北伐軍總司令部警衛團少將團長。

蔣介石不能忘懷金佛莊，原因很簡單，金佛莊太有才華了，此人天資聰穎，勤奮忠誠，曾是東陽縣立中學尖子生。一九一八年他中學畢業後棄筆從戎，考入保定陸軍軍官學校，後又轉入廈門大學，文武兼資。一九二二年進入浙軍任排長，並在杭州加入中國共產黨，是浙江最早的三名中共黨員之一。

金佛莊入伍不久，仕途順利，很快由排長而升連長、營長。當時，做軍事工作的共產黨員很少，因此金佛莊頗受到重視。

一九二四年春，黨組織決定派金佛莊去廣州，參加黃埔軍校的創建工作。六月，金佛莊被任命爲黃埔軍校第一期第三學生隊上尉隊長。他利用豐富的軍事知識和帶兵時積累起來的實踐經驗，把第三隊管理得井然有序，深受軍校校長蔣介石、校黨代表廖仲愷的器重，在廣大師生中也享有很高的威信。後來，軍校國民黨特別黨部成立，金佛莊還和另外四人被推選爲執行委員，負責軍校特別黨部的工作。

在黃埔，金佛莊歷任軍校教導團第二團第三營營長。第一軍第一師第二團黨代表、團長等職。在歷次諸如平定廣州商團叛亂和滇桂軍閥劉楊叛亂以及兩次東征等戰役中，身先士卒，衝鋒陷陣。連蔣介石都止不住地一個勁誇獎說：「蓋金君不特能決勝疆場，且能運籌帷幄。」

▶▶陳儀和張群在駐台日軍受降典禮上

因此，在組建北伐軍總司令部時，蔣介石又想起了這位傑出人才，決定重新起用金佛莊，先調其爲總司令部參謀處副處長兼第二科科長，果然幹得出色，然後又升任爲總司令部警衛團少將團長，率警衛團隨總司令部指揮機關轉戰粵、湘、鄂、贛諸省，主要負責保衛總司令部指揮機關和蘇聯軍事顧問團的安全。

說也奇怪，蔣介石一向疑神疑鬼，如今將自己的安全交給一個中共黨員負責，他卻放心得很。金佛莊對中國共產黨忠誠，對北伐大業忠誠，對蔣介石的安全也十分負責，在二打南昌失利時，金佛莊面臨敵軍偷襲而陣腳不亂，緊緊護住蔣介石衝出險境。蔣介石至今還不能忘懷金佛莊奮勇救駕那一幕。

南昌克復後，孫傳芳的「五省聯軍」仍盤踞蘇、浙、皖等省負隅頑抗，爲了早日收復南京，以江浙爲立足點，進而向外發展勢力，消滅孫傳芳等軍閥武裝，蔣介石專門召集會議，商討對孫傳芳所部進行策反工作。金佛莊也列席參加了這次會議。

會議一開始，蔣介石就透露，浙軍第一師師長陳儀已有投降之心，數次派人送信與北伐軍秘密聯絡，只是忌憚孫傳芳監視得緊，恐蹈原浙江省省長夏超反孫不成反被殺的覆轍而有所猶豫。現在最要緊的，就是派出一員得力幹部，打消陳儀的顧慮，促其早舉義旗。

說完，他用眼睛瞟了瞟坐在後排的金佛莊。

金佛莊已經站了起來，主動請纓，願意深入浙境，說服陳儀。

立即有人勸道，從江西入浙，必須經過孫傳芳老巢南京，現在孫傳芳正如驚弓之鳥，沿江一線搜查特別緊，金團長這一去，好比是闖龍潭虎穴。

金佛莊笑了笑，這項任務由他去完成是最合適不過了，他本來就是陳儀手下的一名軍官，雙方有袍澤之誼。至於危險嘛，「打從投身革命那一天起，就置生死於度外」。他把手揚了揚，希望蔣介石能批准他此行。

蔣介石的心理卻是十分複雜，他清楚，金佛莊此行是凶多吉少，但一來金佛莊確是執行這次任務的合適人選，二來，還有一點不可告人的私心，說到底，金佛莊是中共黨員，

「非我族類，其心必異」。如果金佛莊果然遭害，他心疼的程度要輕許多，甚至還會有一絲隱隱的借刀殺人的快感。因此，他重重地點了下頭，說：

「好，這趟差事就留給金團長，待會兒我再寫封信給上海的陳果夫，讓他協助你工作。」

金佛莊走了，走得義無反顧。一九二六年十二月上旬，他西裝革履，扮成洋行買辦，與顧名世從九江搭乘英商太古輪船的官艙，順流東下，不料行蹤洩露，船到南京下關碼頭時，孫傳芳部駐南京的衛戍司令孟昭月和憲兵司令汪其昌，已在下關戒嚴，並派稽查上船搜查，當即將金佛莊、顧名世二人逮捕。

消息傳出，國共兩黨皆爲之震驚，蔣介石也可惜金佛莊人才難得，親自發電給陳儀，請其伺機營救。

孫傳芳卻也心狠手辣，捕住金、顧二人後，不待審訊，即將其槍殺，以絕各方求情之請。蔣介石聞訊後大怒，一者報復，二者也是讓白崇禧面子下不來，立即再電陳儀，暗示要殺孫部降將。

陳軍長勳鑒：致湛侯兄文電祗悉。孫賊殘忍至此，彼不思其所部官長一千餘人，軍長三人，尚在此處受我優待，彼殺我部下，即自殺其部下也，可痛！……

蔣介石起草完陳電，意猶未足，即給北伐軍總司令部政治部主任鄧演達下令，爲金佛莊報仇：

鄧主任勳鑒：前派金佛莊赴浙，在潯搭船時，有衛兵四名，為孫逆偵探所悉，以為要人，到南京時，憲兵上船捕去。及中接上海來信，即電陳儀營救，作為赴浙與陳接洽代表。

今接陳儀覆電稱，金、顧二君事，接孫覆電，謂其自認偵探，不認代表，已於電到以前法辦云。是佛莊已為孫槍決，如此殘忍不堪，尚復何言。希將前俘虜軍長楊賡和、王良田二名，在鄂槍決，並發表孫逆殘忍之狀，至李彥青一名，暫留可也。

命令剛發出，白崇禧就闖了進來，他要蔣介石收回成命，刀下留人。

「革命軍以收攬人心爲目的，務使敵人感恩懷德，孫傳芳殺金佛莊因爲他是諜報人員，我們如殺孫之俘虜，難免不遭受『白起坑卒』之批評。」

蔣介石恨意未除，「難道金佛莊白死了？」他冷冷告訴白崇禧，來不及了，命令已經發出，王、楊二降將已經槍斃了。

白崇禧怏怏而退，由於王、楊之死，他在受降軍隊中的威信大爲降低，相反，蔣介石卻在殺過人後，專門去了一趟俘虜營，以邀人心，他對這些俘虜道：

「……各位從前在孫傳芳部下，孫傳芳一定說他對待你們怎樣的好，但是現在各位在此，孫傳芳有想到你們沒有？我可以說一件事情給你們聽，我們這裡有一個姓金的團長到浙江去，經過南京，被孫傳芳捉住了，馬上槍斃。當時我得到金團長被捕的消息，我想孫傳芳一定不敢槍斃他的，因爲他的部下在我們這裡的很多，不僅僅是團長、營長、連長、排長很多，就是他自己從前的上官，在我們這裡的也不少。如果孫傳芳還能想到他的部下，愛惜他的部下，他一定拿金團長同我們來交換他的部下，這我是一定答應的。所以我想他一定不會殺我們的金團長。哪裡曉得他拿到我們的金團長，馬上槍斃，他不管他的部下在這裡有幾多，既沒有要求我們把你們放回去，也不管他殺了金團長，我們是否要殺你們來報仇，只像野獸吃人一般，殺一個是一個，他簡直忘記了丟開了他的部下了。」

蔣介石利用金佛莊之死，輕而易舉地將受降部隊的軍心拉向了自己的一邊。

有打有拉

蔣介石給西北軍諸將領函

隨著北伐的大功告成，蔣介石又添了一塊心病，馮玉祥、閻錫山、李宗仁等派系在戰爭中也壯大了力量，他們功高震主，已經形成了氣候，形成了威脅。僅以兵力論，馮、閻、桂三系的兵力就數倍於中央軍，這種情況，當然讓蔣介石寢食難安，於是喚來「智囊」楊永泰商量對策。

楊永泰，字暢卿，廣東茂名人。善權術，工心計，屬於蘇秦、張儀類的人物。此人曾在廣東國民政府任財政廳長，特別有政治頭腦，曾花大價錢收買廣東省議員，想競選省長，東窗事發，混跡北方，翻雲覆雨，喧囂一時。

南京政府成立後，楊永泰投靠了蔣介石，很快就以自己的機智善謀贏得蔣介石的重視，尤其是他的「削藩策」更讓蔣介石驚嘆不已，將楊視爲國士待之。

馮玉祥，一八八二年生，安徽巢縣人，國民黨陸軍一級上將。曾與蔣介石結拜。一九三一年「九一八事變」後，主張抗日，反對蔣介石的不抵抗政策。一九三三年與方振武、吉鴻昌等組織察哈爾抗日同盟軍，指揮部隊將日軍驅逐出察哈爾省。後在蔣介石的逼迫下辭職，隱居泰山。抗日戰爭爆發後，先後出任第三戰區、第六戰區司令長官，積極從事抗日救國活動。抗戰勝利後，出走美國，一九四八年在回國途中，遇難身亡。

▸▸ 馮玉祥

所謂「削藩策」，內容概括起來，就是用不同策略對付各集團軍，即：軍事解決第四集團軍，政治解決第三集團軍，經濟解決第二集團軍，外交解決尚在關外的東北軍。

在四大軍事集團中，李宗仁的力量最小，易於以迅雷不及掩耳的軍事行動加以解決。閻錫山封閉在山西，又首鼠兩端，不能輕易動刀兵，用政治方法易於解決。馮玉祥的西北軍最窮，用經濟手段，花錢收買，不難瓦解。張學良在關外，處在日、俄兩大國包圍之下，稍一不慎，即可引起外交糾紛，屆時中央即可以處置不當爲藉口，用外交手法加以解決。

蔣介石見楊永泰的「削藩策」，針對馮閻李張四大軍事集團的弱點而提出，不覺大喜，依計而行，決定先收拾李宗仁的桂系軍閥。

「桂軍不足平，要防止馮玉祥乘火打劫。」楊永泰提醒道。

「我這就派代表說服馮煥章（馮玉祥字），請他派兵助戰。」蔣介石已經想好了辦法。

豫北百泉湖，乃河南著名風景區，許多長年不涸的泉水，淙淙地從湖底進出，故稱百泉。參天的古柏，掩映著一座古剎的飛簷，暮鼓晨鐘，悠揚盤旋在山水之中，迴響不絕。

蔣介石給西北軍諸將領函

百湖四周砌石成一長方形泉湖。湖的東西兩面，各有一古祠堂，一是共姜祠，一是元代丞相耶律楚材祠。湖的中心有個令人心曠神怡的清輝閣。

馮玉祥穿一身土藍布大襟布衫，圓口布鞋，貌極悠閒，盤腿坐在閣中，與一老和尚擺開棋局，漢界楚河，正殺得起勁。

老和尚說：「馮施主，你不是塵外之人，早晚要投入沙場之中，但如果開戰，你勝敗各有五成。」

馮玉祥拿起一隻「馬」，不知該落到何處。

「是啊，我與蔣介石遲早要有一戰，但現在打，對我不利，以我一己之力，恐不是中央軍對手。」

「所以，你可效卞莊刺虎之術，讓蔣介石與桂系先打起來，兩虎相爭，必有一傷，屆時施主再乘虛蹈隙，不難一戰制敵。」

兩人正說在興頭，有人進清輝閣報告：「蔣介石的代表邵力子先生從南京來了。」

馮玉祥一把抹去棋盤，起身去歡迎。他拉著邵的手說：「仲輝兄（邵力子字），哪陣風將你吹到荒山野嶺來了？」

邵力子在北伐時任總司令部秘書長，又在蘇聯待過，與馮玉祥很熟。

「煥章，你最近給中央的電報收到了，蔣先生很是不安，堅決不同意你辭軍政部部長之職，指令兄弟前來慰留。」

馮玉祥半開玩笑說：「我辭職是因爲身體不好，沒有其他的意思。蔣先生應不是懷疑我與李宗仁合謀反抗中央吧？」

邵力子急忙擺手：「不要誤解，蔣先生一再稱，煥章兄對於革命勳勞卓著。此次桂系隨意行動，蔑視中央，令蔣先生很難堪，假若長此以往，難免政府威信墜地，地方割據形成，統一又將被破壞……」

馮玉祥打斷邵力子的話：「這些大道理我都明白，如果蔣先生對我不放心，我可以發一通電，擁護中央。」

邵力子緊追不捨：「蔣先生說，務請煥章兄派兵助中央討伐桂系。」

馮玉祥心中一樂，想起與老和尚的談話，於是爽快地答應道：「我派韓復榘率師南下，出武勝關，夾擊武漢。」

按馮玉祥的如意算盤，他是想乘蔣桂戰爭，一舉擴大自己的勢力、影響，把觸角伸向長江中游，取得湖北地盤。

四月一日，馮玉祥在華山發表擁護中央討伐桂系的通電，稱：「武漢軍閥甘冒不韙。中央萬不得已明令討伐，玉祥謹以至誠，靜待後命，苟利黨國，惟義是從。」

李宗仁見此電後長嘆：馮煥章又被蔣介石玩弄了。

四月三日，韓復榘第二十師前鋒到達孝感，五日，劉汝明第二十九師攻佔武勝關，六日抵達廣水。同時韓復榘令所部由襄樊老河口一帶向荊門、沙市急進，與中央軍夾擊桂系軍隊，並搶佔武漢。

人算不如天算。由於蔣介石收買桂系俞作柏前往武漢，策動桂系師長李明瑞、楊騰輝

蔣介石給西北軍諸將領函

等人陣前倒戈，一場預料中的曠日持久的大戰沒有發生，李宗仁第四集團軍已呈土崩瓦解之勢，韓復榘部頓失用兵藉口，只得紮營廣水，怏怏而望。

蔣介石一張手令將韓復榘召來漢口。

「馮煥章想效法卞莊刺虎，總司令何不乘勢利便，下一著狠棋，將韓復榘拉過來，在馮煥章腹部埋下刀子。」楊永泰不失時機地向蔣介石獻上一策。

蔣介石依計而行。韓復榘到了漢口蔣介石的住處，剛遞上名片，蔣介石與宋美齡夫婦親切地迎了出來。蔣介石目光炯炯，宋美齡笑臉盈盈，儀態萬方，韓復榘一見便五體投地。

蔣介石非常和藹，熱情地上前握住韓復榘的手，輕輕地拍著：

「向方兄（韓復榘字向方），久仰大名，辛苦了，辛苦了。」

宋美齡也上前來，挽住韓復榘的胳膊，對蔣介石說：「達令，軍界誰不誇韓總指揮是一員了不起的虎將，馮煥章的左膀右臂，可惜不是你第一集團軍的麾下。」

蔣介石笑容可掬：「一樣的，一樣的，都是黨國的軍人，同隸青天白日下，第一、第二集團軍都是革命的軍隊，向方是煥章不可缺少的大將，煥章是很愛惜他的。」

夫唱婦隨，把韓復榘捧得不知東南西北，暈暈乎乎走進客廳。

一桌豐盛的西餐家宴已經擺好，韓復榘跟著馮玉祥，過得很艱苦，哪見過這種場面。他笨手笨腳地學著圍上餐巾，宋美齡拿著刀叉，很優雅地吃著，並教韓復榘怎樣用餐具。

韓復榘面對美味佳餚，吃得津津有味，又喝了許多法國香檳酒。

飯後，在客廳裡，蔣介石話家常一樣，問起韓復榘部隊的生活，韓老老實實地回答，當兵太艱苦了，幾個月都沒發餉。

蔣介石詫異地說：「這個馮煥章，就愛裝寒酸，老是哭窮，中央撥發的軍餉哪裡去了？每個月都不少一分一厘。」他皺了皺眉頭，「這樣吧，你來一趟也不容易，我先撥給你二十萬大洋，暫時救一時之急。」

「二十萬！」韓復榘從沙發上跳將起來。「總司令，你對韓某恩重如山，如同再生父母，我跟著馮玉祥，長這麼大都沒見過這麼多錢。」

「中央軍也好，西北軍也好，都是我的手心手背，我一樣疼的，不歧視的。」他有意無意地說：「你們馮老總是我換帖大哥，爲人我很清楚，疑心很重的，這件事，你我心知肚明就可以了，講出去要惹麻煩的，以後有困難，可以直接來找我。」

韓復榘感激涕零，大聲說：「蔣總司令，有事您儘管吩咐，我韓某是知恩圖報的人。」

蔣介石拍著他的肩膀示意坐下，說：「向方，今後再有軍閥興兵作亂，我還要借重向方兄，出兵戡亂啊。」

「復榘今後願躬率所部，以供蔣總司令驅使，如有二心，亂槍打死。」

蔣介石心中笑了笑，二十萬元買得韓復榘歸順，真是太便宜了。

隨著桂系的失敗，蔣介石與馮玉祥的第二集團軍的矛盾陡然尖銳起來。

有打有拉，蔣介石開始向馮玉祥手下得力大將、山東省政府主席孫良誠施加壓力，逼其辭職離魯。

孫良誠大怒，大罵蔣介石過河拆橋。

原來，在北伐中立了大功的孫良誠，雖然榮獲山東省主席頭銜，可是與河北、察哈爾及其他各省政府主席相比，自慚形穢，難望項背。省城濟南及青島，還在氣焰囂張的日本軍隊手中，山東境內還有中央軍和其他雜牌軍，孫良誠只能蝸居泰山腳下的泰安縣城，在那裡掛出了寒酸的山東省政府的牌子，政令只及方圓數縣，比當年在水泊梁山落草的宋江也好不到哪裡去。

正當他生氣罵娘之時，機會來了，馮玉祥告訴他，邵力子在百泉勸馮時，曾開出一個相當有誘惑力的條件，只要在蔣桂戰爭中馮玉祥助蔣，事成之後，蔣會將湖南、湖北兩省政權、地盤以及山東全省、濟南等地，都給西北軍。

當韓復榘大軍南下荊襄時，山東方面傳來消息，國民政府與日本交涉有了眉目，日軍答應一九二九年五月一日撤出濟南。孫良誠立即派代表到南京向蔣介石請示接受濟南事宜，爲了穩住西北軍，蔣介石再次鄭重表示：

「你回去，告訴孫主席良誠兄，他現在已經是名符其實的山東省主席了，準備派人接受濟南吧。」

爲了讓孫良誠放心，蔣介石還專門捎去一信，內稱：

蔣介石給西北軍諸將領函

「山東全省政治、軍事，全權委託少雲兄負責辦理。」

孫良誠得到蔣介石的承諾後，一心進駐省城，命令第二十二師師長程心明爲濟南警備司令，他喜滋滋地說：「告訴弟兄們，把軍衣洗乾淨，破了的補起來，刮刮鬍子，精精神神開進濟南府。」

他越憧憬越高興，西北軍年年征戰，雖然擁有河南、陝西、甘肅、青海、寧夏五省地盤，卻都是窮得叮噹響的地方，特別是豫、陝、甘一帶，兵連禍接，民不聊生，何以養兵？雖說現在國家統一了，不再打仗了，可是西北軍底子薄，中央又不接濟，弟兄們四五個月都不發餉，真是苦不堪言；再看看中央軍的裝備，吃香的，喝辣的，大家眼饞得不行，只好裝瞎裝聾，不看不聽，省得生氣。現在好了，整個山東都是西北軍的，有了出海口，財源豐厚，不愁關不了餉，留不住兵了。

孫良誠正興沖沖帶隊伍去濟南接防，事情突然發生了變化。

就在先頭部隊到達濟南城外之時，中央來了急電：

「孫良誠部勿進入濟南，有關接受山東事宜，由中央統籌辦理。」

孫良誠見了電報，臉色大變，他反覆把電報看了幾遍，破口大罵：

「這不是捉弄人嗎？老蔣言而無信，把我當猴耍了。」

他氣急敗壞，當即發電，辭去山東省政府主席。

蔣介石給西北軍諸將領函

馮玉祥得到孫良誠電報後，立即召集軍事會議，商量對策。大家認爲：第四集團軍潰滅，中央下一個目標就是第二集團軍。

目前，中央軍在平漢線的武漢和津浦鐵路南段的徐州、蚌埠，均有重兵防守；華北閻錫山緊拊馮軍之背；山東膠濟線沿線有方振武、劉珍年等部，一旦有變，西北軍將被數面夾擊。於是決定立即收縮兵力，退守潼關，馮玉祥以十萬火急密電孫良誠：

「少雲吾弟，本軍有被拆散、包圍而陷於絕地之危機，全體面臨生死關頭，當以鞏固團體之生存爲重，個人地位爲輕，務立即撤退全軍離魯至陝。切切。」

孫良誠接到電報後，不敢怠慢，立即行動，四月廿五日，他率部離開山東，乘火車沿津浦路南下，到徐州轉隴海路，向河南前進。四月廿七日，孫良誠到了開封，即向南京國民黨中央發出通電，再次辭職，其中不無怨恨：

「魯省接防責任重大，良誠有病不敢負責，且魯省雜色軍隊甚多，退出泰安，以示退讓。」

在孫良誠西撤的同時，馮玉祥電令駐守河南信陽的韓復榘部與駐南陽的石友三部也一律由河南向陝西撤退。孫良誠部、韓復榘部向西撤退時，務將洛陽以東隴海鐵路橋梁悉加破壞，以防止中央軍追擊，同時又將平漢路彰德以北的漳河鐵橋及平漢路南段的武勝關隧道予以毀壞，以阻止中央軍北上和晉軍南下。

針對西北軍一連串行動，蔣介石反誣一口，致電馮玉祥指責道：

> 比來謠諑紛紜，影響大局，誠宜謀一根本止息辦法……綜合今日造謠致疑於兄者不外三點：一、謂兄購買軍械，積儲糧秣，而謀割據西北，反抗中央；二、謂兄縮短防線，圖攻燕晉，而謀勾結蘇俄，另設政府；三、謂兄拒絕來京，聯絡桂系，而謀進攻武漢，別創新局。

他要求馮玉祥惟有望兄供職中央，而又不逗留於西北一隅，則萬謠盡息，人心亦定。

與此同時，蔣介石又電責韓復榘，稱其部下在漳河、黃河兩鐵橋埋布炸藥，駐兵武勝關，在該處鋪設地雷，有拆卸武勝關以北、歸德以西各橋梁之準備以及扣車情形，命韓查覆。

五月十六日，西北軍將領劉郁芬、宋哲元、孫良誠等通電，指責蔣介石外交上賣國，指派國民黨第三次全國代表大會代表的不合法行爲及用人不當等，促蔣下野，並宣稱擁護馮玉祥爲「護黨救國軍」西北軍總司令，將統率五十萬大軍與蔣周旋。韓復榘也被迫

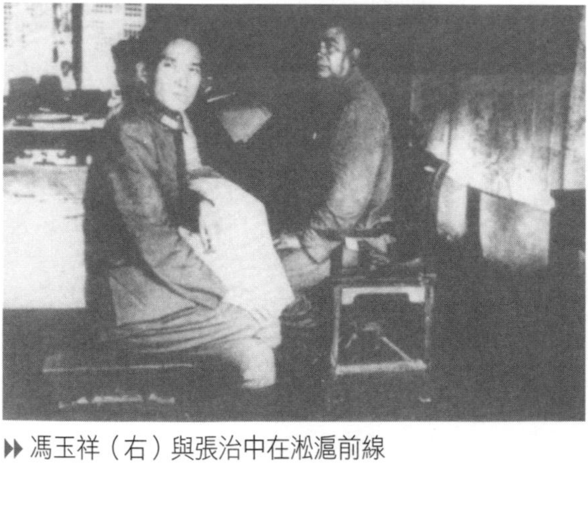

▶▶ 馮玉祥（右）與張治中在淞滬前線

簽名。

馮蔣之間，戰雲密佈。

蔣介石也使出強硬手段，宣布「討逆」，五月廿二日，發表「討逆軍」各路總司令名單：

東路軍總司令蔣介石；

北路軍總司令閻錫山；

南路軍總司令何應欽。

五月廿三日，國民黨中央第十四次常務會議決議：永遠開除馮玉祥黨籍，並革除其中央委員、政治會議委員、國民政府委員各職，對劉郁芬、孫良誠、韓復榘等懲戒問題，決定由國民政府先行免職，待調查後再分別處分。

北伐時期一個戰壕的戰友，如今又兵戎相見，準備拼死一搏了。

馮玉祥在華陰召集軍事會議，向高級軍官宣布了退縮潼關，再伸出拳頭打人的戰略方針，所有人都面面相覷，西北軍窮怕了，幾十萬大軍又要退到貧瘠的陝、甘一帶，怎麼活下去。

做了河南省主席的韓復榘更是一腦門的官司，自從他見了蔣介石後，就與馮玉祥有了一種無形的隔閡，他貪圖享受，最近在漯河娶了個唱墜子的女藝人紀甘青做姨太太，又怕馮玉祥說他，待馮玉祥從南京回開封時，有意避往鄭州，說去視察部隊。

馮玉祥從南京回到河南後，一下車，見河南省政府民政廳長鄧哲熙等人在車站恭迎，惟不見韓復榘，頓時把臉拉長，問道：「你們韓主席呢？」

鄧哲熙連忙說：「韓主席巡察部隊去了。」

馮玉祥「哼哼」兩聲，背著手便走。

過了幾天，韓復榘回來後，馮玉祥召集其部訓話：

「我現在常講之一的題目為窮小子，窮小子有一種長處，亦有一種短處，長處是吃苦耐勞，短處是見財動心。現在北伐勝利了，有的人便坐不住馬鞍橋了，要錢喝酒，你找個唱墜子的，我捧個說大鼓的，講究吃穿享受，這怎行呢？……」

他雖然未指名道姓，但大家都知道馮玉祥夾槍帶棒指的是誰，而韓復榘臉一陣紅，一陣白，如芒在背。他埋怨馮玉祥一點面子也不講，讓他光腚推磨——轉圈丟人。因此，他儘量不與馮玉祥照面，躲著他走。

此次，韓復榘將部隊帶到陝州一帶後，隻身去華陰見馮玉祥，準備力陳不可讓西北軍重回西北而放棄中原的主張。

華岳廟中，馮玉祥正在闡述他的作戰計畫：

「目前，老蔣派邵力子、馬福祥、賀耀祖來遞軟話，讓孫良誠回山東當主席，讓我回南京仍做軍政部長，撥發所欠軍餉，給款賑災。我們不能上老蔣的當，我們回去就不當家了，他會將西北軍各個擊破。我軍就是要集中起來，要把西北軍撤到陝西一帶，利用潼關天險，據關固守……」

「馮先生，」韓復榘壯著膽子叫了一聲。

馮玉祥正在興頭上，被人打斷話，臉色刷地陰沉下來，瞪了韓復榘一眼。因韓是他的愛將，從馬弁到總指揮、省主席，一步一步都是馮玉祥提拔上來的。沒想到，給他一點顏色，便要開染坊，登鼻子上臉了。馮玉祥壓著火問：

「向方，你有啥事？等會再說不行？」

韓復榘竟然還敢開口：「馮先生，你讓我們都退入陝甘貧瘠之地，部隊這麼多，給養肯定不足，時間略微一長，連雜麵窩頭都沒得吃。況且西北軍從西北打出來，死了那麼多兄弟，剛剛奪了中原，還未喘過氣來，又讓我們退回去，我看大家都不情願。我們是不是還有更妥善的辦法呢？想個兩全之策，比退入窮地方喝西北風強！」

一席話，說得滿座皆驚，所有高級將領霍然嚇白了臉，而馮玉祥的臉一下漲得通紅，會議室裡騷動起來。

韓復榘反對西撤，一出潼關，他的河南省主席之位便丟了。因此，他斗膽力爭。

韓復榘的話在軍事會議上引起震動。

馮玉祥破天荒地忍了忍，給韓一個梯子，讓他下來，說：

「向方，你講得對，退入西北我也不情願。但是，你想，咱們不這樣做，全軍就有被截成幾段的危險。西北軍在中原，處在南、北、東三方面夾擊之中。咱們拳頭收回來的目的是要打出去。」

韓復榘很自負：「我看採取進攻的辦法，不收回拳頭也是一樣的。我自願領十萬人馬，沿平漢線南下，包打武漢；另由孫良誠帶十萬精兵，沿隴海路東進徐州，轉津浦路攻打浦口，直搗南京；再以石友三統兵十萬，控制開封、鄭州，為總預備隊，策應我和孫良誠，後方留宋哲元、劉郁芬大軍監視閻錫山。如此這般，我西北軍可化被動為主動，大獲全勝。」

會場上交頭接耳，韓復榘的計畫，確有高明可取之處，也說到重點上了，大部分將領頻頻點頭，但馮玉祥面子上過不去了，西北軍中還有比他更高明的？他目瞪口呆，臉上的表情十分複雜。自己拉拔大的孩子不把他放在眼裡，何況是在如此重要的會議上！

韓復榘發表高論，一副狂妄自大的樣子，成何體統，馮玉祥終於發作了。

「胡鬧！按你的辦法危險性太大，一旦老本賠進去怎辦？」馮玉祥儼然擺出了老父親的派頭。

眾人停止了議論。

韓復榘不識相，又不服氣，反問道：

「咱們從前自南口兵敗，在綏遠、甘肅只剩下數萬人，裝備又差，怎能冒險死拚，勇敢前進，以至殺出潼關，發展到今天的規模呢？今非昔比，我們現有幾十萬精兵，槍炮軍械比其他集團軍差不到哪兒去，何以喪失勇氣不進攻而縮起來呢？」

馮玉祥一時答不出話來，半晌，緩過勁來，憤憤地說：

「從前我是個窮光蛋，只剩些小本錢，因此不得不孤注一擲，以博大利。現在與從前不一樣，我已贏了許多本錢，這些本錢來之不易，不能不慎重穩健從事，怎麼能不顧家底，做冒險賠本的買賣？」

韓復榘就是不甘心放棄河南地盤，轉而要求道：「馮先生，那我要求駐兵平漢線以西，洛陽到南陽一帶任我馳騁，中央軍如攻入潼關，我部正好予以側擊。」

平心而論，這也不失爲一中策，駐重兵在豫南、豫西，既可與潼關互相呼應，又可減少陝西軍隊多，負擔不起的壓力。而馮玉祥已經氣暈了。韓復榘敢頂嘴不說，還鬧出一大堆蠱惑人心的「鮮招」，這直接挑戰了他在西北軍中至高無上的地位。於是忍無可忍，拍案大叫：

「這是顧全團體的大事，用不著你小孩兒指手畫腳，教我怎麼做，給我滾到外邊跪著去！」

眾人不敢多嘴，更沒人敢出來替韓復榘講情，只是暗暗搖頭嘆息。

韓復榘一肚子的不高興，向馮玉祥氣哼哼打了個立正，拉開椅子，徑直走了出去。屋外院子裡有塊大青石，他挺著腰板跪在上面。院子裡到處放著崗，衛兵們看著平時跋扈的韓大將軍，如今跪在眾人面前，個個咧嘴聳肩，哈哈大笑，連韓復榘帶來的衛兵都想笑又不敢笑，把臉轉向一邊，發出「嗤嗤」之聲。

這一跪，跪得韓復榘火從心中起，惡向膽邊生，他想起了漢口晉見蔣介石那一幕，蔣氏夫婦溫言慰語比之馮玉祥家長式的專制，是那麼富有人情味。「媽拉個巴子，在馮玉祥面前，永遠都是孫子。」韓復榘開始起了貳心，有了投奔蔣介石的意思。

「滾起來！」

也不知啥時候，馮玉祥和其他將領從屋裡出來，用手指著韓復榘的鼻子罵道：「別跪在當門給我丟人現眼，給我滾回去收拾部隊，立即開到潼關。」

「是。」韓復榘艱難地站了起來，敬了個禮，一瘸一拐向外走。

「回來！記住，今後再敢頂嘴，決不輕饒，我可以讓你領兵，也可以撤掉你。」

韓復榘的眼睛裡佈滿了憤怒，馮玉祥一再羞辱，終於讓他下定了反叛的決心：「老子這是讓你姓馮的逼的，也是跟你學的，當年你叛曹錕就是如此。你不仁，我也不義。」

韓復榘氣急敗壞地出了司令部，直接回了陜州。一路上，他一言不發，沉默得可怕。車行到半道，只見無數隊伍，踏著蔽空的煙塵向西而來，間有車炮戰馬，雜遝其中。

在靈寶車站，韓復榘看到一支精神十足的部隊。

晚霞之中，馮部驍將劉汝明騎著一匹黑色的戰馬向韓復榘打招呼：

「向方兄，你的人馬都在陜州，怎麼你卻在這裡。」

韓復榘的臉色很難看，氣呼呼地說：「馮先生糊塗了，把整個河南省都放棄了，把所有部隊全撤到潼關以西，不進攻，這不是要自取滅亡嗎？那窮地方，以後咱們吃啥？」

劉汝明看著大軍西行，笑呵呵地勸道：「向方，別想那麼多，總司令自有主張，你發愁吃喝幹嘛？別人吃啥，咱們也吃啥。」

「吃個屁！如今，大兵每月只發兩塊錢的餉，下級軍官才十塊，中級軍官也不過二十塊，還經常拖欠，這樣長久下去，怎麼能行？啥都買不起。」韓復榘看著劉汝明的軍隊向西走得很快，冷冷地說：「哼，你們去喝西北風吧，我的部隊就是不往西去，我看誰能把我怎麼樣。」

劉汝明大驚失色：「向方，咱們是多年的老兄弟了，千萬別亂作主張，軍令可不是開玩笑的，馮先生的脾氣你清楚，我不敢耽擱，要趕去潼關。」

古道邊，兩人握手而別，分道揚鑣。

韓復榘對身邊的副官說：「傳我的命令，河南省政府的人員先到陝州，向東回洛陽。」

副官害怕地提醒：「馮總司令軍法如山，請三思而後行！」

「去他媽的軍法，老子不幹了。此地不留爺，自有留爺處。」

韓復榘到了陝州，立即通知第二十師師長李興中、兵站總監聞承烈等人，說他要在車站飯店請客。

快到中午時，各部官長相繼來到飯店，發現有點不對勁，韓的手槍隊如臨大敵，大機頭張著，個個面孔嚴肅、緊張，大有霸王請客的架勢。韓復榘鐵青著臉像尊菩薩，坐在上首，來客沒人敢多話，忐忑不安地坐下喝酒。

酒過三巡，菜過五味，韓復榘站了起來，鄭重地說：

「現在我宣布大政方針吧！我是決心不向西去了，西北那麼苦，連他媽的草都長得比別的地方瘦。馮先生還想拉著閻錫山打老蔣，這些年一直在打仗，打得精疲力竭。我看仗是不能打了，再打仗，軍隊和百姓全受不了。對不起馮先生了，咱們回洛陽。」

韓復榘一番話，儼然平地一聲炸雷，在場的人全愣住了。

「韓主席，您有意見可以向馮先生提呀！」有人壯著膽子勸道：

「我已經和馮先生談過了，他的脾氣誰不知道，臉一紅，眼一瞪，哪容你分說，我也沒有辦法。現在我要帶隊投蔣總司令，投靠中央。」韓復榘氣呼呼地說。

「馮先生多年來對我們不薄，怎麼能離開他呢？他固然有不對的地方，我們可以從長計議。至於蔣介石的爲人，許多人都說他陰險狡猾，不能長久共事，韓主席千萬三思而行。」

「奶奶的，事已至此，我管不了那麼多，只能把腦袋別在褲腰裡幹下去。」他見許多人仍在猶豫，忍不住大聲吼道：「撤桌，上車，統統回洛陽，敬酒不吃吃罰酒的統統槍斃。」

五月廿二日，韓復榘回到洛陽，立即將忠於馮玉祥的李興中等十餘位高級將領軟禁起來，同時，急派人去南陽附近與他的「狗肉弟兄」石友三聯絡，共同投蔣。

在西北軍諸將領中，石友三與韓復榘齊名，都是善打惡戰、狠戰的驍將，也同樣粗俗，同樣無賴，同樣善變。石友三在蔣桂戰爭時也企圖撈一把，以一天一夜時間，從南陽長驅襄樊，原打算混水摸魚，見機行事，不料李宗仁的第四集團軍內部倒戈，迅速失敗，只好就地停頓，蔣介石派人假勞軍之名，贈了石友三一筆鉅款，這也是早已被蔣介石餵熟的東西，因此與韓復榘一拍即合，兩人分別向蔣介石發電表示：

「擁護中央，待罪洛陽，靜候命令。」

蔣介石給西北軍諸將領函

「宣勞黨國，以報殊恩。」

蔣介石大喜，立即覆電，稱：馮玉祥叛變，乃「自陷反革命之罪惡」，「兄等仗義革命，當不再爲個人之工具」，「本日已議決開除馮玉祥個人黨籍，明令通緝，至其餘諸將領爲其威脅者概不與也。如有深明大義反正效順者，中央必倚爲長城，恃爲心腹。」與此同時，蔣介石委韓復榘爲西北軍總指揮，並下令各部討馮。

韓、石的背叛，不但嚴重地挫敗了馮玉祥的反蔣軍事計畫，打擊了他在西北軍中不可動搖的崇高地位，而且在私人感情上，也無論如何接受不了這一殘酷的事實。韓復榘、石友三都是他手把手調教出來，越來越有出息的將領，沒想到這麼不義氣。

他流著淚，敲打著自己的頭數落道：「全是由於我一個人昏暗糊塗，叫大家受驚，可是韓復榘這件事，你們全打算把我蒙在鼓裡，把我的眼睛、耳朵全堵得緊緊的。」

言下之意，埋怨眾人不向他提醒和報告，大家都委屈得很。

膽大的只好說：「韓、石全跟您的親兒子似的，我們假如報告，您信他們還是信我們呢？」

「你們這些沒良心的，全是白眼狼，吃裡扒外的東西。」馮玉祥受了很大的刺激，哭著抹淚，躺在床上不起來。

孫良誠站在床邊勸道：「馮先生，吃口飯喝口水吧，不值得這樣。」

馮玉祥抽抽噎噎地說：「你們都靠不住。」他又指著門外的士兵說：「當初韓復榘、石友三就和他一樣，常替我站崗，我看這個衛兵將來也靠不住。」

孫良誠出來後，嘆著氣：「馮先生氣糊塗了，這以後該怎辦。」

五月廿六日，閻錫山電馮玉祥，勸其下野出國：

潼關馮總司令煥章兄勳鑒……弟為黨國計，為人民計，為吾三人計（馮、閻、蔣），籌慮久矣。故不自揣量，為我兄盡情一吐，荷蒙採納，願即敝履一切，即日下野，以禮讓易干戈，此豈我兄弟之幸，抑亦國家之麻也。弟翔遊海外，久具決心，得附驥尾，欣幸何極……敢請我兄一面通電宣布國人，一面偕同嫂夫人命駕來晉，以便早日放洋，所部軍隊，均各交還中央，依照編遣會議辦法，實行改編……

五月廿七日，馮玉祥無可奈何地向全國各機關、各報館、各團體發出下野通電。

蔣馮的此輪交鋒，以蔣方完勝而告終。

火中取栗

蔣介石給張學良電

自從楊永泰獻上「削藩策」，定下以外交解決東北軍方針以來，蔣介石的眼睛就一直盯著中國地圖上那塊雞脖子位置，尋覓著插手的機會。

「中東路事件」的爆發，給了他這個機會。

中東路，乃帝俄時代之產物。十月革命後，蘇俄政府仍占據著中東路，這大概是因爲該路太富有經濟價值和軍事價值了。

少帥張學良對之一直耿耿於懷。他繼其父張作霖之後，剛剛成爲東北新主人時，百廢待舉，忙得顧不上。過了兩年，東北形勢進入了相對穩定時期，使他能夠騰出精力，重新關注此事。

蔣介石不失時機地助長著張學良這種心態，暗中囑咐派在東北的說客吳鐵城、張群向張學良進言：「日本的勢力在南滿，蘇聯的勢力在北滿，有吞食東北之勢。日本野心由於少帥英明決斷，暫時已被遏制，但蘇聯在東北的勢力不可小視，任其發展，有『赤化』的可能。」

張學良聽了怦然心動。

為了再燒一把火，一九二九年春夏之交，蔣介石在北平會見了張學良，這是兩人的第一次見面。老謀深算的蔣介石從談話一開始，就牽著少帥的思路，掌握了主動權。

蔣介石危言聳聽地告訴張學良：

「東北形勢十分嚴峻，依我看，中國關內無論如何鬧騰，也到不了關外。可是，東北如果『赤化』，蘇俄再插手，問題就複雜了，蘇聯可以乘中東鐵路，在很短時間直插遼東，囊括整個東北。我雖然言重了，望兄不可不察。」

看張學良不語，攻心收到效果，蔣介石端起面前茶杯呷了一口，不緊不慢地說道：

「聽說你的部屬有收回中東路的意見，你要打定主意。無論成敗與否，收回中東路主權是正義的，中央是支持的，另外嘛，我可以保證，收回中東路的一切收入歸你作主，我決不插手。」

張學良奮袂而起，他的心中已燃起與蘇聯一戰的渴望。

張學良說幹就幹，一九二九年七月，東北方面即以中東鐵路蘇聯職員有宣傳赤化嫌疑為名，由東北交通委員會命令，通知中東路蘇聯職員將中東路所有電話、電報接收，交付中國管理。除哈爾濱車站、江橋車站報房及附設的長途電話由東北電政監督蔣斌接收外，沿線各站，如綏芬河、滿洲里、海拉爾、寬城子、齊齊哈爾、海林、一面坡、札蘭屯、安達及其他各大站，全部派員前往接收。

與此同時，特警管理處奉東北特別行政區長官公署命令，又以東鐵各職員聯合會宣傳赤化爲名，一律加以解散。同時特警管理處又奉命以宣傳共產爲名，將哈爾濱蘇聯國家營業機關，如蘇聯國家遠東貿易局、蘇聯遠東煤油局、蘇聯商船局、蘇聯商業聯合會，也一律加以查封。同日下午六時，還將蘇聯駐哈爾濱代理領事梅尼柯夫及中東路局長葉穆善諾夫、副局長艾斯蒙特等五十九名蘇聯中東路職員驅逐出境。

東北地方當局爲以上一連串行動所持的理由是：第一，出於國家自衛權的發動；第二，出於履行中俄、奉俄兩協定。一九二四年五月三十一日《中俄解決懸案大綱》第六條規定：「兩締約國政府互相信任，在各該國境內，不准有爲圖謀以暴力反對地方政府而成立的各種機關或團體的存在及舉動。並允諾彼此不爲與對方國公共秩序、社會組織相反對之宣傳。」一九二四年九月廿一日，奉俄協定第五條也有類似的規定。

七月十八日，蘇聯人民委員會照會中國政府正式宣布對華絕交：第一，召回蘇俄在華外交官、領事及商務代表全體；第二，召回蘇俄政府人民之在華中東鐵路職員全部；第三，停止與中國之鐵路交通之全部；第四，命令在蘇聯的中國外交官、領事代表等全體，即時離開蘇俄全境。蘇聯政府同時決定，採取必要的軍事行動，在中蘇邊境集結軍隊。

南京政府與東北地方當局也表現了強硬態度，七月二十日，南京方面發表對外宣言，召回駐蘇大使和領事。七月廿六日，張學良對美國記者鮑威爾發表談話，稱：

「中國非根本收回中東路，並不破壞協約，中國人酷愛和平，主持公道，絕不願輕啓釁端。徒以俄人藉中東路宣傳赤化。中東路重要職員皆與赤化有關。證據發現後，中國當然不能容許。然要求撤換之不正當俄籍人員，俄方始終不允，故中國出此斷然處置。」

他還說：「中東路事件，俄人在國際宣傳赤化，所負責任甚大，中國加入非戰條約，無作戰意，萬一開戰，係俄之責任，中國方面不負破壞責任。」

談話時，張學良神情亢奮，顯然，缺少經驗的張少帥，「他只想到一個結局，就是在武裝衝突中徹底獲勝，而沒有想到可能出現相反的結局」。他以爲勝利將像熟透的果實只等他伸手去摘。

戰爭，已處於一觸即發之勢。

澳大利亞籍的名記者，張學良之朋友兼顧問的端納先生急忙求見，他希望張學良能冷靜下來，通盤考慮全局。

張學良握著拳頭，表情十分堅定：「我們受老毛子氣受夠了！現在是清算的時候了。端納先生，你很清楚，中東鐵路是中俄兩國根據一八九六年中俄條約共同修建的，它從哈爾濱到長春，橫貫北滿；幾十年來，俄國從中賺取了多少利益，他出了多少力？居然現在該路還得由兩國共管，權益還得雙方各半，難道我們就管不得！今天，你既然來了，就幫我想想辦法，把鐵路收回來，甚至不惜動用武力。」

作爲張學良的顧問，他有必要提醒張學良考慮到一切可能出現的後果。因此，他格外深沉，格外謹慎地說道：「漢卿，對蘇用兵我並不反對，但要量力而行，軍事上我是外行，你有穩操勝券的把握嗎？我看時機目前還不成熟，對蘇用兵應是將來時。」

張學良聽罷，微微一笑，從書桌中拿出厚厚的一摞資料，向端納面前一放，不無得意地說：

「我早想到了！我的情報部門搜集了不少有關蘇俄的資料，他們現在是內外交困，政治不穩，邊防武裝不堪一擊，農業連年收成不好，軍需民食都成大問題，正是我們用兵的良機，時不我待。」

端納信手翻了翻，平靜地說：「據我調查和從各國使館搜集的情況，蘇聯並不像人們描述的那樣困難重重。它已渡過了最困難的時期，經濟走出了低谷，糧食問題基本解決。政治上在史達林高壓政策下，蘇聯各加盟共和國之間的裂痕並不明顯，史達林的地位在內部權力鬥爭中已經鞏固，在軍事上，蘇聯紅軍幾乎可與英美德等國相提並論，它的邊境部隊在遠東更是第一流的。恕我直言，中國的軍隊還無法與之匹敵。」

看著張學良快快不樂的表情，端納不忍如此拂他的興，說：「這是我的一孔之見，主意還得你自己拿，不過，在決定以前，還是多聽聽不同的意見，顧維鈞遠見卓識，確屬難得人才啊。」

提起顧維鈞，張學良眼睛一亮，但是他現在還在英國，於是，立即對端納吩咐道：「速請顧維鈞回國來瀋陽共商大計。」

顧維鈞，留美博士，前國務總理唐紹儀的乘龍快婿，儀表堂堂，善於辭令，是活躍於外交界的一位明星式的人物。當年在巴黎和會，他初出茅廬，就爲爭取主權，廢止

顧維鈞

「二十一條」，與日本代表舌戰，從而一舉成名，爲國際外交界矚目。由於他入閣北洋政府，一九二八年南京政府下令通緝他，這樣，他來到東北張學良麾下，充當幕僚。爲了適應變化後的中國政局和觀察世界政治趨勢，一九二八年年底，他前往歐洲作短暫旅行。

接到端納的電報後，顧維鈞就中止了自己的遊歷，兼程回國。途中，他曾請人轉告張學良：「對蘇俄的小心謹慎比勇往直前爲佳。」他還引用法國外交部政務司長貝洛特的話來說服張學良：「據我從官方和非官方所得到的報告，蘇俄的現有實力，在遠東，特別是滿洲製造任何出人意料的局勢是綽有餘裕的。但是，就莫斯科的心理方面而言，它是會毫不遲疑地作出明確有力的反應」，「蘇俄國內現在比以前更加鞏固得多了」。

回到東北以後，顧維鈞和端納經過共同商量，決定聯手阻止張學良對蘇感情用事，他在回憶錄中寫道：

「幾乎是每天早上，肯定每週有三四次，他（張學良）都邀請我和他打高爾夫球。通常是四個人一起打，除我們外還有端納先生。他一度當過墨爾本和雪梨幾家報紙駐北京的記者，後來他接替著名記者莫里循當了倫敦《泰晤士報》的記者。第四個人是少帥的英文秘書，我們呼之爲李。……那時少帥身體不很強健，所以在高爾夫球場上每進兩三個洞之後，他總要在爲他個人使用而特別修建的有遊廊的平房裡休息一會兒。」

「我們打球時，我和端納配對，少帥和李配對。端納常常和我說起我應該對少帥更鄭重有力地談談他對蘇俄的政策。據他所知，不久就會發生大事。少帥深信他的情報人員的報告，這些人把蘇俄內部描寫成爲困難重重。少帥不斷對端納講，這是中國對俄國過去在滿洲的不義行動報仇的機會。他確信會有出頭之日。端納感到少帥的情報是不準確的，他斷定無論如何，武裝衝突的結果不會對滿洲有利。他力主用一種方式對少帥說明，使他感到必須改變他的政策。端納知道我在國外給少帥信電的全部內容。他說他同意我的意見。」

遺憾的是，顧維鈞、端納的苦口婆心，全抵不上蔣介石的鼓動。七月廿一日，蔣介石拍著胸脯保證，誓爲東北之後盾，他在給張學良的電文中這樣寫道：

張司令長官漢兄勳鑒：密。……中央對蘇俄作戰及軍隊調遣事，已由參謀部負責調製全盤計畫，並派葛次長或劉局長光親送來遼，如有必要，全國軍隊可以隨時增援也。本日未接報，邊情如何？甚念。聞蘇俄甚想轉圜避戰，故中央亦在設法進行，我軍暫不與之接觸為要。中正叩。

七月廿四日，蔣介石再致張學良：

張司令長官漢兄勳鑒：密：各電均悉，凡兄所見，皆先獲我心，欣幸無已。對於關內總預備隊之計畫，及萬一開戰時各種之接濟，亦均已計及，不日即派葛次長或劉局長來遼面詳也。中正叩。

形勢益趨險惡，八月六日，蘇聯革命軍事委員會命令建立遠東特別集團軍，以配合蘇聯阿穆爾河艦隊對中國軍隊作戰。軍司令部設在哈巴羅夫斯克（伯力）。重新起用曾經做過蔣介石軍事顧問的紅軍名將布留赫爾（即加倫將軍）為遠東特別集團軍司令官，因為他熟悉中國軍隊。蘇俄對華首先採取交戰行動。八月十三日，蘇聯紅軍遣兵艦兩艘，陸戰隊三百人，飛機兩架，侵入我國東線松花江綏東縣境，佔據中興鎮和李家房子。從此，中蘇邊境衝突不斷發生。

張學良與蘇聯摩擦加劇，令親者痛，仇者快。張學良的外交秘書王家楨回憶說：

「這項消息傳到瀋陽，大帥府的秘書廳裡議論紛紛，有的說：『東聯孫權，北拒曹操，乃策之上也；而今東抗孫權，北拒曹操，是乃走麥城之路也。又有人說：『言忠信，行篤敬，雖蠻猖之邦行也；今也，不顧條約上的諾言，又沒有什麼正當的理由，竟將鄰邦的使臣押解出境，這怎麼能叫四夷賓服呢？』總之，當時在瀋陽的一般公務人員對這件事，大部分表示不贊成。日本駐瀋陽總領事林久治同我談起此事，興高采烈，極力表示日本朝野對中國此舉一貫支持，並盛讚哈爾濱中國當局英明果斷，一定早已摸清蘇聯現在內部情況的底細了。」

八月十三日，南京派參謀部軍事廳長劉光到東北前線視察國防；廿一日，南京政府外交部部長王正廷向新聞記者稱，如蘇聯再侵入，中國將採取強硬的態度，中國將堅決收回中東路。廿一日，南京政府外交委員會開會，決定請中央資助張學良軍費兩百萬元。同時，還決定組建對蘇總預備隊，先集中在冀東灤州、榆關一線，待命出征。陳儀等人陸續被派到東北前線勞軍。

張學良被推上了虎背。八月十五日，發表對蘇作戰動員令，決定出兵六萬，派王樹常、胡毓坤分任東、西兩路總指揮。八月十六日，張學良接見美國《芝加哥日報》記者，慷慨激昂道：

「蘇俄不顧國際信義，蹂躪非戰條約，貿然遣兵，侵入我國境內，我們尊重非戰條約，屢次退讓，以明開釁責任。俄方如再進逼，是甘為戎首，故已準備一切，當出全力，決一死戰。」

雙方厲兵秣馬。九月起，小的衝突逐漸升級，十月中旬始釀成大戰，戰事分東線和西線，大規模軍事衝突首先是從東線開始。

東線東北軍的防線最終點為三江口，口外十餘里即有蘇聯艦隊遊弋。十月十二日晨五時，阿穆爾河艦隊在遠東特別集團軍參謀長拉平指揮下，命原泊在三江口外的蘇聯正式軍艦八艘，突向東北海軍及三江口海軍陸戰隊進攻。蘇艦發炮兩響後，東北海軍才開始還擊。激戰一小時許，蘇聯飛機約十八架整隊飛來助戰，拋擲八十磅重炸彈環攻東北艦隊。戰至中午，東北艦隊之江平、江安、江泰、利綏、東乙諸艦均中彈沉沒，隨艦葬江的海軍將士兩百人以上。蘇艦被擊沉三艘，擊傷四艘；飛機被我高射炮擊落兩架，一落江面，一落陸上。

據東北海軍炮火總指揮張力聲回憶，三江口海戰失敗原因主要是中蘇艦隊炮火相差懸殊所致。江泰、江平、江安等輪均是由商船改裝成爲兵船的，炮火力量薄弱，根本沒有戰鬥力可言；利綏雖係正式軍艦，但船體較小，炮位缺乏，實力亦微；其主力艦利捷號火力最猛，亦不過裝有四英寸半口徑艦炮四門。然蘇軍軍艦一艦炮位多至十餘個，口徑多在六英寸以上，射程遠，火力大，且蘇艦炮火爲第一次世界大戰後最新式的「方位盤射擊式」，一次發射十餘彈，快捷無比，而東北軍炮火仍爲舊式，手續過慢，蘇方發四十炮，中方只不過能還擊一炮。

實力懸殊，戰事的結果也就可以預料了。在以後發生的同江之戰、富錦之戰等戰役中，蘇軍長驅直入，一口氣進入中國內地百餘公里，黑龍江所屬之臚濱、室韋、奇乾、鷗浦、璦琿、呼瑪、蘿北、綏濱、漠河以及吉林省之同江、富錦、格林、饒河、汪清、密山、綏遠、琿春、東寧等共十八縣盡歸諸手，如果不是天氣驟冷，蘇艦恐凍在中國境內而裹足不前，那麼，年內襲取哈爾濱並非難事。

西線的情況與東線也大致相同，西線的主戰場爲滿洲里與札賚諾爾一帶，自一九二九年秋至冬，東北軍與蘇軍西線邊境衝突，大小百數十戰，東北軍始終未越國境線一步，而蘇軍侵入中國內地達百餘公里。自十一月中旬末，雙方衝突升級，布留赫爾即加倫將軍翻臉不認舊情，以一個師以上的兵力，炮六十餘門，飛機二十餘架，並配以坦克、裝甲汽車

蔣介石給張學良電

等新式現代化武器，大舉進攻札賚諾爾；一面更以相當兵力包圍滿洲里。雙方血戰兩晝夜，陣地屢得屢失。

最後因爲蘇軍陸空聯合作戰，炮火集中，壘壍摧夷，驍將韓光弟旅長、林選青團長相繼陣亡，張季英團長重傷後自殺，包括旅長梁忠甲等兩百五十餘名軍官在內的八千餘人成了俘虜。參戰東北軍的全部火炮、裝甲列車、槍枝彈藥等武器成了蘇軍的戰利品。韓光弟等旅爲東北軍最精銳之部隊，卻如此不堪一擊，實在令人吃。在密山方面，東北軍爲鼓舞士氣，槍斃了作戰不力的團長榮三點，但也無濟於事，挽救不了失敗的命運，結果被繳七面團旗及大量武器，死傷不計其數。

至此，張學良才發現不是蘇軍的對手，他想請蔣介石出面收場，談判求和。一九二九年十月廿二日，他給蔣介石電報一封，陳述自己交涉存在諸多困難：

……溯自沿邊戰禍既興，交通立行阻絕，不獨對方原任談判之人早已遄返，彼邦無由接洽，即欲以函電傳達消息，亦苦無法可通。鄙意此事當初既由中央完全擔任，而為時又逾數月之久，彼負有全責之外交當局對於本案應付計畫，自必籌之已熟，茲雖小有波折，亦應別圖良策，以善其後。若地方則時機業經錯過，實無術再事轉圜，此種情形諒邀澈矚，叨蒙垂愛，用敢直陳，尚乞俯鑒愚衷，轉催設法速決，禱甚。

蔣介石接到電報，開心地笑了：「漢卿，你還嫩著呢！我現在就是讓你頂著，和不得，打不得，讓你吃點虧，方知緊跟中央才是出路。」於是回覆道：「如此是其不過騷擾邊疆，使我國內不安而已，故鄙意對暴俄之擾亂邊疆，不必以強力抵禦，用彼進則我退，彼退則我進之法，以應之。」

蔣介石一改往日的慎重，對東北與蘇聯的衝突漫不經心起來，他開始大嘆苦經，大談國內解決馮玉祥西北軍之重要，是當務之急，並望張學良藉以重炮。「速用全力最速時期以解決西北是為要著。惟攻擊潼關，須要重炮。可否由兄處商借重炮若干營，由現有官長帶來助攻潼關，該關一破，則西北瓦解，不難一鼓蕩平。」

至於中蘇交涉，蔣介石推得一乾二淨：「近觀俄情，或其有意與東北直接交涉，故對中央再三支吾，如有接洽機會，亦可與相機進行，何如？請酌裁之。」

張學良接到電報，哭笑不得，喊道：「老蔣不管外交，還要借我重炮，是何居心？授我彼進則我退之策，退到哪裡為止？看來，自己惹出來的禍，還得自己了結。」

他又召來了顧問端納、外交秘書王家楨、幕僚顧維鈞，商量退兵之策。

張學良神色很悲傷：「我最心愛的好軍人韓光弟旅長戰死了，我萬餘軍隊死傷慘重，現在俄軍又越過海拉爾，指向哈爾濱了。」

見張學良表情沮喪暗淡，端納低沉地問：「你打算怎麼善後？」

張學良喟然長嘆，旋即取出一疊南京來的電文，往桌上一摔，憤然道：

「我有什麼辦法？南京開始只管教我們打，現在成了縮頭烏龜，什麼也不管。打是沒法打下去了，那就和吧，可是南京又不管和的事，這簡直是整我們啊！」

王家楨聽罷說道：「自古兩國用兵，理當傾國傾城動員，由上樞決定戰爭攻防，這是何等重大的事，怎麼由一個地方獨當其任呢？既然中央不管，爲了地方上之利害，少帥也不可顧慮太多，受制於人。我想，自己決斷，怎樣有利怎樣辦。」

張學良終於下定決心，一擺手：「立即宣布停戰，派蔡運升爲交涉專員和蘇聯談判。」

富有宦海經驗的顧維鈞一旁提醒：「這樣大的事，是否再請示一下南京方面，否則授人以柄的。」

果然，張學良這邊剛剛派出蔡運升、李紹庚赴蘇，南京方面立即發難，苛刻以求，警告蔡運升切勿示弱，不可強爲遷就，張學良連連搖頭長嘆：「敗軍之將，又有什麼本錢和人家討價還價？」

幸虧蘇聯方面也不願擴大事態，讓日本漁翁得利，因此所提條件尙能讓人接受，雙方所簽訂的《伯力協定》規定，一切恢復到戰前狀態，至此，中蘇邊境又重新趨於安定，政治空氣和緩，一場震驚中外的「中東路事件」方告結束。

然而，南京方面卻依然不依不饒，外長王正廷等人雞蛋中挑骨頭，說協定超出了中國容許的範圍。爲此，蔡運升被迫聲明：《伯力協定》是在中央與東北外交問題看法一致的情況下簽訂的，協定僅十條，無密約，沒有損害國權之處。

即使如此，南京方面仍於一九三〇年二月八日發表最後對外聲明，準備由中央遴派代表前往莫斯科專門討論中東路善後問題，對蔡運升轉飭外交部嚴加論處，外交部以越權簽約為名，對蔡予以撤職查辦的處分。

張學良聞訊，良久不語，他開始隱隱地意識到，他還很「嫩」，遠不足應付中國政壇的波譎雲詭。

折戟蘇區

蔣介石給陳誠電

連續三次圍剿中央蘇區失敗，蔣介石怒火中燒，稍事休整後，又重新組織第四次圍剿，從各地調來精兵六十餘萬，氣勢洶洶壓向朱毛領導的中央紅軍。

一九三三年一月下旬，蔣介石親自來到南昌設立行營，根據以往作戰經驗，他對雜牌部隊的戰鬥力、忠誠程度歷來信不過，所以對左右兩路兵馬（分別由蔡廷鍇、余漢謀指揮）並不抱希望，而把所有的希望、注意力都集中在由中央軍爲骨幹組成的中路軍方面。

中路軍的人馬構成讓蔣介石頗費躊躇，他把他的手下大將一個個在心裡面過了一遍。何應欽、劉峙、顧祝同已經漸生暮氣，錢大鈞是紙上談兵，虎將蔣鼎文自第三次圍剿中央蘇區時貪功冒進，被紅軍在老營盤打了個伏擊，至今心有餘悸。而陳繼承、湯恩伯、衛立煌、胡宗南正忙著對付徐向前等領導的紅四方面軍而難以抽身，因此數來數去，仍然是陳

▶▶陳誠

陳誠，一八九八年生，浙江青田人，字辭修，國民革命軍一級上將。蔣介石親信，有「小委員長」之稱。曾任國民黨副總裁，軍事統帥，黃埔系骨幹。抗日戰爭爆發後，率部參加了淞滬會戰、武漢會戰。一九四三年任遠征軍司令，在整訓軍隊的同時還擬定了中國遠征軍作戰計畫，即在中國駐印軍和英美盟軍同時發動進攻時，中國遠征軍就從雲南出擊，相互呼應。但就在此時，日軍進攻鄂西，陳誠奉命趕回第六戰區指揮作戰。解放戰爭時赴台，任台灣省主席。一九六五年卒於台北。

誠最合適。

陳誠，字辭修，浙江青田人，蔣介石手下第一號寵將。陳誠畢生以效忠蔣介石爲己任，奉之爲神，崇拜備至。因此有人給他起了個綽號，叫「委員長的袖珍本」。這真是形象至極的比喻。陳誠除了身材矮小外，一切皆以蔣介石爲楷模，無論走路姿勢、說話語調、性格特點都模仿蔣介石，真可謂形神兼備了。

陳誠爲蔣介石器重並不完全在於他的忠誠，在國民黨高級將領中，此人的才華也很突出，討唐之役和中原大戰，就充分顯示了他的作戰才華。

討唐之役發生在一九二九年年底，唐生智本來就有與蔣介石爭天下之心，因此四處聯絡反蔣勢力，而反覆無常之石友三也害怕蔣介石肢解他的部隊，首先在浦口架起大炮，炮轟南京，變生肘腋，讓蔣介石大爲驚慌。

浦門炮聲一響，唐生智就在鄭州發表通電，列名者七十餘人，宣布聯合反蔣。如果不能迅速撲滅這股反蔣勢力，大有蔓延全國之虞，因此蔣介石調精兵急撲鄭州。

陳誠率其第十一師，火速趕往前線，他的急行軍方式別具一格，部隊跑十里，走十里，循環往復。因此當十二月廿五日趕到劉家店後，部隊從容休整了兩天，恢復了精神。待廿七日唐部發起攻擊時，第十一師已嚴陣以待。

這一仗打得很艱苦，由於援兵未至，第十一師第六十一團某連遭全殲，第六十二團遭重創，第六十三團被衝垮，第六十四團損失慘重，唐軍騎兵已衝至師部附近，預備隊也悉數上陣。

在這關鍵時刻，陳誠嚴令部下，退後者軍法論處，自己則親率衛隊到第一線戰鬥。終於熬到了援兵趕到，在其配合下，及時反攻，大獲全勝。

戰後，爲了表彰陳誠勇敢果決的戰鬥精神，他獲得一枚三等寶鼎勳章。

討唐之役，表現了陳誠的「韌」勁，中原大戰則表現了他的「狠」勁。在戰鬥最激烈的時候，一九三〇年六月下旬，陳誠與號稱「治兵第一」的馮玉祥部激戰於歸德一帶，蔣軍大部已聞風喪膽，退避三舍，獨十一師尚能與之對壘；馮軍彈雨如傾，並伴以大刀隊衝鋒，十一師毫不示弱，白刃搏殺，槍炮交加，死戰不退，雙方形成拉鋸。

陳誠打出了火氣，持槍督戰，准進不准退，六十一團團長劉天鐸丟失歸德陣地無力奪回，而此人正是他頂頭上司劉峙的侄子。陳誠不顧衆將苦苦求情，將其就地正法。陳誠此舉，在十分講究私人感情的黃埔系中十分罕見。

但是，最讓陳誠洋洋得意的一戰，還屬剛剛發生的贛州解圍戰。一九三二年二月初，紅軍主力第一、第三軍約兩萬人，由彭德懷任前敵總指揮，開始對國民黨軍堅固設防的贛州城實施圍攻，贛州守將、國民黨軍第三十四旅旅長馬昆率八千餘人憑藉高牆深壘與紅軍頑抗，激戰二十餘日，贛州城防務幾被紅軍摧毀殆盡，處於風雨飄搖之中，馬昆一夕三驚，連連急電南京，請求「迅催援軍，星夜邁進」。

就在贛州城要下未下之際，陳誠拍馬趕到，與贛州隔水相望。

紅軍雖見大量敵援軍趕到，卻認爲只須以堅強一部在城南阻擊，將援軍阻於章水、貢水彼岸，再多援軍也只能「隔岸觀火」，救不了被圍之敵，所以掉以輕心。

陳誠嘴角浮出了冷笑，他已看透了紅軍的意圖，於是派重兵向城南方向發動佯攻，以吸引紅軍主力，然後由驍將黃維率領一旅人馬，架浮橋強行渡河，進入贛州城。

由於受「左」傾路線影響，紅軍戰術單調、僵化，依然不肯解贛州之圍。數日後，先期進入贛州城的黃維部趁圍城紅軍久戰疲勞，意志鬆懈之時，突由城西、城南兩處坑道出擊，同時發起偷襲。紅軍因缺乏戒備，倉促應戰，損失慘重。

此戰使陳誠的身價更是水漲船高，由於中央紅軍接連挫敗蔣介石三次圍剿，許多國民黨軍隊都患上了「恐赤症」，然陳誠卻在贛州漂漂亮亮地贏了一役，就連蔣介石也覺得面子上好看多了。因此，從心理上說，陳誠並不懼紅軍。

另外，陳誠的治軍也很有方策，他的起家部隊十八軍名列國民黨軍「五大主力」，其中第十一師更是精銳中之精銳，嫡系中之嫡系。爲了保證部隊的戰鬥力、凝聚力，他有感於國民黨軍隊貪污成風、吃空額、喝兵血現象屢見不鮮等現實，提出「經濟公開」、「用人公開」、「意見公開」的三大政策。其部下軍餉，有專人在南京坐催，從不怠慢，一律按期如數撥發。因此他的軍隊基本上處於滿員狀態，將士自然也肯用命。平時，組織部下習讀明朝抗倭名將戚繼光《風雨同舟篇》，要求少校以上軍官都能背誦，他自己也腳登草鞋，腰紮皮帶，背糧袋，吃大鍋飯，以與士卒同心，因此頗受尊敬。

陳誠的個人作風也很廉潔，生活簡樸。不抽菸，不喝酒，不收黃白之物。中原大戰期間，十一師攻克鄭州時，蔣介石賞他二十萬，他卻表示不敢獨居此功，遂分獎金一半於友軍，部分賞給本部官兵，餘者充作公積金，作爲集體福利之用。僅此一點，他已高出左右那些同僚多矣。

自受命中路軍總指揮以來，陳誠卯足了勁，最近，他的仕途很順暢，已一躍成爲國民黨軍中包括蔣介石在內的廿九個上將之一，是舉足輕重的人物了，他直接指揮三個縱隊十個師。這十個師基本是他親自整編，安排人事，是很可靠的，所以對此次進剿他頗有信心，出兵前，曾向蔣介石發出一電，以表決心。

蔣介石給陳誠電

「……勘未手諭奉悉；除敬謹體行外，並轉令各師旅長遵令矣。今日時局之危殆，禍機之劇烈，殆十倍於咸同之世。職當小心謹慎，以盛氣臨之。但求有補於黨國，勿辱及鈞座，寸心無悔憾，其他非所知也。」

蔣介石則手抄兩段古人警句以勉勵，提醒陳誠對付紅軍要尤加小心：

辭修弟：來電悉，甚慰。古云：戰陣之事，恃強者是敗機，敬戒者是勝機。兵無常勢，水無常形，臨戰之妙，存乎一心。能戰雖失算亦勝，不能戰雖勝算亦敗。請弟審慎出之。

蔣中正。

陳誠閱之，微微一笑，心中並不以爲然，「校長太多慮了」。紅軍雖然接連打破三次圍剿，但以往的對手多是雜牌部隊。「雜牌就是雜牌，和嫡系怎麼能同日而語。」這是陳誠常掛在嘴邊的話，也難怪他狂妄，他的部隊實力確實不同凡響，兵精馬壯，器械精良。那時輕機關槍剛進中國，而該部已經普遍裝備上了。軍中著名戰將有霍揆彰、肖乾、黃維、夏楚中、李及蘭、彭善、陳烈、胡啓儒、方天、方靖等等，都來自黃埔，其中有的還有雙份文憑，即又在「陸大」深造過。當時國民黨軍隊中，稱黃埔爲「黃馬褂」，陸大爲「綠帽子」，那些既穿黃馬褂，又戴綠帽子的人，最爲吃得開。

該部的訓練也十分嚴格，部隊演習，均實彈操練，硝煙瀰漫，從不吝惜。陳誠認爲，與其在戰場上胡亂發射一萬發打不中目標的子彈，不如先在操場上發射八千發練習子彈，然後在戰場上發射兩千發有效子彈。所以，他的實戰能力也很強。

紅軍對它也十分重視，朱德特別指出陳誠所率之部「是對我軍最危險之一個縱隊」，決心「以主力而進，迅速擊破敵主力第一縱隊三個師」（即第十一師、五十二師、五十九師）。

殲敵地點選擇在黃陂，紅一軍團是作戰的主力，指揮員分別爲林彪、聶榮臻，他們和陳誠一樣，都曾名列黃埔，但走的卻是截然不同的兩條道路。

蔣介石給陳誠電

紅軍先設下一計，故意將一份文件讓敵人繳獲，內稱黃陂有我兩團兵力，作監視掩護之用。果然，這一誘餌被敵人咬住了，五十二師、五十九師兵分兩路，直奔黃陂準備吞掉紅軍所虛構的兩個團。

兩師雖齊頭並進，但中間卻隔著摩羅嶂大山，當時部隊通訊條件極差，互相聯絡困難，在行進中彼此都不瞭解對方情況。

此時，紅軍主力正迅速集結、調動，紅一軍團擔任左冀作戰任務，與敵系平行路線，準備以伏擊、側擊、兜擊等多種戰術手段，逐次以由左向右的順序，迅速殲敵五十二師和五十九師。

適逢連日陰雨，山野昏暗，濃霧浸沒山頭，紅一軍團披荆斬棘，日夜兼程，於廿七日拂曉趕到了伏擊地點。

聶榮臻回憶了戰鬥的全部過程：

「從發起總攻不過三小時，三軍團消滅了敵人一個旅，我們消滅了敵人的師部和一個旅加輜重部隊。這樣，就將五十二師消滅了。」

五十九師也在同時被五軍團圍住，一軍團解決了五十二師後，又返身投入新的戰鬥，於第二天，將五十九師大部聚殲於黃陂一帶。

接到五十二師、五十九師相繼被紅軍聚殲的消息後，陳誠抱頭痛哭，被共軍一口吞掉兩個主力師，這在以往還從未發生過。他擔心同僚攻訐，也擔心蔣介石責備。

確實，若是別人遭如此敗績，蔣介石早就大發雷霆了，但陳誠是例外，陳誠是他的手下第一號愛將和心腹，焉能和其他人一樣相同對待。爲了既不刺激陳誠的自尊，又要讓他戴罪立功，蔣介石的這份函電寫得很有講究，他隻字沒有責備陳誠指揮的失誤，卻反覆表達了對陣亡將士的痛悼：

萬急。撫州陳總指揮轉各縱隊指揮官，各軍師旅團營連排官兵公鑒：我軍此次進剿，不幸第五十二與五十九兩師在固岡、霍源橫遭暗襲，師長殉難，旅團長以下各官兵前仆後繼，奮勇殺賊，衝鋒陷陣，至死不屈，此乃為本軍未有之慘事，其精誠實足以驚鬼神、動天地而寒賊膽也。中正接誦噩耗，悲憤填膺，從此我剿赤將士公仇之外，又加私恨。惟有踏著我已死先烈之血跡，奮其義勇，殺盡赤匪，方足報復我軍上下官兵之仇憾，而為我陣亡先烈湔雪此無限之隱痛，以保存我軍此次慷慨悲壯、殺身成仁、視死如歸光榮之歷史，完成拯救江西人民、實行三民主義、奠定革命基礎之使命司有厚望焉。除查明陣亡官兵姓名另案呈報追贈外，特先為我傷亡官兵須發撫恤費五萬元，以慰英靈，而獎殊功……

「勸將不如激將」，蔣介石不責反賞，讓陳誠感恩涕零，大筆書曰：「誠雖不敏，獨生爲羞。」爲雪恥辱，他下令第十一師在友鄰部隊策應下，向根據地縱深推進，整個作戰隊形宛如一條長蛇，而第十一師則爲蛇腰，於三月二十日，進至草台岡、東陂一帶。紅軍立即抓住這一弱點，周恩來、朱德聯合下令：

「我軍擬於廿一日拂曉，採取迅雷手段，乾脆消滅草台岡、徐莊附近之第十一師，再突擊東陂、五里排之敵。」

二十日夜間，林彪、聶榮臻率部進入陣地，拂曉時，戰鬥打響。

第十一師果然是王牌中的王牌，它居高臨下，以猛烈的火力對進攻的紅軍進行阻殺。敵人的飛機也來助威，炸彈魚貫而下。林彪和聶榮臻都在前沿陣地，一顆炸彈下來，把正在寫作戰命令的林彪震下山坡，聶榮臻也被氣浪推倒。

儘管第十一師困獸猶鬥，卻難敵紅軍。這一役，素稱蔣介石嫡系、陳誠靠之起家的第十一師只逃走不過一個團的兵力，師長肖乾被擊傷，悍將黃維坐著擔架逃出了根據地，五個團長被打死三個。

敗訊傳來，陳誠大驚失色，三個主力師相繼被殲，使得國民黨軍心動搖，多路進剿部隊紛紛後撤，改攻勢爲守勢，一時風聲鶴唳，草木皆兵。蔣介石聞知亦拍案驚呼：「辭修誤我大事矣。」

與此同時，與陳誠一向不和的何應欽、熊式輝也乘機攻訐，甚至在蔣介石面前要求撤銷第十八軍的番號，這無疑徹底端了陳誠的老窩。

蔣介石心裡在冷笑，何應欽心術不正，如果把陳誠整垮了，軍中就沒有人能與之抗衡了，再說陳誠雖然連遭敗績，但環顧左右，才華超出陳誠者，又何其少也，更遑論其忠心耿耿。因此決定給陳誠一個臺階下，四月九日，同時給陳誠、劉峙發電，只是指點方略，並不追究責任：

匪軍主力即在面前，我軍總要設法殲滅，不使此難得之機會逝去，故各將領應運用其智慧，振作其士氣，不限時日，不定地區，覓匪之弱點或故示我之弱點，使匪自投陷阱而不自覺，則幸矣。至誘匪陷匪之法，一面相機應變，因地制宜，固無成法可言，而一面則應在孫子、吳子兵略詢答中研究明澈，必有其道可得，曾胡治兵語錄亦多可採之處，應加以勤訓切教，沉機應變，處處應覓匪之弱點，時時不忘我之缺點，戒慎恐懼，悲憤哀戚，期其有成，希即轉飭所屬一體知照。

蔣介石此電函的妙處就是同時發給陳、劉二人，也就是宣明，陳誠的責任不追究了，依然重用如舊，只是其中教訓要汲取。一場天大的干係被輕描淡寫地卸之於無形。

受寵若驚

蔣介石給段祺瑞函

曾經風光一時、顯赫一時的北洋元老段祺瑞自下野後，即隱居津門，住在日租界須磨街，終日禮佛誦經，以消磨光陰。

然而，日本人沒有忘記這位鐵腕人物，時時刻刻在打他的主意。

一九三〇年年初，馮玉祥、閻錫山等聯合反蔣，日本人認爲有機可乘，遂密謀策動所謂「北洋派大同盟」，拉攏原屬北洋派的舊軍閥參加，以段祺瑞、吳佩孚爲領袖，以反對國民黨、蔣介石爲幌子，製造華北的混亂局勢，以便混水摸魚，從中漁利。但由於張學良率兵入關，馮、閻被迫下野，「北洋大同盟」只好胎死腹中。

一計不成，再生一計。「九一八」事變發生後，東北三省淪陷敵手。一九三二年三月，日本在扶持前清廢帝溥儀於東北建立了僞滿洲國之後，又積極拉攏段祺瑞，企圖利用他在北洋軍人中的資望和影響，建立華北僞政權。

段祺瑞怦然心動，儘管他已經下野，但卻仍然是駑馬戀棧。早在一九二七年，段祺瑞就在日本老牌特務土肥原的牽線下，在天津與溥儀會面，準備雙方合作一把。儘管沒有談攏，但說明段祺瑞仍嚮往著登上政治舞臺。因此，他與日本人開始了謹慎的接觸。

蔣介石對此十分警惕，十分不安。他知道，由於段祺瑞過去的地位，他在北洋軍人中仍有很大的號召力。另外，段祺瑞在許多軍事學堂，例如保定軍官學堂擔任或兼任過重要職務，可謂桃李滿天下。國民革命軍隊伍裡，許多高級將領也與他有師生之誼。因此，段一旦被日本人拉下水，影響勢必巨大。於是蔣介石立即採取了措施。

一封邀請信翩然飛到了段祺瑞手中。國民政府熱情邀請他赴洛陽參加「國難會議」，並聘請他擔任「國難會議」議員。段祺瑞隨手將邀請信丟在了一邊，他是見過大世面的，曾經貴爲北京政府國務總理，臨時執政，中國第一號實權人物，豈把區區的「國難會議」議員看在眼裡。

見段祺瑞不理不睬，蔣介石轉了轉心思，攻心爲上，攻城爲下，決定通過輿論界展開攻勢。上海《申報》發表了一篇耐人尋味的新聞報導：

「前臨時執政段祺瑞，自十五年（一九二六年）卸政後，隱居津門，專心念佛。『九一八』國難發生後，某國方面爲了達到某種陰謀，乃派遣浪人多名，向段遊說，以『三造共和』等甘言誘騙段氏。聞段氏主張，日方先取消傀儡組織，恢復『九一八』以前的狀態，始可向中央商談；而一般無恥漢奸甘爲亡國奴，受某國指使而奔走者，亦大有人在。」

這篇報導的潛臺詞非常清楚，披露了「九一八」事變後，段與日方秘密往來的動向，隱含警告之意，中央政府對你段祺瑞的所有動作瞭若指掌，不許你做第二個溥儀！但又網開一面，有意說明，段祺瑞天良未泯，與其他漢奸還是有區別的。

這篇報導讓段祺瑞感到了壓力，他是吃過日本人苦頭的，深知日本人的話信不得。但若讓他向蔣介石這位晚輩低頭，表示效忠，他實在抹不下面子。因此，他也向報界發表了一個聲明，表示自己：「痛心國難，辱以正氣相勖，自念以身許國，不後於人。他事姑勿論，昔年抵制舉國若狂，端居屹然，諤諤自若，威武不能屈，寧卑辭所可誘也。禦侮折衝，何聞朝野，義所應爲，奚俟祿揚，海上達人，不乏聞

蔣介石給段祺瑞函

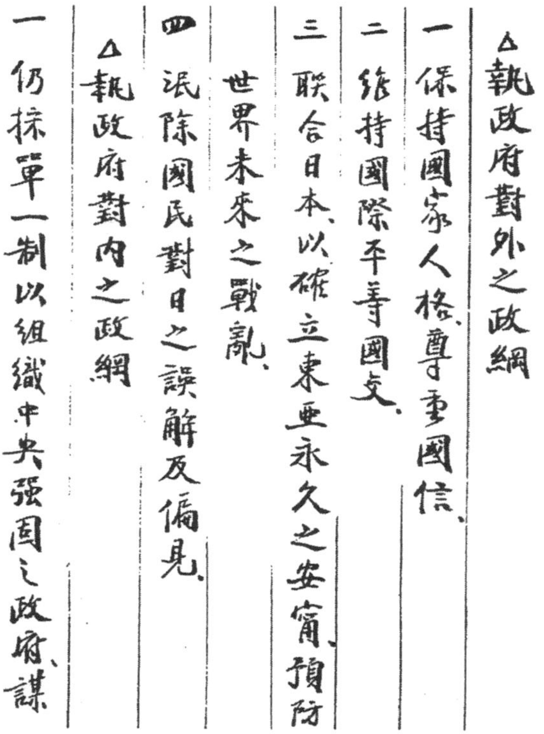
△執政府對外之政綱
一 保持國家人格、尊重國信、
二 維持國際平等國交、
三 聯合日本、以確立東亞永久之安寧、預防世界未來之戰亂、
四 泯除國民對日之誤解及偏見、
△執政府對內之政綱
一 仍採單一制以組織中央強固之政府、謀

▶▶段祺瑞致田中義一函

見，要知雄辯不如事實也。」

「好！」蔣介石一擊掌，「就是要老段表態。」他立刻召見交通銀行董事長錢永銘，請他組織上海名人代表團，北上天津，邀請段祺瑞南下。

錢永銘猶豫了一下，說：「委員長託付的事當盡力辦好。但段祺瑞這個人性格倔強，又特別愛面子，隨隨便便呼他，恐不會輕易答應。」

蔣介石眉頭展了展，段祺瑞的脾氣性格他早調查得清清楚楚，也早有了對付的方法，他用誠懇的腔調對錢永銘道：「請代我向段先生問好！我亦保定陸軍學堂學生，段先生是我的老師。我因公務繁忙，不能前往天津看望先生。」說著，他遞過來一封信，十分肯定地說，「段先生看了這封信就一定會來的。」

果然，當段祺瑞打開蔣介石的信後，立即做出決定，不日南下。在信中，蔣介石懇請段祺瑞「南下頤養」，並表示待其南下之後，「俾得隨時就商國事」。段祺瑞心中一陣感動，沒想到他這位過時人物，還受到當局最高當權者的如此器重。

「我已老不中用了，如介石認爲我南下於國事有益，我可以隨時就道。」不知不覺間，段祺瑞竟然稱起「介石」來，口氣親熱了許多。

一九三三年一月十九日，南下的津浦特快列車加掛了一節專廂。段祺瑞由吳光新、魏宗瀚、段宏剛三人陪同，在嚴寒和夜色中登上火車，悄悄地離開了天津。

蔣介石對段祺瑞的到來十分重視。通令南京少將以上的軍人過江至浦口車站迎接，人數有六百人之多，其中有朱培德、張群、賀耀祖、黃慕松、楊傑、楊永泰、許世英、姚琮等，俱是權傾一時的人物。蔣介石全副戎裝，迎向段祺瑞，執弟子禮甚恭。望著這盛大場面，望著恭恭敬敬站在面前的中國第一人，段祺瑞不由得受寵若驚。

日本方面對他南下十分驚慌，極力挑撥段與南京政府的關係。一時間，上海各日文報紙均刊載通電稱：東京消息，聲稱「中俄日『滿』將實行提攜，並稱已得到段祺瑞理解」。對此，段祺瑞向中央社記者表示，根本否認所謂「滿洲國」，更無任何提攜可言。

日本方面仍不死心。不久，日本駐華大使到滬，專門拜訪了段祺瑞。然段再不願貽人口實，雙方僅交談二十分鐘便告結束。其中，固然有段祺瑞尚有愛國心之因，但也與蔣介石對他的爭取不無關係。

西安風雲

蔣介石給何應欽電

一九三六年十二月十二日，震驚中外的「西安事變」爆發。爲造成舉國一致的抗日局面，張學良、楊虎城兩將軍採用「兵諫」形式，武裝扣押正在西安的蔣介石及其隨行的中央文武大員，想以此結束「攘外必先安內」的誤國政策。消息隨著電波傳向中國，飛向世界。

在上海的宋美齡得知蔣介石被拘捕的消息後，猶如遭晴天霹靂，當時就昏了過去。醒來之後，又哭又鬧，哆嗦著手指不停地撥著電話的鍵盤。

這天，蔣氏夫婦剛剛延聘的顧問端納與往日一樣，上午到上海一家外國通訊社通稿，與友人交換情報，下午他回到飯店包住的房間時，看到桌上放了好幾個電話留言，內容都是相同的，要他立即給蔣夫人宋美齡回話。端納料定有要事相告，於是隨即撥通了孔祥熙家的電話，那邊便傳來了宋美齡近乎哭泣的聲音，要他立即過去，越快越好。

剛剛跨進孔祥熙家，宋美齡劈頭就說：

「端納，你讓我們好找！大事不好了，西安已發生兵變！委員長被綁架處死了。」

孔祥熙在一旁焦急地插話道：「是下午四點，軍政部長何應欽從南京打電話告訴我這一不幸消息的。」

端納看著淚眼盈盈的蔣夫人，便勸慰道：

「夫人，先別著急，乾著急也無濟於事。據我個人經驗，我曾是張學良的顧問，與他共事多年，他沒有加害委員長的理由呀！諸位，你們分析分析，他有什麼理由要殺害委員長呢？」

端納繼續分析道：「東北易幟，張學良冒著重蹈父親被害的威脅，擁護委員長，蔣馮閻大戰，難解難分，關鍵時候，他率軍入關，站在委員長一邊，使委員長穩操勝券，幫了大忙，以後幾年，在對日等外交方針上，他雖有被趕出家園，遭國人誤解的痛苦，但他還是擁護委員長的。他最近寫了不少文章，發表講話，要人們擁護委員長，打紅軍也是聽委員長。他與委員長沒有私仇，斷不會出此下策。現在情況不明，不要匆忙結論。或許是士兵鬧餉激變所致。如果西安還在他控制之中，委員長一定還活著。」

一席話，說得宋美齡漸漸平息下來，她一邊拭去臉上的淚，一邊對孔祥熙說：「我們待他不薄，從私情來說，他的夫人與我還認了乾親，他和我哥哥子文，關係也非同一般，外人視同手足，姐夫你也沒有得罪過他，按理說他不會下辣手呀。」

商量的結果，宋美齡、孔祥熙、端納和其他一些心腹朋友決定當晚乘車離開上海，這天夜裡，他們幾乎都未合眼，因爲需要商量和應付的事太多了。

就在端納一行駛往南京的途中，南京亂成了一鍋粥，陷入一片不安和激動之中，許多人叫喊著要採取激烈行動，要進軍陝西，炸平西安。西安方面的謠言連連傳來，有的說蔣介石半死不活，一條腿報銷了，有的說頭已掛在西安城門的東樓上，有的說隨蔣同行的曾擴情的皮已被活剝……

南京的特務系統力行社與復興社連夜行動起來，派人半夜將在南京中央軍校學習的張學良的弟弟張學思抓走，在陸軍大學學習的西北軍子弟劉宗寬被看做楊虎城的親信，也被作爲人質予以逮捕。

外面發瘋似地抓「人質」、尋「抵押」，內部則緊急召開國民黨中央常務委員會及中央政治委員會臨時會議，他們只收到張、楊聯名的通電，提出「改組政府，一致抗日」的八項主張，別的情況如墜雲裡霧中，爭爭吵吵，各執一詞，形成兩種意見，一種認爲，爲「維護國家綱紀」，應當立即興兵討伐；一部分說是要安撫，切不可用兵。直到凌晨三點，才定下一個方案：第一，孔祥熙代理行政院長；第二，改組中央軍事委員會；第三，何應欽負責調配中央政府的軍事力量；第四，免去張學良的全部現職，提交軍事委員會嚴辦，所轄軍隊歸軍事委員會直接控制。接著又電召在德國養病的汪精衛立即回國。

蔣介石給何應欽電

蔣介石被扣，軍政部長何應欽心裡一陣發緊，自從他當年與桂系李宗仁、白崇禧聯手逼蔣介石下野，從此便開始走了背運，深受蔣介石猜忌、嫌棄、冷落，現在蔣介石在西安被扣，如「討伐」救出蔣委員長，他何應欽是「救蔣第一功」。他隨即命令二十個師的中央大軍，向陝西壓進，命令集中在洛陽的轟炸機飛往西安上空示威。

宋美齡一行於十三日上午七時到達南京，聽了軍事討伐的計畫，怒不可遏。在聽了端納的分析後，感到在抗日問題上，張、楊和蔣的矛盾只是抗日的時間問題，既然是時間問題，就可以談判。從張學良的爲人和性格來看，是不會加害蔣介石的。武力討伐，火上澆油，無疑把蔣介石往死路上推。

爲了把事情引向好的方面，端納授意派人與英美使館緊急磋商，通過國際輿論，施加影響。宋美齡爲勸阻何應欽出兵，與其大吵一場，氣急之下，竟破口大罵何應欽「居心不良」。何應欽也惱羞成怒，反唇相譏，斥責蔣夫人是「婦人之見」。

在爭吵之後，宋美齡一面召集黃埔軍官和空軍人員開會，一面又同宋子文、孔祥熙商討營救蔣介石的具體對策。她一再要求，先派可靠而信得過的人出使西安，初步接觸摸底。弄清委座的安全與健康之後，再作打算。

宋氏兄妹動了一番腦筋，認爲端納是出使西安的最佳人選。端納當時已五十一歲了，在中國官場上泡了二三十年，是張學良的朋友和顧問，蔣介石和張學良都尊敬他，信任他。他是目前惟一既與張學良也與蔣介石保持特殊密切關係的人。作爲英國人，端納從他國家利益的立場來說，是主張國共聯合抗日的。因此當宋氏兄妹求他出駕時，端納出於公誼私情，出於道義和友情，慨然允諾。

宋美齡還物色了一個上校軍官、勵志社總幹事黃仁霖陪端納前往。黃仁霖曾在國外鍍過金，講一口流利的英語，頗有組織才能，加之善於迎合宋美齡，於是沒有幾年便總管勵志社的宣傳工作。一九三〇年中原大戰後，張學良援蔣有功，成了蔣的座上賓。每逢張來南京，宋美齡總讓黃陪張一起騎馬，打網球，上紫金山遊樂，交情也非同一般。此次給黃的任務，一是充當端納與蔣介石的翻譯，一是要親眼見到蔣介石，回來報告實情，宋美齡囑咐，黃要多聽端納的意見。

十三日上午八時，宋美齡急電張學良，告以端納擬即日飛西安。端納也同時去電，盼張學良立刻覆電，表明態度。

宋美齡、端納一行又找到何應欽，讓他調撥飛西安的飛機，准予放行。然而何應欽卻極力阻撓端納的西安之行，堅持武力討伐。他瞪著眼睛吼道：

「任何人不能到西安，我們正對西安進行討伐。委員長已經遇難。」

端納毫不示弱：「你說委員長死了，我說他沒死，在真相搞清楚前，你不能進攻，現在我們就要去看看西安的真相。」

最後，南京方面允許端納飛往西安，在端納出使西安期間，可以不進攻，但為期不超過三天。

十三日下午，端納、黃仁霖登上西去的飛機。當晚，飛機在洛陽降落，端納稍事休息

宋美齡與端納合影

後，即給宋美齡打電話，宋美齡在《西安事變》一書中有過回憶：

「端納於夜間由洛陽來長途電話，稱於日落時抵洛，彼處離西安雖只一小時半之飛行，然消息之沉寂，不減於南京。且言是日已有飛機三十餘架在西安上空飛行示威，目的欲告諭叛軍，洛陽飛機場仍在中央之手，以張學良預令其駐洛直接指揮之炮隊佔領機場之命令，其部下實未遵行也。端納復稱，彼不問張學良有否覆電，決於明晨飛赴西安。余於是夜卒得張學良致端納電，歡迎其入陝，於是端納所乘飛機中途被擊之顧慮，始得釋然也。」

宋美齡當夜撥通洛陽電話，告以端納可以西行。十四日下午，端納和黃仁霖從洛陽起飛到西安，他們害怕受到西安方面的截擊，想出了一個辦法，先派出一架軍用偵察機，在西安上空扔下一個信筒，裡面有一封給張學良的信，信曰：

「端納受蔣夫人委託，與黃仁霖乘一架容克飛機前來拜見少帥，如同意，請立即飭人在機場燒起幾堆火為號，指示降落。」

下午四時，飛機飛臨西安上空，繞城三匝，看到城內沒有懸掛紅旗，沒有巷戰，才漸漸安下心來，飛機遂向燃有幾堆煙火的方向晃著翅膀飛去。

端納一下飛機就被軍隊包圍了。這時一輛車疾駛而來，有人高喊著：「世界上只有你一個人能來到這裡。」

端納定睛一看，原來是他的朋友吉米·埃爾德，這位蘇格蘭人是張學良的私人財務總管，他是奉張學良的命令來接端納的。

蔣介石給何應欽電

當端納一行踏上西去之路的時候，在新城大樓的一間屋子裡，被軟禁的蔣介石苦不堪言，他僂著身子，半裹著被子。張學良、楊虎城怕他自殺，便斷了房間的電源。

起先蔣介石以爲終不免一死，就絕食絕水，又冷又餓，加之兵變時，慌亂之中逃跑，五間廳門鎖一時打不開，穿著貼身衣褲越過十尺高的牆跳入深溝，扭傷了腰，丟了假牙，掉了鞋子。爬出後好不容易躺到驪山半腰的大石頭旁。天亮被發現時，他已被驚凍了半夜，現在傷痛難忍。

看到張學良不會殺他，才開始進食。由於被囚禁，消息不通，蔣介石以爲兵變是張學良一人所爲，楊虎城不知其事，自己住在楊虎城管轄的新城大樓是安全的，所以當張學良爲緩和緊張關係，爲能與蔣介石更方便地談話，同時也使蔣的居住條件更舒適些，多次請蔣搬到東北軍第八十四師師長高桂滋的公館時，遭到了蔣介石的粗暴拒絕：

「我決不遷往他處，如你不能送我回洛陽，我就死在此地，這是西安綏靖公署所在，我是行政院長，所以絕不能離開此地。」說完，臉又扭向牆壁，再也不發一言。

十四日晨，張學良又去探蔣，重提搬家之事，仍遭蔣之拒絕，直到張告之端納即將西來，蔣介石才轉過身來，眼睛裡露出了希望，口氣也開始活動了，他慢吞吞地道：

「搬遷之事，待端納來後再談吧。」

後來，蔣介石在《西安半月記》中這樣寫道：

「張突出端納之電示余，謂端納即將來此。端納者，外間常誤以為政府所聘之顧問，實則彼始終以私人朋友資格常在余處，其地位在賓友間，而堅不欲居客卿或顧問之名義。此次乃受余妻之囑，來陝探視余之生死者也。余告張以端納到時，可囑來見。張仍力請余允其移居。余不欲與之多言，僅謂遷居時，待見端納後再說。」

由此可見，蔣介石也盼著端納的到來。

就在蔣介石望眼欲穿的盼望中，端納和吉米・埃爾德正乘車前往張學良公館的路上，端納抓緊時間盡可能地多瞭解一些情況。

「這裡出了什麼事？」

「他們扣留了委員長。」

「他還活著嗎？」這是端納最關心的事。

「當然活著。」埃爾德告訴端納。

端納、黃仁霖被引進張學良公館，一臉疲憊和憔悴的少帥伸開雙臂，緊緊摟抱著端納，感慨道：「早就盼望你的到來。」

「我是不請自來，多管閒事。」端納半真半假地說。

「你接到我的電報沒有?事件發生後，我就拍去了電報。」

「我是離開洛陽前才聽說這個電報。」

張學良氣憤地說：「一定有人搗鬼，把電報扣押了。南京盡幹缺德事！」

端納笑笑：「這我知道。你一向可好，看來你這裡出了什麼麻煩事。」

站在一旁的黃仁霖走上前去，口氣裡不無討好和恭順：「副司令，蔣夫人派我來，要我看看委員長的情況，給端納先生和委員長交談時當當翻譯，我聽候您的安排。」

張學良臉色沉了下來：「作爲朋友，你隨時可以到我這兒來，現在不是平常的社交拜訪，我現在這兒很多問題纏身，有些事你不明白，見委員長的事，不是我一人能決定的，要由我們的設計委員會決定。你不要太爲難我。這樣吧，你先去休息休息再說。」

他一揮手，已有副官進來，請黃仁霖出去。

黃仁霖還想囉嗦，副官已不耐煩，連推帶搡，把黃仁霖請進另一間房裡，門「砰」的一聲鎖上了。

端納苦笑了一下，說：「我知道你的爲人，要麼不做，要做就是石破天驚。可這次捅了天大的簍子，這到底是怎麼回事？」

「這都是委員長逼的。」端納的話撩起了張學良的滿腹憤怒和委屈。

他從東北軍將士不願打內戰，不願打共產黨，講到軍隊撤離東北，東三省拱手讓給日本人，再講到自己背上一個「不抵抗將軍」罵名的心中不平。

張學良滔滔不絕講了許久，最後又特別強調：

「只要委員長抗日，停止剿共內戰，我們還擁護他的領導。他一再要我們殺死他，而我們並不想傷害他。我們現在爲他在別處租了一套有電熱氣的房子，希望他能搬進去。」

端納明白了：西安發生的事不是少帥的一時衝動所致，還有楊虎城的聯合行動，在見委員長之前，最好應該見見楊虎城，聽聽他的看法。

在吉米・埃爾德參與和翻譯下，端納與楊虎城將軍進行了短暫的會談，對扣蔣一事進行了勸告，說這時國內外輿論會產生不好影響。爲了中國的團結，應該放了蔣，不要讓日本人有機可乘。

端納站在英美諸國的立場，自然是反對武力解決「西安事變」的。在聽到張、楊兵諫的真實目的是逼蔣抗日後，他更樂意從中斡旋，以早日解決這猝發的事變。

蔣介石終於盼來了端納。當端納在張、楊陪同下來到面前時，他被這位異國顧問的真摯友誼感動了，淚水無聲地溢了出來。蔣介石後來在《西安半月記》中寫道：

「端納來見，以一異國人而不辭遠道冒險前來省視，其忠義足令人感動。」

蔣介石連連說道：「我知道你會來，我知道你會來。」語氣中充滿欣慰和感激。沒有任何客套，端納簡單地詢問了蔣介石的身體狀況後，拿出一封信：「這是夫人給你的。」

蔣介石用顫抖的手打開信，熟悉的字體映入眼簾，上面寫道：

夫君愛鑒：昨聞西安之變，焦急萬分。竊思吾兄，平生以身許國，大公無私，凡所作為無絲毫為自己個人權利著想，只此一點，寸衷足以安慰……目下兄所處境況真相若何，望即示知，以慰焦思。妹日夕祈禱上帝賜福吾兄，早日脫離惡境。請兄亦祈求主宰，賜予安慰。為國珍重為禱！臨書神往，不盡欲言，專此奉達，敬祝健康！

妻宋美齡

廿五年十二月十三日

讀罷此信，蔣介石喟然長嘆，一種很少體察到的人情滋味撲入心頭，令他久久品味不已。此時他懂得患難夫妻的含義。蔣介石關切地問：「夫人還好嗎？」

端納向前一步說道：「夫人很好，我這次是受夫人委託而來的。剛才與漢卿會談，所幸的是，張、楊兩將軍並沒有傷害你的意思，只要你接受他們的主張，他們仍忠心擁護你的領導。我認爲這個主張不僅是兩位的主張，也是中國人的主張，先生如能接受這個主張，中國幸甚，先生幸甚。許多外國友人也都這樣認爲。」

說到這裡，端納頓了頓，觀察了一下蔣介石的反應，然後接著道：「蔣先生如接受了，今後將變成個這樣大大的偉人！」端納以手指天，「要是不接受，今後將變成這樣小小的矮人。」他又俯身抹地，比畫著。

夫人的一封信，端納的一番話，讓蔣介石的臉上浮出了幾分活氣。但令他吃驚的是，楊虎城也捲入此事，楊與他素有芥蒂，其關係遠非如少帥可比，且爲人深沉老辣，在楊虎城的轄區，生命不能確保安全，因此，當端納提出搬遷時，他沉默了一會兒，從牙縫中蹦出三個字：

「跟你走。」

蔣的新居是東北軍師長高桂滋的公館，在張學良公館的斜對面，他們成了鄰居。這裡不僅條件舒適，而且地勢易守難攻，守衛又換成了張學良的親信心腹，蔣介石放心了許多。

經端納要求，張學良同意他與蔣介石住在一起，由埃爾德任翻譯，端納仔細地介紹了南京發生的一切。

「夫人信中所說『戲中有戲』是什麼意思？」蔣介石問。

「政府中並非人人都想委員長平安回去啊。」端納意味深長地指點他。

蔣介石頓時感到了時局的危殆和人心的不可測。如果政府進行軍事討伐和飛機轟炸，他的生命安全都成了問題。

蔣介石的精神開始崩潰了，他開始收拾起對張學良的粗暴，同意平靜地聽取張、楊的八點主張，討論國家所面臨的問題。這就爲和平解決事變創造了條件，蔣介石也適時找到下臺的臺階。

蔣介石後來回憶這場會談時，寫道：「端納自請與予同住，余允之。」端納堅請搬遷新居，「余不忍拂之，遂以下午移居於高宅。當時細思，張如此一再堅請余移居，終不明其故，或彼以余住新城，乃在楊的勢力範圍內，時久恐見余與楊接近，則彼無從作主歟？」「張退後，端告余以事變發生後中樞之決議及處置，對叛逆已決定討伐云云。」

蔣介石絕不放棄他政治家的手腕，爲了爭取張學良，與端納會面當晚，他就讓端納將他的日記送給張學良看，日記中不乏「抗日」的字眼，這一招果然靈，張學良看後，以爲

蔣介石給何應欽電

「蔣先生一直在秘密準備抗日戰爭」，表示要以新的眼光看蔣介石。端納則加緊說服張學良還蔣介石自由。

當晚，端納打電報給宋美齡，使她多天高懸的心落了地。宋美齡稱端納電報是「始發現第一次希望之曙光」，「確證余主張之無誤，蓋謂端納自西安來電，報告委員長平安，居處甚適，彼正隨時在側。該電覆稱張學良亟盼孔部長赴西安，尤盼余偕行」。

但是，也有人對端納來電表示懷疑，認爲「叛部計畫異常險惡，以爲委員長不死亦必身陷險境」，或言「端納來電，實迎合西安心理，欲誘孔部長入陝，多一重要作質者，以加厚其談判之力量矣」。他們甚至振振有詞：爲什麼是電報而不是電話，抑或他人僞發，或端納遭到脅迫也未可知也。

由於缺乏準確的消息來源，國內以至國際方面，都處於猜測之中，一時各國的報導充斥謠言和妄測，有的報紙頭條報導蔣已被殺，頭就掛在電線桿上；有的說張學良又在吸毒，不能自制，隨意發瘋似的殺人，西安血流成河；有的說士兵發生暴亂，殺了不少外國人。

爲正視聽，十四日晚，端納對記者發表講話，並給《紐約時報》、《泰晤士報》、路透社等通訊社發去電訊，介紹西安的情況：「蔣介石仍健康安全，張、楊此番舉措，純爲救國主張，絕無對人之意，余甚欽佩……我返京之日，當將此間情形轉告京滬各界。」

十五日下午，端納去洛陽給宋美齡打長途，報告西安情勢，宋美齡事後追憶道：

「突得端納由洛陽打來長途電話，誠令余驚喜欲狂。蓋端納於是晨冒惡劣之氣候之危險，飛抵洛陽，直接告我以西安之真相。彼以簡短之言辭，敘述全局，謂委員長並未受苛刻待遇。端納到達後，委員長已先遷入較舒適之房屋；斯時，委員長始初次與張學良談話，惟怒氣仍未息，張表示決隨委員長入京，蓋彼自承認舉動雖錯誤，然動機確係純潔；張盼余入西安，亦盼孔部長同行。」

端納在電話中著重說明張、楊的善意和蔣介石的安全。因何應欽發佈了「討伐令」，派飛機在渭南、華縣一帶肆行轟炸，宋美齡又害怕起來，便在電話中告訴端納：「軍事長官已決定立即進攻西安，你回西安，可能會遇危險，你應設法轉告委員長。」

端納何等聰明，立即聽出了蔣夫人的弦外之音，南京的局勢顯非宋美齡能夠控制，否則就不會有「討伐令」之說，雙方一旦兵戈相見，蔣介石的性命立即岌岌可危，其中肯定是何應欽在做手腳，他利用南京與西安消息隔絕，鼓動軍隊進攻西安，並舉行所謂「白衣誓師」，極欲燃起戰火。以當時何應欽之地位、影響，除非蔣介石命令，任何人也攔不住他的，所以宋美齡要他將這一切迅速告訴蔣介石。並囑咐，不要再拍發任何新聞電報，對外界保持沉默。

到了夜間，宋美齡忍不住又摸起電話，再次叮囑端納，無論如何請蔣下令制止何應欽的軍事行動。她還告訴端納，孔祥熙不能去西安，因爲他是政府代理首腦，請向西安方面徵詢，是否可派宋子文和委員長的親信，時任貴州省主席的顧祝同代替孔祥熙去西安談判。最後，她用堅定的語氣說，南京軍事領袖極力阻止她去西安，「但誰也攔不住我的」。

十六日，端納從洛陽回到西安，立即向蔣介石轉達了夫人的口信，特別強調要停止軍事進攻，否則將不可收拾。端納心有餘悸地說：

「我從洛陽登機時。看到機場上足足有二十多架轟炸機停靠著，每架都裝上炸彈待發。我升空後，它們也起飛逐架尾隨，上下左右，不時盲目扔炸彈，有的落至空地，有的落在鐵路車站，就差落到我的機頂上了。我想，這肯定是南京那幫人幹的。」

站在一旁的張學良軟中帶硬地說：「何敬之（何應欽字）這位老兄，是以爲我們保護不了委員長，來替我們承擔責任了。委員長出了事，有個三長兩短，可不能說我們沒盡到責任。」

蔣介石心裡一緊，仔細體會張學良話裡的味道。

端納也提醒說：「蔣先生萬萬不可大意噢！我怕你的部下打起來，殺紅了眼，來個玉石俱焚。」

蔣介石一語不發，走到桌前，揮筆寫下一紙短函：

蔣介石給何應欽電

敬之吾兄：聞昨日空軍在渭南轟炸，望即令停止。以近情觀察，中正於本星期六前可以回京，故星期六日以前，萬不可衝突，並即停止轟炸，為要！順頌戎祉。

中正手啟

十二月十七日

蔣介石用手指指這封信，內心十分自信，何應欽雖然有不軌之心，但尚不敢公開和他抗拒，再說黃埔系軍人對他是絕對忠誠，見字如見人，沒有人再會輕舉妄動的。

這封信寫得也很見水準，把停止轟炸時間限爲星期六，充分展示了蔣介石政治上的老到，這樣可以從心理上利用何應欽給西安方面施加壓力。

根據蔣介石的提議，這封信由隨蔣扣押的大員蔣鼎文送往南京，張、楊從大局出發，同意了這一要求，並歡迎宋子文、顧祝同、宋美齡來西安商談。

端納隨即將這裡的情況電報給宋美齡，宋的心情輕鬆起來，認爲這是「避免武力求和平解決之希望，又微露一線光芒」。她後來寫道：

「蓋是晚接端納來電，稱已抵西安，向委員長及張學良轉達我電話中的意旨，今西安將領已歡迎子文與顧祝同之入陝矣。於是余以和平方式營救委員長出險之主張，始得第一步事實之佐證。」

蔣鼎文於十八日乘飛機到達南京，向何應欽遞交了蔣介石的短函。關於出使西安的代表，也是各人有各自的打算，顧祝同害怕到西安被扣，拒絕前往。宋子文於公於私，都願一行，但何應欽藉口不願以政府的名義而拒絕宋的西安之行，惹得宋子文大發雷霆，宣布不以政府名義，而以一個公民的私人身分到那裡去，何應欽無話可說。

但是，何應欽畢竟把宋美齡給攔在了機場，但是他也有讓步，就是如果宋子文三日內不回南京，她就可以去西安，開火的時間也可延長到三天以上。蔣介石虎病不倒威，那封短函還是有震懾作用的。

蔣介石給何應欽電

二十日上午，宋子文抵達西安，在端納、張學良陪同下與蔣相見。蔣記敘道：那時，「握手勞問，悲感交集，幾不能作一語」。稍許，「子文示意，張及端納外出，被獨留余談話」。蔣介石和宋子文密談，得出一個共同結論，最嚴重的威脅不是來自「叛軍」，而是來自親日派。

蔣宋密談約半小時，宋子文接著又和張學良、楊虎城交談，瞭解了東北軍、西北軍和共產黨三方確定的和平解決「西安事變」的方案。

當天晚上，宋子文又去見蔣，並勸蔣說：「處置此事，應從國家前途著想，切勿計慮個人之安危。」勸說蔣「同意叛軍提出的最重要的幾項要求，改組政府，建立抗日統一戰線，防止內戰」。

宋子文在確信能找到一條打開僵局的出路後，第二天便返回南京，向中央報告西安情況。

爲了說服南京軍事集團，使他們確信事件可以和平解決，西安方面認爲有必要專門派人到南京介紹西安的情況。黃仁霖本來是最佳人選，但由於發生一點意外，黃仁霖被扣，這個任務就只有端納來完成了。

黃仁霖原先肩負宋美齡要他瞭解蔣介石安危的使命，本想好好表現一下，不辱使命。誰知剛到張公館，就被軟禁起來，一連幾天，黃吵吵嚷嚷，要見蔣介石：

「不讓我見委員長，我怎麼知道他還活著，這樣我怎麼回南京向蔣夫人彙報，我總不能說連見都沒見上一眼。」

張少帥見黃說得也有道理，考慮楊虎城有約在先，不得隨意讓外人與蔣接觸，於是想了個折衷辦法，說黃可以見蔣，但不能讓蔣知道。張學良讓人將蔣介石房間門上的一小塊白粉去掉，露出一個窺視孔，黃彎下腰從小孔往裡看，後面一個人用槍頂著他的後背，不許他出聲，黃看到蔣介石躺在床上，肩靠枕頭，不時地翻動，確信蔣介石還活著，心情愉快了很多。很快，他被拉走了。

端納見此情況，有意識在與蔣交談時說漏嘴，讓蔣知道黃仁霖也來到西安，遂堅持黃仁霖來見，張學良起先不願，經端納說服，方允其請。蔣介石記敘道：

「余甚盼黃仁霖來見，俾可攜余手函致余妻。張來時，余以此意告之，張不欲黃來見余，恐其察知余在此間被嚴密監視形同囚繫之真情，而歸告中央。故令黃候於機場。對余言『有信可派人送至機場交黃帶去，因天氣不佳，恐飛行誤時也』。余對此等舉動，意大不悅，遂不與之言，亦不作函。旋端納出告張，責其不應如此。張乃使黃來見余。」

張學良其實並不擔心蔣黃相見，而是擔心黃會帶走不利事變善後的蔣介石指示。果然，會見後，張從黃口袋中搜出蔣介石給夫人的手函，其中有語云：

「請夫人決不來陝。」

顯然，這是蔣介石為宋美齡安全著想，也反映了他們伉儷情深，但此時張、楊正請宋美齡來陝會談，此信若帶入南京，必將干擾事情的解決。張學良勃然作色，重將黃仁霖扣押，不予放行，委屈了這位老朋友。

在宋子文起飛返往南京不久，端納便乘機飛往南京，飛機在沿黃河谷飛行時，一部引擊發生故障，停止轉動。飛機只得迫降在積雪的荒坡上，端納虛驚一場，廿一日，端納改乘飛機到達南京。

端納向南京黨政軍要員以及輿論界介紹西安的情況，分析了張、楊兩將軍的心態和處境，指出和平解決已現曙光，如動用武力，結局將不堪設想。他更擔心楊虎城將軍的態度，希望南京方面從速妥善解決。

端納的這番評論是有道理的，幾十年的中國官場政治圈的滾打，使他對中國的情況比其他外國顧問有更深刻的瞭解。楊虎城與張學良的出身、經歷和地位都不相同，因而在認識和對待蔣介石的態度上也會不同，楊是土生土長的地方軍人，而且西北軍實力遠沒有東北軍那樣強大，他也沒有張學良與蔣介石那種親密關係，他只能在中國各種複雜的政治矛盾和妥協的縫隙中小心翼翼地求生存。

楊虎城為人持重，考慮問題複雜，與蔣長期共事，深知其為人。捉蔣容易放蔣難，輕易放蔣，如縱虎歸山，日後必遭報復。張學良影響大，或許被諒解開脫，而他就沒有這個條件。因此，在時機不成熟、要求不滿足的情況下，他是不會輕易放蔣的。楊自感力量不夠，於是就會聯合共產黨來解決事變。

端納還引用張學良的話，向人們解釋他發動「西安事變」的愛國意圖：

「當委員長回到南京時，我將隨同前往，準備接受人民的審判。如有必要，我要向世人說明我為什麼這樣做，我想，當我的意圖公佈於眾之後，人民是會站在我一邊的……」

南京方面釋然了，他們已經基本上看清「西安事變」的發展趨向，何應欽又開始重新向宋美齡討好，這次，他再也不阻攔宋美齡去西安了。十二月廿二日，端納陪同宋美齡、宋子文、蔣鼎文以及軍統頭子戴笠一行，離開南京，前往西安。

宋美齡的疑慮畢竟未能全部打消，她帶著存放衣物的皮箱，還帶來兩個傭人和廚師，因爲害怕別人下毒。據說，張學良有一次在蔣介石的餐桌上中過毒，險些喪命，她害怕張學良回敬一下，她不準備冒這個險。

當他們途中停靠洛陽吃飯時，當看到機場停滿了裝滿彈藥的轟炸機時，她命令這裡的指揮官「沒有委員長的手令，一架飛機也不准接近西安」。

飛機終於在西安機場降落了，宋美齡神經陡然地緊張起來，她把一支手槍塞給端納：「如果有士兵動武，就請把我打死。」

端納笑笑：「夫人，沒有哪個兵敢動你。」

端納告訴夫人，對張、楊兩將軍應保持不卑不亢、從容大度的態度，就好像什麼事也未發生過一樣。

下飛機後，宋美齡打點起十二分的精神，含笑與張學良、楊虎城握手致意，寒暄中，她不失時機地請求不要檢查她的行李，張學良滿口應承。

在與蔣介石見面時，宋美齡表現了極強的自制力，她記敘道：

「余入吾室時，彼驚呼曰：『余妻真來耶？君入虎穴矣！』言既，愀然搖首，淚潸潸下。余強抑感情，持常態言曰：『我來視君耳。』蓋余知此時當努力減低情緒之緊張。……吾夫述十二日晨經過情形，感情衝動，不能自持，余即溫慰之。出聖詩就其榻畔

蔣介石給何應欽電

誦讀者有頃，始見其漸入睡鄉……」

接著，宋美齡與張學良進行了會談，充分展示了她的談話技巧與藝術，很快地操縱了少帥的情感，促使他早日放蔣。廿三日起，張學良、楊虎城、周恩來與宋子文開始了談判。周恩來提出的中共六項主張（即雙方停戰，改組政府，釋放政治犯，停止剿共，召開各黨派各界各軍的救國會議，與同情抗日的國家合作）被作爲談判的基礎。

張學良在談判期間，徵詢宋美齡的意見，問她是否願意跟周恩來見面，她一時拿不定主意，畢竟敵對十年沒有講過話。她問端納，她是否去見面。端納則回答道：

「那還用說，你應該去見他。」

十二月廿四日，宋美齡參加了與周恩來等人的談判。

爲使蔣介石接受和平解決「西安事變」的條件，周恩來還親自與蔣介石面對面會談過，說得蔣介石連連點頭，說：

「我們不應再打內戰。」

「我們一直在交戰，而我經常想到你，甚至在戰爭中我也記得你，我們曾有過很好的合作，我希望我們能再次合作。」

不過，蔣介石一開始是不願見周恩來的，尤其是在這樣的情況下，是端納等人勸說才同意的。斯諾在《紅色中國雜記》中記敘：「在此之前，蔣一直拒絕見他。主要是蔣夫人，還有端納和張學良說服了蔣。」

西安事變和平解決，因素很多，宋美齡後來這樣評價道：

「西安的局勢是……端納先生奠定了基礎，宋子文砌上了磚，而苦上房頂的則是我。」

而端納認爲，「西安事變」和平解決，使蔣介石得以生還的最關鍵人物是周恩來。一九四五年二月八日，《紐約時報》發表了記者採訪剛從菲律賓呂宋島日本集中營解救出來的端納的談話，他說道：

「周恩來……實際上是一九三六年西安事變中的最關鍵人物，是他把蔣將軍從綁架中解救出來的。」

因爲當時談判雖達成協議，但蔣介石不肯簽字，楊虎城等人堅持要蔣介石寫書面保證，否則，蔣一回南京，肯定要報復。

爲此，張、楊兩將軍發生了激烈的爭吵。東北軍和西北軍將領們的情緒更難平復，堅持要蔣介石簽字，否則，就不讓走。是周恩來向楊虎城等人反覆闡明各種利害關係，終於說服楊放棄蔣介石簽署書面文字的要求，解了蔣介石的尷尬。

一九四〇年耶誕節，蔣介石在重慶邀請周恩來吃飯，端納也在座，「委員長感謝他的客人曾在西安挽救了他的性命」。蔣介石還說周恩來是他認識的「最通情達理的共產黨人」。

「西安事變」和平解決了，蔣介石又回到了南京，張學良則處於長期監禁之中，但國共之間的戰爭畢竟停止了。對日作戰的準備終於全面鋪開，從這個意義上來說，「西安事變」在中國現代史上也具有里程碑的作用。

見利忘義

蔣介石與希特勒來往信函

眾所周知，希特勒是一位狂熱的種族主義者，在他眼裡，除了猶太人，還有其他有色人種，都是「低劣的種群」，然而，對於中國人，他卻是尊敬有加，認為中國人是「特殊的，不同一般的人種，理應享受更多的權利」，是「有一些文明的人種」。

當然，作為第三帝國的領袖，希特勒對中國的好感也是從自身利益進行考量的，其根本的目的在於擴大在亞洲及對中國的影響，從中獲取巨大的戰略資源。特別是他瞭解當時蔣介石政權對於法西斯體制下的德國充滿了景仰並有意效仿，更是增加了一種心理上的認同感和滿足感。

同樣，蔣介石對德國外交的重視，也源之於利益上的需求，「中山艦事件」發生後，蔣介石開始對蘇聯產生惡感。其時，廣東政府偏居一隅，英美諸國尚視其為「南赤」，壓抑之，打擊之。爲了在外交上打開困境，特別是急迫地獲得高素質的軍事顧問和專家，蔣介石將目光率先轉向了德國，以尋求新的合作。

更由於德國因第一次世界大戰的失敗而失去了列強的地位，因此雙方的這種合作完全是在平等的基礎上進行的，而不附帶政治上或國家利益上的索取。另外，在心理上，蔣介石對日爾曼人所具有的認真、嚴肅、執著以及遵守紀律的民族精神尤衷地欣賞，認爲引進這種精神正是改革當時中國動亂貧窮社會的良方。所以，德國名相俾斯麥一直是他崇拜的偶像，而希特勒的橫空出世，則被認爲是俾斯麥「鐵血統治」的延續。因此，他認爲中國需要這樣的人物，對於法西斯主義心神往之，以期幫助建立中國式的獨裁統治。

因爲雙方的利益契合，上個世紀二三十年代，中德關係進入到了蜜月期。

希特勒

然而中德之間的合作，卻是在各種羈絆下進行的，由於德國作爲一戰中戰敗國，受到種種限制，以及後來德日之間的關係，中德的合作總是在帷幕的後面悄悄地進行，以至於長期鮮爲人知。

中德之間的合作最初主要在軍事領域中進行，而向中國派遂高等級的軍事顧問則是最引人注目的內容，馬克斯・包爾、赫爾曼・克里拜爾、喬治・佛采爾、漢斯・馮・賽克特、亞歷山大・馮・法肯豪森——這些如雷貫耳的名字，德國軍界的精英相繼進入了中國。但是，他們的能力不可低估，對當時中國社會的各個方面，尤其是軍事領域，起到了相當重要的作用，猶如一柄柄被遮掩住光芒的鋒刃，隨時都可能作出驚人一擊。

隨著希特勒的上臺，這種合作的力度也隨之加大，並逐漸擺脫了一戰後戰勝國給予德國的各種束縛，開始向其他領域延伸。在經濟方面，發展和擴大對華貿易，從中國進口其所急需的鎢、鉛、銻等稀有礦產以及花生、棉花、棉布、麻、豬鬃等農產品，而德國的軍火也源源不斷地運向了中國。

在蔣介石軍事顧問塞克特的牽線下，由顧振爲團長的中國代表團在德國進行了大範圍的採購。爲此，希特勒於一九三六年五月十三日特致函蔣介石，表示對兩國關係的滿意：

（德國領袖兼總理用箋）柏林五月十三日

蔣委員長勳鑒：塞克特上校轉來去年十一月二十三日大函一件，至為欣感。鈞座決定與鄙國友誼合作，以實施建國事業，尤希所引為幸慰也。希與鈞座勳業傾仰已久，關切亦深，尤願竭盡綿薄，以資推進之助。

中德兩國之貨物互換，實給予兩國經濟進展以莫大裨益，獲蒙鈞座異數關懷，謹為申謝。

貴代表團由顧振先生之領導，希獲與之接席勞問，籍審鈞座對於經濟合作之感想，鄙見亦同，並深信兩國互相合作所應有之先決條件已根本具備，而兩國密切友誼結合，必給予吾兩民族以莫大福利，是以希對於此次之良好結束至為慶幸者也。謹布尺楮以表欣感。倘鈞座不遺，尚希接受敝國國防軍之榮譽寶刀一柄，藉表希個人敬仰鈞座及貴國之微意。

綏祺

專此敬頌

希特勒（簽字）謹啟

德國軍方也乘熱打鐵，派出了德國國防部長柏龍白的助理，希特勒的親信馮・萊謝勞將軍訪問中國，與蔣介石會談。爲此，國防部長柏龍白連續致信蔣介石。

第一封信寫於一九三六年五月十九日，全文如下：

敬呈南京中國國民政府行政院長、委員長蔣委員長鈞鑒：

克蘭先生將於日內偕同萊謝勞將軍連袂出國，以貢獻其能力於中德合作事業。關於萊謝勞將軍之赴華，前曾函呈鈞座，以為先容。已簽訂之貨物互換合同，實賴克蘭先生為之奠定根基。而鈞座遣派之顧振代表團之一切經過，克蘭先生贊襄協作之力尤非淺鮮。用敢敬懇鈞座於克蘭先生旅華期中不吝雅愛，仍畀予信任，酌採其宏富經驗，不惜提攜維護，以促其工作之完成也。

謹佈景慕，敬頌

鈞安

柏龍白。

蔣介石與希特勒來往信函

第二封信寫於五月廿六日，爲了讓蔣介石引起重視，柏龍白專門介紹了萊謝勞將軍。

委員長鈞鑒：敬啟者：敝國領袖兼總理已派定敝國第七軍軍長萊謝勞中將來華報聘，冀使鈞座與克蘭先生間已形融洽之各項磋商得正式繼續，而鈞座與敝國政府間之政治與經濟合作獲有進展也。

我所確信，萊謝勞中將久在我國防部及前敵行營任參謀長多年，必有為鈞座勝事及國防經濟諸問題諮詢贊襄之任知如往日也。敬請鈞座畀以無限信任，則幸甚矣。

萊謝勞中將現為我國最大軍區之司令官，我國國社主義政府下之各項任務都很繁雜嚴重，以待解決。久在鈞座嚴察之中，事勢所迫，萊謝勞中將很難長期留在中國聽候調遣，這是我引為深惜的。但我相信，兩國的友好交往日益密切，什麼問題都可以在此期間從容獲得圓滿解決。

在第三封信中，柏龍白說要送給蔣介石三輛汽車，一輛與德軍元首兼總理希特勒檢閱軍隊時所乘車一樣，另兩輛爲德國國防軍的偵察車。而車將於日內運華，呈交鈞座。

一九三六年六月，中國南方進入了炎熱的夏季，而綠木環繞映掩的古城南京，卻表現出比夏天還要熱上許多的熱情，德國國防部部長助理萊謝勞中將到達南京，受到了國民政府的熱烈歡迎。

在軍事委員會大禮堂舉行了隆重的歡迎儀式，軍樂隊奏響了中德兩國國歌。個頭很高，身著白色軍禮服的德國第七軍軍長萊謝勞中將，向蔣介石贈送了汽車三輛和德國國防軍榮譽軍刀一把；向孔祥熙授予德國國防紅十字勳章。

萊謝勞隨即發表了熱情洋溢的講話，盛讚中德雙邊關係的發展及取得的成就。隨後，由國民政府與德國政府通過談判，達成德國向中國提供一億元軍需品的條款，用飛機、高射炮、裝甲車換取中國的桐油、銻礦、鎢礦、錳礦產品，以及機械工業原料交換農產品花生、大豆等協議。在萊謝勞主持下進行了簽字儀式。

蔣介石與萊謝勞將軍在馬標的中央軍校禮堂，就中德雙邊合作中的諸問題以及中國軍備重整、軍重工業發展等問題，進行了長時間的會談。

萊謝勞認爲中日之間難免一戰，建議中國「效仿德國整軍的經驗，成立六十個國防師，編制與裝備全採用德國式，由德國派遣現役軍官逐漸取代目前的顧問團。」

但是蔣介石卻是不無擔心：「德國現役軍官來華，必會引起日本方面的干涉，不知貴國是何打算？」

萊謝勞說：「我認爲德國政府有能力說服日本放棄對中國的侵略政策，聯合德國一致抗俄。日本侵華也會對英國利益產生威脅，英方必然會支持德國幫助中國整軍備戰。」

萊謝勞在中國的報聘工作一直到八月份，他在中國各地城市進行訪問時，親眼看到日本軍人和浪人在各地的活動，作出一個大膽的預言：「危險也許在半年之內就會發生。德國需要幫助中國反對日本的霸權。」

是年九月七日，蔣介石爲了促進中德全面合作關係致函希特勒：

希特勒總理大鑒：荷蒙榮寵，特命萊謝勞將軍聘使來華，無任欣感。萊將軍臨貺敝邦，不獨以地位見重，其丰采精神，宏猷碩劃尤足為兩國所利賴。余於其行旌旦暮西指，實不勝悵惜之情。

信使傳來藉審臺端對於中德合作之感想，至堪欣慰。拙見主要方針已為萊謝勞將軍面道梗慨。萊將軍當能向台端面達於縷也。貨物互換合同不過為吾兩國合作之基礎，余極望其進展程度遠超出此現有範圍。敝方現已開始樹立經濟組織機構，以求提高農產品及礦產效率開發富源。今後中國供輸貴國原料之可能性亦必繼續增高，必使此供輸貴國之數量為貴國所重視也。為求目前實施開始起見，已令飭所屬准於本年內供給貴國以三千萬華幣計值之貨物。

蔣介石又向希特勒講述中國的國防問題，這也是他目前最爲關心的話題：

中國國防建設期在實施，故中國原料之必須巨量供給貴國，余亦熟慮已久。今茲西南兩省歸附中央，中國之統一遂得圓滿實現，內政建設不惟刻不容緩，更須加緊實施，尤須於政治經濟思想各方面與貴國攜手合作，以助他山。

萊謝勞將軍對於建國行政以及國防組織、軍令更新所建議各點，後者尤屬重要，余甚感謝，並已採納，令飭施行。

貴國首需有一軍政學識宏富之高級參謀軍官派遣來華，以資襄助一切革新工作之實施。余切望中德合作大計隨時有工作實效之為保障，而兩國信使往還交歡樽俎亦永如今日之盛況也。

前蒙賜予貴國國防軍榮譽寶刀一柄，以表袍澤精神親善正意，高懷遠識，良用拳拳，謹此布覆。敬頌

勳綏　祝貴邦安福

蔣中正

由此可見，蔣介石對中德關係的重視，並希望能夠在原來的基礎上得到更大規模的發展，拓展到經濟、政治、軍事等各個範圍，爲日後可能爆發的中日之戰作好準備。

然而外交關係的準則讓蔣介石寒了心，從來都沒有永遠的朋友，只有永遠的利益。希特勒讓蔣介石懂得了什麼是見利忘義。就在中德關係進入了蜜月階段，中日戰爭卻爆發了。

希特勒一度左右爲難，因爲德國已與日本簽訂了《反共產國際協定》，結成了政治上的同盟。所以，在戰爭之初，德國決定採取中立政策，調停戰爭。對於德國政府對戰爭的態度，蔣介石曾約見德國駐華大使陶德曼。

蔣介石希望希特勒能拿出高壓政策壓迫一下日本，他說：「中國對德國在中日事件中

的態度十分關切，希望德國能夠使用德國和日本反共協定中的有關條款來約束日本侵略中國的行動。」

陶德曼聳聳肩，表示德國對日本的影響有限，因爲「德日反共協定中，沒有對日本侵華行爲可實行約束之基礎條款，德國因此只能有與日方商議出面調停的可能性而已。」

在日本人持續的壓力下，一九三八年二月二十日，希特勒在國會中公開發表袒護日本的演說，宣布承認滿洲國，引起了國民政府的抗議。四月廿七日，德國外交部國務秘書魏茨澤克召見中國駐德大使程天放，通報了德國政府的最新精神，即德國對中日戰爭維持中立，故不願有軍事顧問留在中國。

五月廿三日，德國駐中國大使陶德曼約見中國外交部長王寵惠，正式提出：

「德國元首希特勒現在決定對於中日戰爭絕對恪守中立，希望中國政府允許德國顧問解除契約，准其一律回國。德國對蔣委員長及中國政府近年來在建設事業和反共方面的成績表示敬佩，但各國報紙宣傳德國顧問幫助中國作戰，這對德國政府所定國策有所妨礙，故不得不召回在華顧問。」

至此，中德關係進入了冰封期。

以水代兵

蔣介石給程潛電

台兒莊戰役之後，侵華日軍急欲報復，以重新找回自信的感覺。集合於徐州的北線日軍，沿著隴海路向西進犯，直逼歸德、蘭封之線。日軍統帥部計畫，北線主力沿隴海線西進，奪取鄭州後，再沿平漢路南下武漢。

同時，其華中方面軍溯長江而上，作爲輔攻，準備在武漢四周圍殲中國軍隊主力。

一九三八年五月二十日，日軍土肥原師團（第十四師團）渡過黃河，直攻菏澤。同時，該團右縱隊集結一萬餘眾，炮百餘門，戰車百輛，猛撲蘭封。九島師團也隨之攻入豫東。蔣介石最擔心的事就要發生了。早在一九三七年十月十六日，徐永昌和蔣介石會商軍情後，曾得出一個共識，徐在當天的日記中記載道：

「蔣先生以爲：敵越黃河南下，斯真不得了。」

如日軍渡黃河西進佔鄭州，南可威脅武漢，西可攻洛陽、占西安，威逼漢中，如此，勢必影響中國未來的戰局。

於是，蔣介石下令誓死守住蘭封，拒敵西進。五月廿五日戰鬥打響，中方組織數次勇猛反攻，激戰數日，可惜力不如人，無功而返。盛怒之下，蔣介石下令將丟失蘭封、歸德的黃埔愛將桂永清、黃杰撤職查辦，並將擅自退出蘭封的第八十八師師長龍慕韓陣前正法，但仍無法阻擋來勢洶洶的日軍。

六月六日，開封失陷，鄭州近在咫尺，危在旦夕。蔣介石心急如焚，直嚷著要到前線督戰。

侍從室副主任姚琮力勸不可：「三軍主帥，豈能輕易犯險？」他提醒蔣介石道，戰爭發生前，曾有德國軍事顧問法肯豪森出使中國，獻有《關於應付時局對策之建議》，預測中國未來戰爭中南北兩個戰場可能出現的情況和對策。其中關於北方戰場，法肯豪森這樣寫道：

「最後戰線為黃河，宜作有計劃之人工氾濫，增厚其防範力。」

蔣介石眼睛一亮，但隨即又黯然搖首，計是好計，但誰敢冒天下之大不韙，置蒼生於不顧，這份罵名他受不起。

蔣介石的心思瞞不過姚琮，他是蔣介石第二房側室姚怡誠的哥哥，深知蔣氏為人。因此，他授意第一戰區司令長官部參謀長晏勳甫向最高軍事當局提議，以替蔣介石受過。於是，經過一戰區長官程潛轉遞，一份特殊的報告送到了蔣介石的案頭，決定效法中國古代

一九三八年六月，蔣介石下令炸開花園口黃河大堤

軍事的傳統兵法，水淹七軍，以水代兵，炸開黃河南岸堤防，阻止日軍進攻，確保鄭州安全。

經過實地勘探，爆破地點選在河南鄭州東北的花園口，讓河水向東南方河南、安徽、江蘇等地區氾濫，淹沒敵軍。

兵貴神速。第二十二集團軍孫震部所屬新編第八師承擔掘堤任務。他們選擇三個地點掘開堤防，由於責任重大，薛岳、孫震等高級將領也坐鎮鄭州指揮。爲保密起見，謊稱日軍快打到這裡，派一個團執行警戒，把周圍十華里以內的居民百姓統統趕走，選定八百名身強力壯的士兵，編成五個組，每兩小時一輪換，日夜不停，連挖四晝夜，才挖穿見水。

時值漲潮初期，河身比堤外地面高，一經挖穿，口子雖窄小，而水勢是從高向下，流得很急，挖的人站不住腳，於是戰區調來平射炮兩門，對準缺口猛轟七十餘發，將大堤撕開兩丈左右的口子。頓時，如天河倒懸，河水洶湧氾濫，一潰千里。

六月十一日，滔滔黃水已將豫、皖、蘇三省四十餘縣蕩成一片澤國。村莊、人畜、田地、房屋都被吞沒，據戰後國民政府統計，有八十九萬餘人喪生。

黃河花園口決堤在軍事上，一定程度地達到了國民政府阻止日軍西犯的戰略目的，蘭封之敵也遭到巨大威脅，以機械化部隊和騎兵爲主的土肥原師團陷於泥濘洪水中不能自拔，前後分離，給中國軍隊圍殲提供了機會。國民黨軍第二十師張測民部趁勢反攻尉氏等地，斃敵甚眾。西進日軍在決堤之後，搜羅門板等可充浮水用具，紛紛東撤，狼狽不堪。爲避免滅頂之災，日軍動用海空軍力量幫助陸軍後撤。使其企圖攻佔潼關南下武漢、西占西安，直逼我川陝抗戰後方的戰略設想化爲泡影。

對此，蔣介石自然感到十分滿意，據新八師師長熊先煜日記所載，其時，蔣氏每天「必有三四次詢問決口情況」，並要該師對這一決堤情況向他「隨時彙報」。事後，軍事委員會給新八師官兵記功，並電薛岳發獎金三萬元。

國民黨敗退大陸後，國民黨的新聞局長董顯光對水淹日軍、黃河改道一事，在他撰寫的文章《蔣介石將軍傳》中寫道：

「中國方面對於日軍的前進早有驚人的準備。我方將鄭州的黃河堤炸毀，以滔滔之水對抗侵略的敵人。數千日軍爲水所截，致遭淹死。然此舉對於日軍的真正損害則爲一切貴

▶▶黃河決堤後逃難的老百姓

蔣介石給程潛電

重的裝備，大炮與摩托化單位皆爲水淹。在這大水造成的混亂中，我軍乘機反攻。這樣的局勢使日軍不易支持，只得迅速後退，遺下不少的裝備。於是隴海路一段日軍便告敗績。」

不過，蔣介石在當時並沒有張揚自己的「得意之作」，而是推說是日機轟炸堤防所爲，爲此，特別向程潛交代道：

洛陽程長官：（一）須向民眾宣傳敵飛機炸毀黃河堤；（二）須詳察氾濫情況，依為第一線陣地障礙，並改善我之部署及防線；（三）第一線各部須與民眾合作築堤，導水向東南流入淮河，以確保平漢線交通。

中正。

放棄索賠

蔣介石就《對日和約》發表公開信

自「九一八」事變起，日本發動了長達十四年之久的侵華戰爭，給中華民族造成了空前巨大的災難。據一九四六年十月國民政府行政院不完全統計，僅「盧溝橋事變」後，中國公私財產直接損失達三一三億美元，間接損失二〇四億美元，此數尚不包括東北、臺灣及海外華僑所遭的損失，中國死傷軍民一千零四十萬人，其他因逃避戰火，流離顛沛，凍餒疾病而死者，更不可勝計。

可是，一九五二年由蔣介石批准簽訂的所謂《日台和約》，卻放棄了向日本索賠。

對蔣介石放棄向日本索賠一事，何應欽曾有回憶。當年日本投降時，蔣介石發表廣播講話，聲明戰後要與日本「加速密切聯合起來，成爲家人手足，發揚人類互諒互敬精神，建立起互相信任的關係」。對於日本，「我們將不念舊惡」，並要「以德報怨」。

何應欽認為：這個以德報怨的講話，實際上反映了蔣介石服從美國政府戰後在亞太地區扶持日本的戰略需要。

其實，蔣介石的講話並不表明放棄索賠，這只是向國際社會作出的一種姿態。蔣介石早在抗戰期間就著手向日本索賠的準備了。為了清算日本侵華罪行，一俟戰爭結束後就向日本索賠，一九三九年七月，國民政府行政院制定頒發《抗戰損失調查辦法》及《查報須知》，通令中央各機關及省市（縣）政府分別調查具報公私直接間接損失，並由國民政府主計處每隔半年就將收到的統計數字累積彙編成《抗戰中人口與財產所受損失統計（試編）》。

一九四三年，世界戰局已日趨明朗，同盟各國開始考慮戰後索賠問題，十一月十七日，蔣介石急忙手令行政院：

自「九一八」以來，我國因遭日本侵略，關於國家社會公私財產所受之損失，應即分類調查統計，在行政院或國防最高委員會組織機構，切實著手進行，勿延。

為了統一抗戰損失調查工作，一九四四年一月廿二日，蔣介石照准將教育部設立的「向敵要求賠償文化事業研究會」併入抗戰損失調查委員會，由孔祥熙兼該會主任。

一九四三年十一月四日，中國駐蘇聯使館轉回由蘇聯瓦爾加教授所著《希特勒德國及其同夥賠償損害問題》，蔣介石遂令參事室分析研究，擬具意見。

一九四四年二月十四日，王世傑等人研究後上報蔣介石，蘇聯所擬「賠償責任以及賠償辦法，除先盡物質損害賠償，然後再賠償身體損害一點外，均有利於我國，因之可同樣適用於日本」。三月十九日，參事室外交組草擬了《戰後對日媾和條件綱要》，指出日本除賠償我軍費外，還應以五種方式對我以經濟賠償。

日本投降後，蔣介石對索賠一事更加關切，因向日本索賠須提出各項戰爭損失的數字和資料，一九四五年九月廿五日，蔣介石手令行政院火速催辦損失統計，並限兩周內將財產損失、人口傷亡調查上報。

因時間匆促，加上戰時統計缺漏甚多，因此行政院十月十二日上報的統計數字與實際相距甚遠。如以死傷人口而論，重災區的江蘇省傷亡僅列兩百九十人，南京傷亡只列三千一百九十二人，這實在太離譜。蔣介石看後批示責問：

「南京人口死傷只報三一九二，則其大屠殺之人數當不在內，為何不列入在內？」

爲了糾正偏於估計之統計，自一九四五年十一月廿二日起，又在全國範圍內開始全面調查。

一九四五年十月和十一月，蔣介石再令國防最高委員會秘書長王寵惠約集行政院、內政部和外交部代表幾度會商研究索賠方案。根據《波茨坦公告》第十一款規定日本戰後以實物賠償的精神，外交部最後規定：日本對我賠償以實物爲主；與其他國家相比，中國受害最巨，故對日索取各項賠償，應有優先權，如盟國實行總額分攤，中國應占日本賠償總額之過半；日本每年應將若干原料及產品，在規定的年限內分期按量運交中國作賠償之一部。可見，戰後中國政府就規定，所索要的實物視日本的賠償能力，而不是依中國所受的損失數而定。

一九四五年十一月廿九日，蔣介石指示王寵惠：「關於索取賠款案今後可由行政院主持辦理，惟仍請隨時與行政院切取聯繫，並將國防最高委員會方面有關意見提供該院參考。」這樣，內政部抗戰損失調查委員會改名爲賠償委員會，改隸行政院，機構升級，也說明蔣介石對索賠的重視。

由於抗戰勝利，不僅是中國一國的勝利，也是同盟國對日作戰的勝利，因此索賠成功與否，還取決於其他盟國的態度，爲處理戰後日本問題，盟國成立了由中、美、蘇、英、法、菲、加、澳、紐西蘭、印度等十二國組成的遠東委員會，總部設在華盛頓，負責制定對日政策。另外，在日本設立由中、蘇、美、英四強組成的盟國管制日本委員會，負責執行遠東委員會的政策。蔣介石審核任命國民黨的外交家、駐美大使顧維鈞兼任遠東委員會中國代表，

日本侵華軍總參謀長小林淺三郎（右）在南京向何應欽遞交投降書

任命朱世明、商震兩將軍先後任中國駐日代表團團長，並派出陣容數百人的「中國駐日接受和歸還劫物代表團」，蔣介石對索賠事宜十分重視，每遇重要問題，都要親自過問。

不過，蔣介石最關心的莫過於獲得日本的軍事裝備，用來對付共產黨。早在一九四五年十月十一日，蔣介石就責令軍政部向盟國提出：

「日本海軍設備、航空工業生產設備，擬由我方接受，作爲抵償損失之一部。」

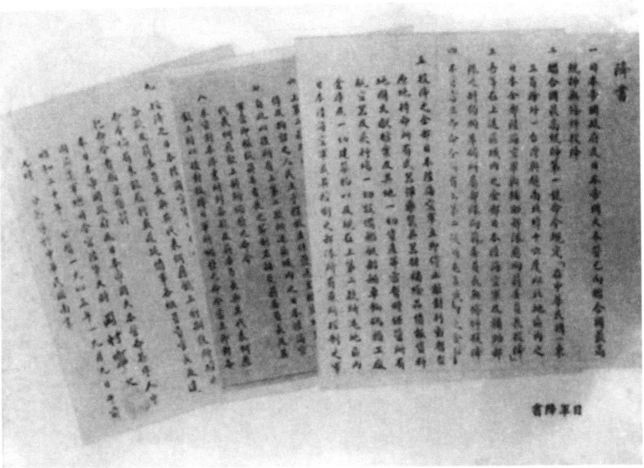
受降典禮中日本遞交的降書

雖然蔣介石胃口很大，但美英等國並沒有體念蔣介石的用心，將日本的航空母艦、戰列艦等大型船隻炸毀，殘餘艦艇由中、美、蘇、英四國平均分配。一九四七年六月廿七日，四國代表在東京抽籤。在前三次抽籤中，中方共分得驅逐艦、護衛艦、運輸艦廿四艘，每次八艘，前兩批分得十六艘開抵上海港，第三批八艘開赴青島，第四批駛抵臺灣左營軍港。

在賠償的核心問題上，也即日本國內實物拆充賠償的問題上，各國意見不一。但在遠東委員會中，美國戰後一躍成爲列強的霸主，軍事經濟實力急劇膨脹，由於美國在太平洋作戰中的作用以及戰後事實上獨佔日本，因此，美國的態度舉足輕重。

起初美國也主張從嚴處理，美國賠償專員於一九四五年十二月十六日向杜魯門提出日本賠償報告書，主張將日本工業限制在一九二六年到一九三〇年水準，其餘工廠均盡速拆充賠償。

根據國際慣例，賠償問題的整個解決要在對日和約中完成，當時戰勝國急於用日本工業來復興本國工業。於是一九四六年年初，遠東委員會通過了臨時拆遷方案。

第二年三月，美國直接對盟軍總部頒發指示，實施《日本賠償先期交付案》，准許在先拆賠的百分之三十中，中國取得百分之十五，英國、荷蘭、菲律賓各取百分之五。這樣，蔣介石政府共運回工廠器材設備三批。第一批是機床工具類共七六八六部，重五二〇三四噸；第二批是試驗設備類一六九〇具，重七三五噸；第三批是電氣設備及剩餘設備，重一九八二七噸，共值約兩千萬美元。

應該說，美國最初對國民黨的索賠給予了一定的支持，如一九四七年九月，遠東委員會在分配各國索賠分額時，中國分占百分之三十，美國甚至表示願意將自己所獲的百分之六給予中國。美國之所以如此慷慨熱心，其意在擴大美國在中國的影響，壯大國民黨的力量，扶蔣反共，並以此抵禦蘇聯的影響。只是後來蔣介石在內戰中節節敗退，美國擔心影響它的全球戰略，又開始考慮日本在遠東的地位和作用，把日本變成「防禦今後遠東方面的新的共產主義威脅的堡壘」，於是逐漸對索賠降溫，不斷干擾、拖延，並最終於一九四九年五月中止了日本的拆遷工作。

蔣介石就《對日和約》發表公開信

美國此舉顯然有損於中國的利益，中國是抗日的主力，作為中國戰區的最高統帥和四強領袖之一的蔣介石，應為中國的權益據理力爭，反對美國的這一做法。但是，蔣介石實行親美的外交路線，為求得美國提供大量的內戰援助，在賠償問題上，唯美國馬首是瞻，即使美國損害了中國的利益，也忍氣吞聲。

朝鮮戰爭爆發後，美國更不顧一切地扶持日本，堅決主張各盟國放棄賠償要求，以與日本締結和約。美國的主張遭到許多國家反對，菲律賓、法國、印尼都分別堅持八十億、二十億、十億美元的賠款。這時，蔣介石「政府」已經置身臺灣孤島，風雨飄搖，態度十分軟弱，竟指示駐美「大使」顧維鈞同意美國所提在和約中放棄全部賠款要求的建議。顧維鈞感到國民黨方面竟連菲律賓等小國都不如，連起碼的表示都不敢，這在外交上實在難堪。為掙一點面子，他自作主張地在答覆美國主張時附加一語：

「關於賠償問題，我亦能贊成美之主張，但如任何他國堅持賠償而能取得，我亦不能完全放棄。」

為了完成對日和約，美國向菲律賓等國施加壓力，指出賠償是不現實的，同時又答應給予美援，以堵住菲律賓等國強烈的賠償要求。

一九五〇年，英國承認了中華人民共和國，遠東委員會十二國中，贊成由蔣介石方面參加和約的只有兩個國家，這令蔣介石恐慌。

為擺脫孤立，爭取主動，蔣介石急忙於一九五一年六月十八日就對日和約發表公開信，聲明：

「中國對於日本不採取報復主義，而應採取合理的寬大政策，並以種種直接間接辦法求取對日和約之及早觀成。」

根據他這封信的基調，「國民政府行政院」第一二一次會議認爲：「能否與日訂約，實繫於美國及日本的態度，我如堅決要求賠償，既難望美國之支持，自亦非日本所願，勢增加我參加和約之困難」，於是決定「可酌情核減或全部放棄」。

蔣介石的這種做法，連顧維鈞都感到不安，「事情有時令人難以理解，像賠款這樣一個重大問題，臺北政府竟會突然作出出人意料的決定。中國人民受害十四年，不但受傷亡之苦，而且受財產損失與生活艱辛之苦。我認爲臺北至少應當在完全屈服於美國壓力之前，把賠款問題加以慎重考慮」，「在我看來，政府在要求日本賠款問題上，是可以堅持較長時間的」。

在美國的一手導演下，於一九五一年九月八日在美國舊金山通過的片面的《對日和約》，放棄一切賠償要求。中共外長周恩來發表嚴正聲明，譴責和約拒絕戰勝國中國參加，取消日本賠償，這是違反國際協定的，「那些曾被日本佔領，遭受損害甚大而自己又很難恢復的國家，應該保有要求賠償的權利」。

臺灣方面對未能參加和會也表示了不滿。「立法委員會」的四百六十九人還聯名致電美國參眾兩院表示抗議，但對和約取消日本賠償隻字不提。

由於中國沒有參加和會，日本方面還應與中國訂立雙邊和約。這就產生了日本是與臺灣還是與中華人民共和國訂約的問題。一九五一年九月後，有日本方面欲與中華人民共和國訂立雙邊和約的傳聞，實際上雙方就貿易問題已開始談判。

時任日本首相吉田茂一度表示：如果中共要我國在上海設置駐外事務所，我們可以設置；「日本現有選擇媾和對手之權。」於是，美國爲孤立反對中共，竭力策動日本與臺灣締約；蔣介石爲擺脫困境，抬高自己的國際地位，便不惜放棄賠償討好日本，以實現與日本訂約。

一九五二年二月十九日，臺灣外長葉公超直言不諱地說：「中日是不是共同反共，確立了這個大前提之後，則不論全面媾和也好，單獨媾和也好，和約吃些虧亦是不足議論的。」

一九五二年二月二十日，日本代表到臺灣談判，談判伊始，葉公超就重申了蔣介石「對日不採取報復主義」的談判精神，臺灣方面也曾試探雖放棄索賠，但可否根據舊金山和約的精神，取得一些日本的勞務補償（如打撈沉船），日本代表以這不符合蔣介石「對日寬大」精神爲由加以拒絕。結果，臺灣和日本簽訂的《和約》議定書第一項乙款竟寫明：「爲對日本人民表示寬大友好之意起見，中華民國自動放棄舊金山和約第十四條甲項第一款日本國所應供應之服務之利益。」

至此，血戰八年的中國，獲得的只不過是「自動放棄」賠償的所謂「寬大精神」而已。

虛虛實實

蔣介石致毛澤東函

當蔣介石收到日本投降的正式報告時，他告誡自己：遠不是慶祝勝利的時候，外患方去，內亂將至，共產黨的羽翼已經豐滿到可以和他分庭抗禮，切切不能掉以輕心。他冷冷地傳下命令，立即召開緊急軍事會議，討論下一階段的任務。

其實，已沒有過多的內容需要討論了。日本的敗兆已非一日，他早已超前地考慮過將來與中共的對壘，打好了腹稿。一九四五年八月十一日，即日本發出乞降照會的第二天，他把這份腹稿端了出來，變成了霸道的命令：

第一份命令是給他的嫡系部隊的，要他們「加緊作戰，積極推進，勿稍鬆懈」。那些黃埔子弟想必能夠理解他的良苦用心。

爲了確保這份命令的順利執行，蔣介石又發出另一份電報，受報方是中共領導的八路軍、新四軍。命令解放區的抗日部隊「應就原地駐防待命」，不得向敵僞「擅自行動」。

寫下這份命令時，蔣介石接著寫下第三份命令，淪陷區的日僞軍必須負責維持地方治安，不得向中共投降，並要對八路軍、新四軍的進攻作有效之防衛，如日僞駐地被中共部隊攻佔，日軍有「將其收回」之責任。

站立在一旁的侍從室第二處主任陳布雷的眉頭皺了皺：「蔣先生這樣幹會弄巧成拙的。」他在心裡想。

其實，毛澤東的動作一點不比蔣介石來得慢。八月十日，延安總部得知日本投降的消息以後，立刻發出第一號命令，要求各解放區部隊依據「波茨坦宣言」規定，向附近日僞軍發出通牒，限其在一定時間內繳出全部武裝；並著附近僞軍率隊反正，聽候編遣；如遇敵軍拒絕繳械，堅決予以消滅。

第二天上午，周恩來爲延安總部連續起草第二號至第六號命令，其中第二號命令的內容是向東北進軍，搶了蔣介石的先手；第三號至第六號命令，則要求所有沿北寧、平綏、

一九四五年重慶談判蔣介石與毛澤東合影

蔣介石致毛澤東函

平漢、同蒲等鐵路線及其他解放區一切敵、偽交通要道的中共軍隊舉行全面反攻，迫使敵、偽無條件投降。

由於中共軍隊置身前線，而蔣介石的精銳主力卻集中在西南大後方，因此，八路軍和新四軍率先從敵、偽軍隊手中拿回國土三十一萬平方公里，包括張家口、邯鄲、邢臺、煙臺、威海衛、臨沂、淮陰等中小城市兩百八十餘座，解放區擴大到十九個省市，面積近百萬平方公里，人口達一億人。

▸▸ 蔣介石與參加政協會議的中共代表

中共正規部隊已有一百三十餘萬，民兵兩百二十萬。此時，中國共產黨已非大革命失敗時那樣幼稚弱小了。面對毛澤東的一記記重拳，蔣介石中途突然變招，虛晃一槍，三封邀請電聯翩而至，讓世人瞠目，輿論為之吸引。

他渴望著與毛澤東動武，一較高下，但時機卻未成熟，寵將陳誠曾催促他開戰，他答之以唐人李筌《太白陰經》之名句：「時之至，間不容隙。先之則太過，後之則不及。」

已經接替羅斯福總統職位的杜魯門一語道破蔣介石的苦衷：「事實上，蔣介石甚至連再佔領華北都有極大的困難。要拿到華北，他就必須同共產黨人達成協議。

如果他不同共產黨人及俄國人達成協議，他就休想進入東北。」

美國特使赫爾利也贊成先唱文戲。在中國待了一段時間，他已大致掂出蔣政權的斤兩和中國共產黨的能力。想一個早晨消滅中共那是天方夜譚，癡人說夢！一旦演變成曠日持久的大規模內戰，則又不符合美國的戰略意圖。因此他向蔣介石獻策，不妨美蔣雙方共演雙簧，一個唱紅臉，一個唱白臉，在談判桌上讓共產黨繳械。

於是蔣介石搶先打出和平旗號。

第一封函電是一九四五年八月十四日發出的，曰：

毛澤東先生勳鑒：倭寇投降，世界永久和平局面，可期實現，舉凡國際國內各種重要問題，亟待解決，特請先生克日惠臨陪都，共同商討，事關國家大計，幸勿吝駕。臨電不勝迫切懸盼之至。蔣中正未寒

言簡意賅，字裡行間頗見尊重、懇切之意。至於因受降問題產生的風波，隻字未提。

三天後毛澤東才有回電，毛澤東先避開是否接受邀請這一棘手問題，要求蔣介石先對朱德的電報作出答覆。

未寒電悉：朱德總司令日午有一電給你，陳述敝方意見，待你表示意見後，我將考慮和你會見的問題。

語氣淡然，頗有冷落之意。蔣介石反而愈加熱情，特別是他已得到情報，毛澤東無意赴渝，戲唱得就更逼真了。第二封邀請電中的某些詞句已經唱出了哀怨之聲，直欲逼毛澤東於窘迫尷尬。

> ……抗戰八年，全國同胞日在水深火熱之中，一旦解放，必須有以安輯之而鼓舞之，未可蹉跎延誤。大戰方告終結，內爭不容再有。深望足下體念國家之艱危，憫懷人民之疾苦，共同戮力，從事建設。如何以建國之功效收抗戰之果，甚有賴於先生之惠然一行，共定大計，則受益拜惠，豈僅個人而已哉！特再馳電奉邀，務懇惠諸為感。

蔣介石甚爲滿意這段文字，中共若再作冷淡，勢難逃避不體諒民生疾苦，不以國家民族利益爲重之責。

這種窮追不捨，綿裡藏針，讓中共頗費思慮，蔣介石的爲人不能不讓人擔心。周恩來至此還在遺憾，當年在西安機場沒能拉住張學良，少帥不就是因爲對蔣介石的信任而輕身犯險，以致到現在尚不得自由嗎？盛極一時的東北軍也因爲軍中無主而一蹶不振。毛澤東一身繫中國革命之安危，來不得半點閃失。於是他主動向中央請纓，讓他先赴重慶，探探虛實，以緩和蔣介石逼人的和平攻勢。

廿二日，毛澤東回電蔣介石，通知其周恩來準備赴渝。

蔣介石卻盯住毛澤東不放，他準備再加一把火，等待毛澤東再一次拒絕，在世人面前，將不要和平的帽子牢牢扣在毛的上：

未養電誦悉，承派周恩來先生來渝洽商，至為欣慰。惟目前各種重要問題，均待與先生面商，時機迫切。仍盼先生能與恩來先生惠然偕臨，則重要問題，方得迅速解決，國家前途，實利賴之。茲已準備飛機迎接，特再馳電速駕。

八月廿三日，蔣介石電報甫至，中共即召開政治局擴大會議，毛澤東已有親赴重慶之意，提出了現階段新的口號：和平、民主、團結（過去是抗戰、團結、進步），他分析道：蔣介石可能暫時採取和平，因爲這是人心所向，另外，他的攤子還未擺開，兵力分散等等。

朱德點頭贊成毛澤東的觀點：「毛主席去談判是有利的。有無危險？看來比過去保險多了。」

周恩來依然如以往一樣謹慎，認爲談判是必

毛澤東與蔣介石握手合照

需的，要爭取主動，可能出現一面談、一面打的情況，我吃虧，他理虧。至於毛澤東赴渝，先讓他去重慶打個偵察戰，看蔣介石開出什麼樣的盤子。

毛澤東這次沒有猶豫，報據會議精神，第二天就給蔣介石發出回電：

接電誦悉：甚感盛意。鄙人願與先生會見，共商和平建國之大計。俟飛機到，恩來同志立即赴渝進謁，弟亦準備隨即赴渝。晤教有期，特此奉覆。

共產黨的迅速反應及明確答覆，反倒使蔣介石一時悵然若失，兩眼怔怔，他未能看到希望的結果，甚至有措不及防之窘迫。曾有人評論，蔣毛鬥智，各盡其妙，蔣氏這盤棋，邀毛澤東走出延安乃關鍵之著，一則可爭取時間，再則中共稍有不慎即可卸挑動內戰之名於對方。然毛氏應答巧妙，順水推舟，乘風借勢，峰迴路轉，天地頓時爲之一寬，景色爲之一新。CC領袖陳立夫早有言，毛澤東果真來渝，無異於政府承認其對等地位。然蔣氏假戲真做，已經是覆水難收了。

屈居劣勢

蔣介石致馬歇爾函

鑒於美國特使赫爾利對蔣介石政權的支持，國共談判出現僵局，中國內戰的危機逐漸加深。杜魯門決定走馬換將，派他的老朋友馬歇爾將軍前往中國，調解戰後的國共關係。

喬治・馬歇爾，這是一個如雷震耳的名字。他從軍四十餘年，歷盡艱辛，終於登上美國軍界最高層，肩膀上扛起五星上將的肩章。第二次世界大戰中，他以美國陸軍部參謀長身分置身疆場，運籌帷幄，協調各個戰場之間的關係。

然而，最令馬氏卓爾不群之處，還在於他精於斡旋，嫻於辭令，曾出入於冥頑老辣、雄才大略、多疑善怒之輩中而能運籌自如。當然，與時任美國總統杜魯門也是平輩論交，一言九鼎。

延安不可能不重視，蔣介石不可能不重視。

一九四五年十二月十五日，杜魯門總統公開發表了對華政策聲明。聲明一方面重申：美國承認並將繼續承認國民政府；另一方面則表示：「美國的支持將不會擴展到以軍事干涉去影響中國內戰的進程」。

毛澤東在這句話上做了記號：「有了一點進步嘛，來的這個馬歇爾比走的那個赫爾利要好，但不能抱太多幻想。」

延安最高層一致同意毛澤東的觀點，迅速作出反應，表示歡迎杜魯門的聲明和馬歇爾的使華。

國民黨方面則不然，CC首領陳立夫，這位畢業於美國匹茨堡大學的採礦學碩士，對政治比專業更敏感、更有興趣，從黃埔建軍時期就跟定了蔣介石，堪稱蔣氏左膀右臂。此時，他如大難將臨，急匆匆趕到蔣介石官邸，氣急敗壞地屈起手指，一連道出馬歇爾來華三大弊端：

一、國共爭端與蘇聯談判不容易解決，美國人太喜歡裝出不偏不倚的公正。

二、有利於中共拖延時間進行整軍。

三、調解成功可能性微乎其微，以馬歇爾的聲望，一旦失敗，可能諉過於國民黨。

蔣介石支吾著不明確回答，馬歇爾的路數他還摸不清楚，但肯定不如赫爾利好對付。沉吟半晌，他決定不能輕易得罪美國人，語氣也就模稜兩可了：

「讓他來一陣子，看看也好。」

馬歇爾來得也正是時候，剛剛結束的上黨戰役，閻錫山挨了劉伯承、鄧小平一記悶

蔣介石致馬歇爾函

棍，暫時不敢輕舉妄動；邯鄲戰役，國民黨戰略計畫未能實現，後續力量不能及時跟上；東北戰場，杜聿明推進到錦州就後勁不足。同時，中共武裝也處於調整時期，曾經熱鬧一時的槍炮聲冷清了許多。

馬歇爾敏銳地抓住這一時機，十二月廿一日，出現在坐落於南京中央軍校內的蔣介石官邸。

是時，國民政府尚未還都完畢，蔣介石在南京迎接馬歇爾，自然爲了表示敬意和隆重。宋美齡充當翻譯。

賓主二人不是第一次見面，一九四三年開羅會議時，已有過數次接觸。

馬歇爾語氣儘管委婉，但不含糊，明確告訴蔣介石，除非他看到確實的證據，證明目前進行的和平解決中國內部爭論的努力取得成功，美國將不允許保持對中國的軍事援助和對中國提供經濟援助。

宋美齡的翻譯準確、流暢，但她精明地在時間上留下空隙，讓她丈夫從容思考。

蔣介石避過內戰問題，卻指出杜魯門聲明中所提到的取消中國自治性軍隊，比如中共武裝，這才是中國實現統一的關鍵。馬歇爾閉緊了嘴巴，沒有跟著蔣介石的思路走。赫爾利就是這樣上當的，不知不覺成了蔣介石手中的工具。

蔣介石也神情怏怏，因爲他始終沒有打探到深淺。

告別時，宋美齡用那口純正的英語在馬歇爾耳邊悄聲道，她將盡力運用對丈夫的影響促成美國政府的願望。

馬不停蹄，剛剛同蔣介石見過面，第二天，馬歇爾就飛到了重慶。

飛機在雲層中穿行，透過朵朵白雲的間隙，天色蒼茫而混沌，中國的形勢也如這天空陰霾不開，馬歇爾竭力想從這團亂麻中理出頭緒，從蔣介石的談話中，他察覺到軍隊問題乃是解決中國內爭的關鍵。

來到重慶第二天，中共代表周恩來與董必武、葉劍英主動上門拜訪。這是馬歇爾第一次與中共領導人見面。

周恩來代表中共中央和毛澤東歡迎馬歇爾來華，歡迎他對國共關係進行調解。馬歇爾嘴角咧了咧，浮出笑容，原來他還有一層擔心，那個不會辦事的赫爾利讓美國形象在延安人心目中打了折扣，真擔心延安不接受他作爲調停人的資格。

周恩來不失時機地表述了中共的立場和態度：「中國贊成杜魯門聲明中的主要之點，即在民主的基礎上統一中國。」

「爲達到這一目的，當前最主要的事情，就是立即無條件停戰。只有在停戰的基礎上，才能對政府加以改組，實現民主政治。」

中共代表周恩來與國民黨代表張群（中）簽署《關於停止國內衝突的命令和聲明》。右為馬歇爾

馬歇爾點點頭，沒有打斷周恩來的表述。這正是馬歇爾的心裡話，首先必須停戰，否則一切無從談起，他問周恩來還有什麼意見。

「中共希望建立一個民主的聯合政府，其基本原則應當在即將召開的政治協商會議上加以解決！」

這些要求不過分，完全符合杜魯門總統聲明的精神。馬歇爾心中一陣輕鬆，但他沒將這些感受流露出來，反而乘機提出讓中共交出軍隊。

「中國必須尋找達成協議的基礎，以便結束中國存在兩支軍隊的局面。那意味著存在兩個政府、兩個國家。」

周恩來眉毛一揚，早已聽說馬歇爾精於辭令，果然名不虛傳。但是，他也是有備而來，並不回避馬歇爾提出的問題。

「目前的中國政府是國民黨的『一黨政府』，這是中國存在兩支軍隊的基本原因。只有在民主聯合政府成立之後，才能在這個政府的領導下實現統一。」

馬歇爾掂量著周恩來的話，他覺得開始接觸到中國內爭的實質、國共分歧的焦點。

「我留意這次談話，因爲它顯示了國共兩黨間觀點的另一種基本分歧。國民黨爭辯說，統編共產黨的軍隊爲一支國軍應在聯合政府建立之前；共產黨也同樣堅持一個他們在其中有真正發言權的聯合政府，這是將他們的軍隊統編爲一支國軍的先決條件。每一方都在總統對華政策聲明中尋找證明自己的態度正確的東西。」

馬歇爾不想陷入這種孰前孰後無休止的爭執，周恩來的建議讓他頗受啓發，停戰，一切問題留待以後解決，不可想像一面打得頭破血流，一面還能心平氣和坐在談判桌旁。

一九四六年元旦前後，在馬歇爾的努力和斡旋下，國共兩黨終於達成了停戰協議、政協協議、整軍協議所謂「三大協議」，一月十四日零時，停戰協議正式生效，曾經熱鬧一時的槍聲、炮聲、刺刀撞擊聲都突然打上了休止符。馬歇爾那張寫滿憔悴、疲憊的臉突然變得生動、年輕。內戰，這匹脫韁的野馬，似乎已經被他套上了籠頭，人們不得不驚奇他的巨大威望所產生的力量和影響，油然生出一種敬畏之感：「他真是無所不能啊。」

在東北黑土地，有人打出「歡迎馬歇爾」的標語，這完全屬於一種自發自願的行爲。在重慶街頭，路人爲之歡呼致敬，當成中國的救星頂禮膜拜，他被稱爲中國和平的接生婆，國共合作的紅娘。就連延安方面也樂觀地向全黨發出指示：

「由於這些決議的成立及其實施，國民黨一黨獨裁制度即開始破壞，在全國範圍內開始了國家民主化，這就將鞏固國內和平，使我們黨及我黨所創立的軍隊和解放區走上合法化。這是中國民主革命一次偉大的勝利。從此，中國即走了和平民主建設的新階段。雖然一定還要經過許多曲折的道路，但是這一新階段是到來了。」

眼看著大功告成，馬歇爾長吁了一口氣，恰好杜魯門總統來電讓他回國述職，他也忍不住急著要向總統報告他在中國的成功。蔣介石、宋美齡都來爲他送行，馬歇爾告訴他們，一個月後就回來，希望他爲中國和平所做的努力得到回報。

蔣介石的表情很僵硬，馬歇爾比之赫爾利要難駕馭得多，他甚至希望他早早離開中國，免得礙手礙腳。

從機場回來，蔣介石的眉頭舒展了許多，對他而言，三大協議是個束縛。那只是對馬歇爾、對美國政府、對各界壓力的敷衍以及軍事上的緩衝和調整，馬歇爾走得正是時候，他已經耐不住性子要向共產黨亮刀子了。

蔣介石致馬歇爾函

爲了確保軍事上有把握，在國民黨六屆二中全會召開間隙，在主席臺後的休息室裡，他緊急召見政府各部主要負責人，諮詢對策，論證預測戰爭的勝負。

軍政部長陳誠站了起來，馬靴碰得清脆響亮，他拿出一份兵力比較表，上面赫然注明：

「政府軍：正規軍約五百萬人，其中三十六個軍約一百二十萬人，已完成半美式裝備。」

新自緬甸撤回的新一、新六兩個軍，是完全美式裝備，已在開至東北途中，各地方的地方團隊及新收編的僞軍約兩百萬人，再加上新收繳的日軍約一百萬人的武器裝備，蔣介石的胸脯下意識地挺了挺，感到氣壯了不少。

「共軍：估計包括各地游擊隊，最多不超過一百五十萬人。其中約二十萬人戰鬥力較強。」

陳誠的嘴角輕蔑地一撇，雙方軍力如此不成比例，再不敢言戰，未免太怯懦、太保守，難怪他後來多次在公開場合揚言，六個月內可以消滅共軍。

蔣介石滿臉飛金，既如此，打又何妨。他的手指重新摳住了內戰的扳機。

一九四六年四月十八日，馬歇爾重新飛回了中國，此時，東北戰場已是槍聲一片，國共雙方在這塊黑土地上打得熱火朝天。戰爭的黑翅膀遮住了半邊天。

剛剛離開才一個月，一切已面目全非，馬歇爾的臉從一下飛機起，就板得像塊生鐵，他辛勤培植的和平之花就像遭了霜打，奄奄一息，呻吟在戰爭的皮靴下。

帶著這種憤怒，馬歇爾踏進了蔣介石的官邸，面對笑容可掬的蔣氏夫婦，他顧不得禮貌，批評說：「鑒於在中國的局勢中本來存在的深刻的不信任和懷疑，政府過去的行爲是致命的挑釁的，而且有時是不可原諒的、愚蠢的。我痛惜政府的軍事長官在滿洲的行爲和政府長期拒絕允許軍調部執行小組進入滿洲。」

宋美齡很不情願地把這番尖銳的批評譯成了中文。

從馬歇爾的表情判斷，蔣介石已知道他不會說什麼中聽的話，這，他早有心理準備，脖子一梗說：「除非共產黨讓步，政府才會停止在東北進攻。」

馬歇爾焦躁地提醒他，東北戰端一起，戰爭必然會擴大。

蔣介石毫不在乎，他本來就希望戰爭擴大化，他甚至對馬歇爾道：「閣下爲什麼不做做周恩來的工作，讓他們與政府配合。」

馬歇爾反而沉默下來，蔣介石的話觸到了他的心病，在他內心深處那架天平上，從來沒有把共產黨與國民黨等量齊觀。

馬歇爾找到周恩來，表示對局勢的關注，隱隱對中共最近佔領長春的舉動不滿。

周恩來憤怒地反問道：那國民黨進攻四平又算什麼行爲呢？東北局勢的緊張是美國政府慫恿的結果，如果不是美國政府援助國民黨，把大批精銳部隊運到東北，蔣介石即使想在東北動武，也心有餘而力不足。

周恩來的話如洪鐘大呂，撞擊著馬歇爾的耳膜：「既然國民黨方面不遵守業已達成的協定，我們便被迫要採取自己的行動，也沒有再遵守條約的義務。」

他明確地向馬歇爾表示，中共不相信蔣介石，根據以往的經驗，此人一向是得寸進尺，如果延安輕易讓步，拱手交出長春，他就會得隴望蜀，再伸手要哈爾濱，要齊齊哈爾，直至中共在東北無容身之地。

面對周恩來的滔滔雄辯，馬歇爾從內心佩服，周恩來的憤怒卻悄然滋生，他覺得，馬歇爾這趟來去，就像換了一個人，往日的公正不翼而飛。爲什麼喋喋不休勸共產黨先退出長春，而不制止蔣介石先在四平罷手？

仗終於越打越大。馬歇爾摜起了烏紗帽，他先後通知蔣介石和周恩來：如果沒有達成協議的希望，他不願再做什麼調解人了。

知難而退不是馬歇爾的風格，他是以此向國共雙方施加壓力。蔣介石、周恩來都表示了挽留之意，但雙方的目的不盡相同。

此時，四平保衛戰已分出了勝負，林彪率大軍被迫後撤，一直退到了松花江邊，長春也順手丟給了杜聿明。

接到了東北前線的報捷電，蔣介石喜上眉梢，攜著夫人，踏上馬歇爾的專機，直飛瀋

蔣介石與宋美齡陪同馬歇爾夫人欣賞國畫

陽。

坐在飛機上，宋美齡一個勁地埋怨，剛剛還都完畢，還有一大攤子事需要料理，急匆匆飛東北爲啥。

蔣介石含笑不答，天機不可洩露。他過去曾與馬歇爾有約，一旦國民政府控制長春，他將立即命令國民黨軍隊停止前進、攻擊和追擊，並在長春建立軍調部前進指揮部，然後國共兩黨重新坐下來談判。現在，杜聿明正挾戰勝之餘威，一路勢如破竹，怎能見好就收。這時離開南京，就是要讓這位美國五星上將像曬乾魚一樣晾在石頭城。

馬歇爾不能忍受蔣介石的玩弄和冷落，找到了周恩來，協商對付蔣介石的辦法。

見到周恩來，馬歇爾大吃一驚，以前，他什麼時候見到周恩來，他都是神采奕奕，精力旺盛，充滿信心。今天，卻見對方滿臉倦色。

他和馬歇爾這次談話是強壓著不快的。剛剛得到延安的消息，馬歇爾又爲蔣介石爭取到一筆美援，而且在東北戰火越燒越旺的時候，還堅持要將國民黨尚未啓運完畢的第六十軍、第九十三軍全部送到目的地，這哪裡是「調停」，分明是火上澆油。因此，他提醒馬歇爾，這樣做下去，美國人的和平調處只能成爲無效的表面配

▶▶ 蔣介石與馬歇爾夫人下棋

角而已，忍無可忍的中國共產黨必然要採取全面的抵抗。

馬歇爾顯然不願意就這個問題繼續討論，他只問周恩來有什麼具體措施和要求。周恩來反問馬歇爾，蔣介石當初曾保證收回長春後即停止向東北用兵，爲什麼如今卻食言而肥？

馬歇爾臉上紅一陣白一陣，蔣介石對他失信，導致他對共產黨失信，要重新恢復這種信任，蔣介石就必須實現他的諾言。他怒氣沖沖地回到了寓所，攤開信箋，灑出了一團火氣。他明確告訴蔣介石：

在此期間，我提出下列建議和意見：

（一）周將軍和我建議在長春設立軍調部前進指揮所；

（二）我勸你立即發出在廿四小時內停止國民政府軍隊追擊的命令，並聲稱：這是為了你的結束戰鬥的願望，並以談判的和平方法解決問題。

如果增進你目前的軍事優勢，將使國民政府在滿洲初期經歷的不幸結果和最近在長春的共產黨將領們的好戰態度導致的結果重複出現……

抖著馬歇爾的這封信，蔣介石衝著宋美齡光火道：「馬歇爾本末倒置，怎麼成了周恩來的說客。」

望著氣急敗壞的丈夫，宋美齡勸道，這封信以她的名義回，口氣不妨嚴厲些，讓馬歇爾知道自己的輕重。

在這封信的一開頭，宋美齡就毫不客氣點了一句，蔣委員長對他的五月廿六日來信「感到惱怒」，接著批評馬歇爾說：「如果你和政府立場堅決，共產黨就會讓步。萬一共產黨不讓步……」

寫到這裡，宋美齡抬頭望了望蔣介石，銀牙一咬，筆尖下閃爍起刀光劍影：

「蔣委員長說，剩下的惟一辦法，就是佔領滿洲各戰略中心，這樣共產黨就將被迫履行協定。」

馬歇爾大怒，五月三十一日，他直接電告蔣介石：

「在政府軍隊在滿洲繼續前進的情況下，我的調解工作不僅日益困難，而且即將達到這樣的地步，我的正直誠實的地位要成為嚴重的疑問了。因此，我再一次請求你立即發佈停止政府軍隊前進、攻擊和追擊的命令，並准許軍調部前進指揮所立刻出發到長春去。」

就在馬歇爾拍發此電的前後，東北戰場發生了微妙的變化，杜聿明已經打到了松花江邊，有心過江卻力不從心，而遼東軍區乘著敵人南線部隊北調，南滿防禦薄弱這一有利戰機，於五月廿四日發動鞍山海城戰役，三十日，兵臨海城，國民黨守軍第一八四師師長潘朔端率部火線起義，杜聿明在東北的軍事部署頓時亂了一角，不得已，拆東牆補西牆，從北線調去四個師的力量，隔江對峙的林彪壓力頓時爲之一輕。

蔣介石致馬歇爾函

蔣介石卻像挨了一記悶棍，又想起了馬歇爾的作用，乘機轉舵，親自執筆，口氣也委婉多了，客氣多了，他讓馬歇爾放心：

在我的一切決定中，我都記住你處境的困難，並且盡力促成和保證你的工作的成功，我將於明天或星期一回到南京，那時我將親自告訴你我看到的滿洲的局勢。倘若我不能立即發佈停止政府軍隊前進的命令，我準備同意你提出的派遣軍調部前進指揮所到長春去，以便進行初步工作的建議。

接到蔣介石的信，馬歇爾苦笑了笑，對這位委員長翻手爲雲、覆手爲雨的性格，他多少已瞭解。現在，他對中國的局勢已經不敢抱太多的奢望，無非是死馬當成活馬醫，盡到努力而已。

他有一種預感，他的前景不會比赫爾利更樂觀，淪爲蔣介石的工具也只是遲早的事而已。

二陳決戰

蔣介石給陳誠、王耀武諸將領函

隨著全面進攻戰略的破產，對共軍陳毅、粟裕在華東的壯大，蔣介石為此專門去函指示陳誠等諸位將領，要他們「全力以赴，與敵決雌雄，定勝負……」並派出陳誠坐鎮徐州，協助徐州綏靖公署司令薛岳重整旗鼓，與共軍決一死戰。

有陳誠在，薛岳乾脆三緘其口，他知道此公清傲固執，聽不進別人的意見。陳誠絞盡腦汁，三日閉門不出，待薛岳問候他時，才得意洋洋晃著一疊作戰計畫進了指揮室。

儘管陳誠個子矮小，聲音卻是特別洪亮，整編第十九軍軍長歐震聽到點他的名，連忙豎起耳朵。根據作戰計畫，他將率領二十個旅，包括名震天下的胡璉第十一師、能征善戰的李天霞一〇〇師以及黃百韜部諸王牌，組成南線突擊集團，自隴海線東段台兒莊至城頭一線出發，分二路進軍山東解放區的中心城市臨沂。

坐在歐震旁邊的是濟南第二綏靖區副司令長官李仙洲，見陳誠的目光掃向他，下意識地挺了挺胸脯，他將率領九個師的兵力，組成北路突擊部隊，由膠濟路明水至張店之線南下，襲擊解放區的後方萊蕪、新泰、蒙陰等地。

顯然，國民黨軍擺出了一個與華東野戰軍主力決戰的架勢，其目的在對華東野戰軍實行南北夾擊，將其驅趕到黃河以北，運河以西，當然，能就地殲滅，更是再好不過。

宣布完作戰計畫，陳誠意猶未盡，揮舞著拳頭，咬牙切齒道：

「黨國成敗，在此一役，只許成功，不許失敗！」

「好啊，陳誠在徐州公開宣布了，他要在臨沂同我陳毅進行決戰，既然他如此看得起我，盛情難卻啊！我只好認真奉陪，來個『二陳決戰』。」

粟裕托住下巴鎖緊了眉頭，敵人照這樣穩紮穩打，步步爲營，真讓他無從下手。

陳毅笑哈哈打斷了他的思索：「急啥子嘛，看看延安的來電再說。」

延安的來電很長，但有一句話讓陳、粟的眼睛一亮：「敵越深入越好打，我打得越遲越好，只要你們不求急效，並準備必要時放棄臨沂，則此次我必能勝利。」

延安都在擔心陳、粟捨不得臨沂，陳誠也必作此想，陳、粟心中一動，華野戰術就此爲之一變。

歐震南進集團感到了壓力，但心情卻爲之一鬆，前幾日，左右兩翼進展順利，反而讓他們疑神疑鬼。現在，共軍採取超寬正面防禦，不讓李天霞、黃百韜、胡璉輕易進一步，說明了共軍主力就在此，於是急呼陳誠，讓其命令北線李仙洲集團加速前進，南下襲擾陳、粟後方。

陳粟率領主力已悄悄撤離戰場，日夜兼程，趕赴萊蕪。行軍路上，陳毅還忙著向延安彙報情況，報務員就把電臺架在路邊。

戰士們不解，這是要走到哪兒，「反攻，反攻，反到山東，手拿煎餅，口咬大蔥，大好形勢，思想不通，有啥意見，要回華中！」

陳毅、粟裕都繃著臉，這是絕對的軍事機密，他們不能爲戰士作出滿意的解釋。

也難怪他們擔心，大部隊鐵流滾滾，想不透出風聲不可能，從臨沂到萊蕪一百五十餘公里路程中，僅支前民工就有幾十萬，手推肩扛，驢馱馬拉，不絕於途。這些，都被國民黨的偵察飛機一一攝下，照片送到了濟南第二綏靖區司令長官王耀武面前。

王耀武，蔣介石五虎上將之一，聞名天下的七十四師前身七十四軍前任軍長，山東泰安人，黃埔二期生，早年曾在上海一家餅乾公司當店員，誰也沒想到他此後能闖出這樣一份功名，這一切「榮耀」，都是憑一刀一槍搏殺出來的。

▶▶王耀武

不可否認，在國民黨高級將領中，王耀武的「功績簿」比別人都厚一點。在與紅軍作戰中，王耀武是嘗過勝果的少數人之一，一九三四年十二月十四日，在譚家橋之戰中，就是王耀武以少將旅長身分，將方志敏率領的中國工農紅軍北上抗日先遣隊以重兵圍住。

官兵兩百餘人。

一九三五年一月，又是王耀武懷玉山一戰，俘紅十軍團二十一師師長胡天陶以及紅軍

淞滬之戰，王耀武率七十四軍五十一師，堅守青浦，血戰竟日，掩護了國民黨軍隊的撤退。

一九三七年十二月，在南京保衛戰中，王耀武受命率部於南京水西門一帶抗擊日軍進攻，該師團長、副團長以下官兵陣亡達七百人，是最後一批從下關碼頭渡過長江撤出南京的。

當時蔣介石心愛這位猛將，專門指示將一條小火輪藏在浦口備用，否則王耀武也只能望江興嘆，陷入南京大屠殺火海之中。

一九三八年十月，王耀武協同友軍，在武漢會戰中取得殲敵四個聯隊的「萬家嶺大捷」。此戰王耀武出力不小，不久被提升爲七十四軍軍長，所部被列爲第九戰區直轄機動部隊。

一九四一年的上高之戰，七十四軍因作戰有功，國民政府特頒星形榮譽旗一面，以彰其功，王牌軍一戰成名。

一九四三年十一月常德之戰，七十四軍又首當其衝，所部五十七師，自十一月廿一日至十二月八日固守常德十八天，日軍寸步難行，付出巨大代價終於進城後，更是戰況慘烈，血肉橫飛，巷戰中屍體爲塞，全師最後僅剩數百人，常德會戰後，王耀武也因功擢升第二十四集團軍總司令，轄四個軍十一個師，所部十二萬人，已成坐鎮一方之統帥。

蔣介石給陳誠、王耀武諸將領函

由此可見，王耀武名列為「五虎上將」絕不是浪得虛名，作戰經驗非常之豐富。所以他一見照片，頓時大驚失色。他剛剛得到情報，南路友軍已佔領臨沂，正在祝捷。他心裡正納悶，陳、粟用兵，一向變化莫測，不爭一城一池之得失，難道真的傻乎乎地和陳誠在臨沂對峙。現在他才明白過來，這是共軍的虛兵之計，真正的目標是李仙洲啊。

提起李仙洲，王耀武有一種親切感。他們是黃埔校友，又是山東老鄉，如今又共同鎮守桑梓，他有責任提醒他，保護他。於是，一紙急電召回了李仙洲。

眼看著陳毅、粟裕就要空忙一場。陳誠幫了大忙。他罵王耀武草木皆兵，罵李仙洲避戰怯戰，不配做領袖的學生。他的發作是有原因的。王耀武屬他的對頭何應欽一系，與他素來有隙，特別是王帶出來的第七十四師，處處壓他十一師一頭。

陳誠向蔣介石告了御狀。什麼陳、粟虛兵之計，他們在臨沂抵抗了五天五夜，南路縱隊是花了血本才打下來的，殲滅共軍十五個旅。現在照王耀武這一說，他的勝利不是摻了水分嗎？

蔣介石聽陳誠說得有理，也怕延誤戰機，親自給王耀武下達手函：

務希遵指示派部隊進駐新泰、萊蕪，新、萊兩城各有一軍之兵力，敵人無力攻下，敵如來攻，正合我們的希望。

王耀武接電長嘆，他怎敢違抗蔣介石的命令，眼睛一閉，隨陳誠瞎指揮吧。李仙洲被送上了絕路。

二月二十日，陳、粟主力突然出現在北線，並將敵全部壓縮至萊蕪一帶，李仙洲已是煮熟的鴨子。

粟裕卻並不忙著下箸，李仙洲有兵十萬，一旦據城固守，困獸猶鬥，想吃掉它，也得費一番力氣，孫子兵法云：「圍師必闕，窮寇勿迫」，就是這個道理。

李仙洲果然中計。二月廿三日晨，所部第四十六、四十七軍分兩路平行北撤，自己率總部夾於兩軍之間，如黃河決堤，流向萊蕪以北。

只是象徵性地擋一擋，圍城部隊則撤出一條通道，李仙洲逃命心切，也不想其中有什麼蹊蹺。

中午十二時，李仙洲來到高家窪，從吉普車中探頭一望，頓時面如死灰，在這東西僅三四公里、南北僅一二公里的狹小地域，五萬人馬擠在一起，共軍一旦發起攻擊，炮手、槍手都用不著瞄準，他陡然明白過來，爲什麼一開始突圍時那般地輕鬆，那般地順利，一種不祥之兆籠罩了全身。

就在他探頭瞭望時，一聲號炮震天動地，四面八方槍聲大作，這一次，陳毅、粟裕不是網開一面，而是圍得水泄不通，包圍圈越縮越小，一顆子彈就能殺傷敵兩三人。從李仙洲以下，全都亂了分寸，完全失去了抵抗能力。

下午五時，戰場上槍聲停寂，李仙洲想想真慘，從撤出萊蕪城起，僅五六個小時就全軍覆沒。難怪他手下一位團長感嘆萬千：「就是捉五萬隻鴨子，也得費點工夫呀。」

戰役結束的當天下午，蔣介石就帶著俞濟時從南京飛到濟南，俞濟時原是王耀武的頂頭上司，王耀武在第七十四軍做師長時，俞濟時是軍長，蔣介石指著王耀武的鼻子大罵時，俞濟時臉上也是紅一陣，白一陣。

「你們只是在萊蕪這個戰役裡就損失了兩個軍和一個師，損失了那麼多的輕重武器，增加了敵人的力量，這仗以後就不好打了。」

王耀武的嘴唇動了動，當初他可有言在先，一再反對李仙洲挺進萊蕪、新泰一線的，為什麼打了敗仗後責任又推給他？俞濟時急得連連乾咳，暗示王耀武不要不識時務，在這節骨眼上，惹惱了蔣介石，是要丟腦袋的。

儘管壓住了委屈，但王耀武心裡是一百個不服。

罵完了王耀武，蔣介石又趕到徐州罵薛岳，火氣頭上，他又犯了一個致命的錯誤，免去薛岳徐州綏靖公署長官之職，派陸軍總司令顧祝同率陸軍總部移駐徐州，統一指揮原徐州、鄭州兩綏署部隊。

陳毅、粟裕聞之，不勝欣喜：「據我們瞭解，薛岳用兵尚機敏果斷，而顧祝同則歷來是我軍手下敗將，這無疑是以庸才代替幹才。在高級指揮人員的更迭上，正象徵著國民黨的日暮途窮，最終必然會走向崩潰。」

果然，顧祝同很快就將七十四師送上了絕路。

兵敗荒山

蔣介石給湯恩伯等將領函

在國民黨「五大主力」中（第五軍、新一軍、新六軍、第十八軍、第七十四師），若是排座次的話，七十四師是公認的王中之王，強中之強。心高氣傲的陳誠很不服氣，曾有一次專門問過原七十四軍軍長（七十四師前身為七十四軍）王耀武：

「十八軍與七十四軍，孰強孰弱？」

王耀武微笑不答，十八軍雖然號稱王牌，但只有十一師是一枝獨秀，堪可一戰，而七十四軍三個主力師，卻是春蘭秋菊，各有擅長，五十一師衝擊力強，五十七師綿裡藏針，五十八師奇詭陰狠，僅此一點，十八軍就等而次之了。

抗戰勝利後，七十四軍進行了整編，改番號爲七十四師，但換湯不換藥，七十四師的實力有增無減。蔣介石曾誇耀說，有十個七十四師，他就能統一全中國，可見對其器重之至。

七十四師的師長也是一位傳奇性的人物，他就是大名鼎鼎的跛腿將軍張靈甫。此人本身就是個矛盾混合體，聰穎而倔強，儒雅而粗暴。人性與獸性在他身上反覆地變換，在國民黨高級將領中，是個引人注目的人物。

張靈甫以字行，其名鍾麟，一九〇三年生，陝西西安人。此人自幼非凡，英目秀氣，天資聰穎。他在陝西省第一師範學校念書時，就以書法一道轟動古城，名流于右任專程參觀該校為張靈甫舉辦的書法展覽時，竟然驚嘆得不能自已，連誇「奇才」。須知該老是書法界泰山北斗式的人物，平素自負得很，卻將張靈甫視為知音，結下忘年交，字畫相酬，情誼深長。

張靈甫是黃埔四期生，四期的人才最多，他屬佼佼者；他帶兵的特點是重賞重罰，絕不作任何通融，以「連坐法」嚴格管理軍隊，做到軍令如山。

北伐時，他在劉峙第二師任排長，德安馬回嶺一戰，兩軍對峙，他親率部下，夜間偷襲得手。其用兵才華，小荷尖角初露。從此後，更一發不可收，幾乎每戰必勝，勇冠諸軍，很快即升為團長。

張靈甫的嚴厲、心狠暴躁是出了名的，在家庭問題上也有反映，前兩任妻室均不堪打罵，被他無理休去，第三任妻子吳海蘭，廣元人，青春而鮮麗，張靈甫也頓生憐香惜玉之心，殷勤體貼，倒也其樂融融。但他本性難移，竟釀成轟動一時的「團長古城殺妻」的慘劇。

張靈甫的殺妻暴行，在西安引起轟動，各界婦女聯名上書要求嚴懲凶手。當時宋美齡正任婦女部長，這位受過歐風美雨薰陶的女士自然怒不可遏，逼著蔣介石對此案有所表示，於是天庭震怒，讓張靈甫徒涉千里，來南京服刑。

服刑期間，監獄得知其爲黃埔嫡系出身，非等閒之輩，對他十分優待，黃埔同學們也時來看視，有時索取字畫，張靈甫一概不拒，能書之名也漸傳南京，索字者日多。南京當時的中華路、健康路、夫子廟、白下路一帶商業繁華之區，張靈甫書寫的店名比比皆是。

張靈甫服刑未滿，抗戰爆發因而出獄，殺妻一案，倒使他沉心靜氣，有所磨練，愈見成熟。淞滬抗戰，他已轉至七十四軍，在王耀武指揮的第五十一師任三〇五團團長。一九三七年年底參加南京保衛戰，率部在水西門一帶頑強抗擊日軍。

其時，南京城防線已全線動搖，守城長官唐生智已召集軍官傳達撤退命令。敵軍攻勢如潮，孤城風雨飄搖，而張靈甫所轄之部卻屹立於陣地難撼，他本人也在此戰中負傷，最後一批才撤過江去，臨行前猶憤憤不甘，仰天長嘯：

「枉自稱男兒，甘受倭奴氣。不戰送金陵，萬世同羞恥。」

一九三九年十月的德安之戰終於使張靈甫一洗羞恥。

是戰，張靈甫有扭危定勝之功，當時七十四軍、二十二軍、六十軍、第四軍已在德安陷入日軍包圍三日三夜，彈盡糧絕，士氣不鼓之際，他挑精兵，選能將，孤軍敵後，險中求勝，從張古山之背，攀藤附葛，突出奇兵，致收兩面夾擊之效，從而與友軍互相配合，血戰五晝夜，全師而退，並重鼓餘勇，乘勢反擊，收復了九江以南全部失地。

這一戰，張靈甫身先士卒，血染征袍，右腿被炸斷，蔣介石派飛機將他送到香港治療，延請英國最好的骨科醫生克雷斯特爾主刀，取出五塊彈片。腿雖然保住了，但卻留下終身殘疾，肌肉萎縮變細，走路一瘸一拐，人稱「跛腿將軍」。

此戰張靈甫名滿天下，郭沫若也大為感動，特派著名作家田漢採訪張靈甫，一篇五千字通訊在《中央日報》上妙筆生花，話劇《德安大捷》也公開上演，張靈甫已成全國知名英雄。

傷癒歸隊後，張靈甫益發神勇，上高、常德、衡陽諸戰役，均建功厥偉。抗戰勝利後，出任七十四軍軍長兼南京警備司令。七十四軍已成地道的御林軍。

解放戰爭初期，張靈甫的氣焰非常囂張，率領剛剛整編完的七十四師進軍蘇北，在徐州綏靖公署副主任李延年麾下，充當攻打中共蘇北重鎮兩淮（淮陰、淮安）的主力。

此番進攻兩淮，張靈甫建功心切，因為淮陰是華中解放區首府。如能攻陷，政治、軍事意義都非同小可。張靈甫站在地圖前琢磨了十天，向李延年建議，由李率其他參戰部隊沿睢寧、宿遷、沭陽一線從北面向淮陰進攻，他則親率主力隱蔽集結在南線，沿運河向淮陰發起致命一擊。

張靈甫的對手是才華橫溢的陳毅，他剛剛率領山東野戰軍進入淮北，聞第七十四師來犯，他立即以主力第九縱隊拱衛淮陰，同時，急調華中部隊北上增援，在淮陰以西的運河南岸阻敵。

陳毅這一套陣法取的是常規之勢，因為淮陰之南已屬水網地帶，不利機械化部隊展開。豈料張靈甫鑽的就是這個空子，他讓桂系的軍隊在淮陰西北一帶虛張聲勢，纏住山野主力，他自己則率第七十四師主力，移形換位，從南邊直撲淮陰城下，大有迅雷不及掩耳之勢。

九月十日，第七十四師架起大炮，開始向淮陰城攻擊，飛機也輪番盤旋在淮陰城上空，為張靈甫助戰。

山東野戰軍九縱第一次碰到這樣強勁的對手，別的暫且不論，誰見過國民黨軍敢打夜戰？第七十四師就有這個膽量，居然派出小股部隊在夜間襲擊我縱深，弄得守衛部隊一夕三驚。

張靈甫也在誇獎對面的九縱，一個星期下來，淮陰城還是可望不可即，還沒有人能這樣擋住七十四師的道。

第七十四師使出了吃奶的勁。九月十七日天剛亮，數十架飛機一起飛臨戰場，先把九縱陣地犁了一遍。硝煙未散，第七十四師就衝了上來，子彈、刺刀、鮮血、死亡，都不能阻止它進攻的勢頭，淮陰城危在旦夕。

陳毅在指揮所裡急得直打轉，他知道，僅憑山野的力量，已難於支撐。

一封急電傳向了正在蘇中指揮作戰的粟裕，剛抖開電報，他的臉就變了色，如果不是情況危急至極，陳毅不會顯出這般焦灼的。

「五內如焚，力圖挽救！」

這八個字敲擊著粟裕，他幾乎來不及考慮，匆匆帶上主力第六師，一路馬不停蹄，直奔淮陰而來。另一主力師也在稍後上了路。

十八日晚，九縱司令員張震來到淮陰北大門前，粟裕和譚震林已在那裡佈置好指揮所，調整部署，力圖挽回敗局。

張靈甫也是一位驍將，豈能讓優勢失去。夜色中，他來到前沿觀陣，只見守城部隊調動頻繁。他心裡一動，今晚是他最後的機會，一旦粟裕穩住陣腳，再想奪淮陰談何容易。已經入睡的士兵又被從睡夢中喚醒，借著黑暗摸向淮陰城，拂曉前到達了突擊地點。張靈甫的眼睛又狠又惡，他把進攻方向選在我九縱和第五旅的接合部，像一把利刃，插進我軍的縱深。

由於遠道而來，立足未穩，蘇中的部隊還未展開手腳，就遭到第七十四師的重拳打擊，一時頭暈眼花，組織不起有效的抵抗，眼看著第七十四師耀武揚威殺進了淮陰城。淮陰，這座蘇北重鎮，終於碾在七十四師的鐵蹄下。廿二日，淮安失陷，華東野戰軍、華中野戰軍紛紛北撤，而兩淮之戰至此結束。

張靈甫開著吉普車進了南京城，身上穿著繳獲來的新四軍軍服和草鞋，跨進了蔣介石的官邸。

蔣介石降尊紆貴地迎了好幾步，誇他忠勇，稱他敢戰，滿臉的欣賞與愛惜，他要張靈甫將七十四師帶回南京休整，從此就守衛在他身邊，拱衛首都。

張靈甫胸脯一挺，向蔣介石請纓，再接再厲，趁熱打鐵，把共產黨全部趕出蘇北。

蔣介石微笑著：「只要收復漣水，共產黨的山東根據地就門戶洞開……」

張靈甫搶過話頭：「那漣水就交給七十四師吧。」見蔣介石沒有表示，他又追了一句：「校長……」

並非是不同意張靈甫的請求，蔣介石的心緒有點激動，環顧手下將領，能像張靈甫這樣用命的人不多，不由得嘆道：「有十個七十四師，我就能統一中國了。」

有這一句褒獎，七十四師被抬到了天上，有記者來採訪張靈甫，他一把遮住照相機鏡頭，說：「等我站在漣水城頭再拍吧。」他似乎成竹在胸。

記者問：「張將軍以爲有必勝把握？」

張靈甫不屑一答：「共軍能吃掉七十四師，那它可以一槍不放進南京。」

撤到漣水的陳毅、粟裕一口氣還未喘勻，第七十四師又衝了過來。十月五日，第五十一旅攻佔淮陰東西馬廠，張靈甫將指揮所移駐於此，就近指揮。六日，第五十八旅進駐漣水西的悅來集，不斷放出前哨部隊進行火力偵察、道路勘探，爲大戰做好準備。

漣水城位於廢黃河和鹽河之間，西南距淮陰三十五公里，南距淮安三十公里，是蘇北地區的重要門戶，也是聯繫山東解放區與華中地區的樞紐，儘管不計較一城一地之得失，但漣水的戰略地位太重要了，陳毅、粟裕不能不與張靈甫爲之一爭。

粟裕親自佈陣，他不是單純地防守，而是守中寓攻，防線極具彈性。他建議陳毅率部佯攻宿遷，吸引敵軍其他部隊，放七十四師闖入漣水，然後集中兵力，就地殲滅。

陳毅批准了粟裕的作戰方針，保證密切配合，讓他專心對付第七十四師。

十月十九日，第一次漣水之戰的帷幕在晨曦中拉開。

依然是大張旗鼓，依然是不可一世，張靈甫率領他的第七十四師及整編第二十八師的第一九二旅兵臨漣水城下，按照陸軍作戰典範令，分三路對漣水城實行寬大正面的攻擊，第五十一、五十七、五十八三個旅一起上，僅留下第一九二旅作預備隊。

守軍的第一道防線是漣水城正面廢黃河北岸的大堤，雙方爲爭奪這道大堤，拼上了無數生命，年輕的軀體鋪滿了河灘，廢黃河的混濁裡又染上血的鮮紅。

防守南門渡口的是我十一縱隊某部三排，打了不到半天，排長邢獻良檢查一下隊伍，稀稀落落只剩下不過十來人。第七十四師的火炮砸得又準又狠，既不停歇，也不移動，死對著這片陣地，一個勁地轟擊，辛辛苦苦修築起來的地堡被犁翻了，牆被炸坍了，沙土向天空噴射，又暴雨似的灑落下來，泥沙把戰壕都填滿了。

邢獻良從泥沙中抬起頭來，一眼望去，心裡一緊。河心裡，密密麻麻，紛紛擁擁，儘是蔣軍的橡皮船，船上擠滿了暗綠色的鋼盔，鋼盔下是與他同樣年輕的面孔，顯得殺氣騰騰。

陣地被打坍了，機槍手被炸得血肉模糊倒在一邊，邢獻良從塵土中拖出機槍，一摳扳機，一串子彈像跳動的火焰衝向敵群。

槍聲裡，陣地又復活了，活著的人，一個個從泥土裡鑽出，擠到渡口兩側，輕重火器組成死亡之網，幾隻橡皮船翻倒了，不斷有士兵落水，濺起串串水花。

但是，更多的敵人衝上岸，南門渡口失守了，但這非戰之罪，三排沒有一個戰士從這片破碎的土地上往後逃，邢獻良是揣著手榴彈衝向敵陣的。張靈甫臉上肌肉抽了抽，這樣的對手讓他心裡也發怵。

突破大堤後，張靈甫以為漣水城已無險可守，唾手可得，命令部隊鞏固陣地，準備攻城。他這一套是嚴格按照美國人的軍事教材佈置的，但給了守城部隊喘息之機。鎮守漣水的第十一縱司令員成鈞黑下了臉，轉遍了漣水城，說來說去只是一個意思：「堅決守住。」「要準備巷戰，準備肉搏戰，準備打到只剩下最後一個人。」對付像七十四師這樣的勁敵，什麼樣的情況都要考慮到。

廿三日晨，衝破大堤防線的七十四師直接攻城，雲梯三番五次架上了城牆，就是差那麼一把火候，急得張靈甫喉嚨發緊，拿著軍用水壺一個勁兒地往嘴裡灌水。

眼看日頭偏西，旁邊的參謀問：是否撤下進攻？

張靈甫咬著牙不回答，他知道對面的敵人也一定疲憊不堪，他還要趕在天黑前發動最後一輪進攻，看看共產黨的神經有多堅強。

守城部隊也在咬牙支撐，這最後一輪的衝擊幾乎讓第七十四師得手，城北、城西的防線多處被突破，從城牆上爬下來的蔣軍已經端著槍衝上了漣水城的大街，幸虧成鈞早有心理準備，部隊遇驚不亂，先把城牆下的敵人堵住，然後甕中捉鱉，將衝進城內的敵人一一掃蕩乾淨。

熬過最艱難的時刻，勝利的曙光就依稀可見了。中共主力第一師、第六師、第九縱、第十三旅都相繼趕到漣水城下助戰。

打到廿六日上午，七十四師露出了疲態，不僅望城而嘆，連那道費了九牛二虎之力攻下的廢黃河大堤也守不住了，張靈甫只得灰溜溜地走人。

粟裕乘機揮師掩殺，前鋒直抵張靈甫的指揮部所在地欽工。因爲張靈甫平日目高於頂，對友軍頤指氣使，近在咫尺的第一九二旅旅長曾振如就是坐視不管，打道回了淮安。張靈甫孤掌難鳴，悻悻然收兵退回馬廠、淮陰，歷時十四天（十月十九日到十一月一日）的第一次漣水之戰就此結束。張靈甫第一次知道，他的第七十四師並非戰無不勝。不敗金身的神話從此被打破。

陳毅、粟裕的損失也不小，軍隊傷亡六千人左右。花這麼大力氣，也未將第七十四師降伏。但無論如何，漣水城仍然在共軍手中，蔣介石、張靈甫都不堪忍受這一事實。於是，就有了二打漣水。

槍聲甫歇，張靈甫又捲土重來，蔣介石的臉色不太好看，給他的信裡也有了責備之意：「結束蘇北戰爭」，這是他對七十四師的要求。

張靈甫用兵，雖不能說神出鬼沒，爐火純青，但也虛實有序，張弛得法。再配以絕對優勢的炮火，就變得十分難於對付。他第二次進攻漣水城，先以「仙人指路」作虛招，把第七十四師的五十六旅和第二十八師的一九二旅從淮安派出，向王家口、謝家蕩做正面攻擊。一路上遇阻開道，逢河搭橋，做足了聲勢。然後將主力第五十一旅、第五十八旅和桂系第七軍一旅兵力集結在王營、悅來集隱蔽待機，以作致命一擊。

共軍果然中計，第六師主動出擊，以攻爲守，將注意力全部放到了正面。從十二月三日至十四日，戰況進展頗爲順利，有效地將對手阻於漣水城南地區。

正面攻防戰正打得激烈，張靈甫突出奇兵，西路的三個旅在空軍配合下，於十四日由王營、悅來集向帶河鎮、大關方向發動猛烈進攻，共軍守衛部隊猝不及防，至傍晚，已收縮至大堤防線，背倚漣水城而戰。

第七十四師作孤注一擲，集中全師炮火向漣水城猛轟。炮聲一停，立即就是集團式衝鋒，猶如山洪暴發，氣勢洶湧，一個浪頭接一個浪頭，有時一連持續八九次之多。

在張靈甫的調教下，第七十四師的戰鬥力、戰鬥意志果然不俗。中午十二時，日頭剛過中天，漣水城滿街跑的都是頭戴鋼盔的七十四師士兵了，守城共軍被迫撤退，第二次漣水之戰畫上了句號。

蔣介石、張靈甫終於完成了蘇北的作戰目的。此後的「重點進攻」、「啞鈴戰術」，就是以此仗為基礎形成的。但由於第七十四師消耗太大，又成了陳毅、粟裕沒齒不忘的勁敵，孟良崮全軍覆沒的結局已經就此埋下了伏筆。

蔣介石給湯恩伯等將領函

光陰似箭，冬去春來，轉眼間已是一九四七年的春天，正是乍暖還寒時候。

蘇北戰場的勝利只讓蔣介石得意於一時，退到山東後的陳毅、粟裕憋著一肚子的怒火，向蔣介石打出一連串重拳，特別是前不久剛剛取得了萊蕪大捷，更是砸在蔣介石心窩處，使其情急之下失去了章法，走馬換將，以庸才替幹才，撤薛岳換上了顧祝同。

顧祝同，江蘇蘇北人氏，蔣介石黃埔八大金剛之一，此人內戰內行，外戰外行，震驚中外的「皖南事變」就是由他具體指揮操作的。儘管他的才華並不出眾，但卻十分穩健，不慮勝，先慮敗；不求有功，但求無過。所以想找到他的破綻也不容易。

接到蔣介石的命令，顧祝同的眼睛笑成了一道縫，興沖沖地赴徐州上任。有陳誠在國防部做參謀總長，他這個陸軍總司令就是個花架子。遠不如到哪個綏署、戰區做司令，開疆封土，坐鎮一方。

新官上任三把火，他很快就把所擬的作戰計畫捧到了國防部，國防部部長白崇禧托著下巴連連點頭。

這份作戰計畫體現了顧祝同的作戰特點——穩。儘管看不出新奇高明之處，但也絕少錯誤，於平淡中見功夫。

顧祝同指著地圖說：「爲了實施國軍『重點進攻』戰略，山東調集了全國進攻總兵力的百分之廿七，『重點進攻』總兵力的百分之六十六，五大主力中的三大主力：整編第十一師、第七十四師、第五軍都集中於此。墨三（顧祝同字墨三）以爲，正可以此三大主力爲骨幹，編成三個機動集團，形成寬大正面，壓迫共軍，與其主力決戰。」

「我看墨三的計畫行，有寬度，有保護，有梯次。」白崇禧拍板作了決定，但沒忘了提醒他八個字：「齊頭並進，靠近作戰。」

顧祝同又把這八字方針詮釋成最通俗的語言，對著參戰將領，操著一口蘇北話：「並肩子上，並肩子退。」

比胡宗南佔領延安略遲幾日，一九四七年三月下旬，顧祝同開始對山東發難，這是國民黨重點進攻的另一隻拳頭。

顧祝同作戰果然沉穩，陳毅、粟裕剛剛看出一點破綻，敵第二兵團稍有突前，正準備

▶▶湯恩伯

將其分割包圍，顧祝同已在徐州跳起腳，連連警告兵團司令王敬久：「萬勿冒進！」嚇得王敬久連忙止住了腳步。

陳毅、粟裕無奈地一笑，顧祝同這一套連環陣箇直風雨不透，三個作戰兵團滾動式前進，瞪大眼睛都找不著下箸的地方。

陳、粟部隊開始大範圍地穿插跑動，時分時合，有時甚至故意露出空檔，即使小股敵人落進嘴裡，也忍住不吃。

「不准占小便宜，」陳毅笑著警告部下，「我們要讓敵人放心前進，張開大網捉大魚。」

果然，蔣介石沉不住氣了，最近，他剛爲胡宗南佔領延安而鼓舞，因此也想在山東戰場創造奇蹟。平時他就看不慣顧祝同那種溫吞水的性格，因此直接隔過顧祝同，向第一兵團司令湯恩伯函達命令，要求其加速前進。

儘管湯恩伯很清醒，知道陳毅、粟裕不好惹，但他不敢違抗蔣介石的命令。再說，現在他所轄的整編第二十五、二十八、五十七、六十二、七十四、八十三師，都不是他的基幹部隊，別人家的孩子不心疼，指揮上也就相應草率得多，瞧見陳、粟故意露出的破綻，立即命令所屬部隊加速前進。

第七十四師終於放開了腳步，像野馬脫韁，脫開了主力，直衝陳、粟陣前。

「好！就怕你不來！」陳毅把帽子往桌上一摔。

此戰，以許世友的第九縱隊占坦埠，堵住七十四師的去路；王必成的第六縱隊卡垛莊，截了退道；葉飛的第一縱隊、陶勇的第四縱隊、王建安的第八縱隊負責主攻；第二縱隊、第七縱隊則負責打圍，務必擒住第七十四師。

「好你個張靈甫，居然逼得我陳毅傾囊而出，也不冤枉他『五大主力』美稱了。」陳毅心裡恨恨道。

張靈甫早就憋得心頭冒火，突破漣水防線後，他就忍不住要發起追擊，結果被南京、徐州緊緊按住，他們害怕第七十四師有所閃失，那是誰也承擔不起的責任。所以顧祝同、湯恩伯都把七十四師裹在大軍中，以它爲骨幹，以它來壯膽，一路上儘管推進速度緩慢，卻是放心安全。

自打偵聽到在坦埠發現共軍蹤跡，湯恩伯下達進攻命令，張靈甫終於耐不住性子躥了出去。他立功心切，顧不得向左右鄰軍第八十三、二十五師打招呼，便命令部隊火速搶佔坦埠，搶奪首功。

五月十三日晚，第七十四師兵抵馬山等地，準備第二天搶佔坦埠。就是這麼一耽擱，許世友的第九縱隊、陶勇的第四縱隊飛兵趕到，乘著夜色與第七十四師激戰了一個通宵，一舉佔領黃泥寨、佛山、馬牧池、隋家店等要塞，在七十四師面前築起一道銅牆鐵壁。

與此同時，王必成的第六縱隊攻佔垛莊，紮緊了口袋。七十四師已成甕中之鱉。

一夜未睡的張靈甫眼睛裡佈滿血絲，但神情卻異常興奮，不是一直尋找共軍主力決戰嗎？現在共軍主力就在眼前，而且是貨真價實，沒有一點水分，無可懷疑。他的驕縱也沒了邊際，此時不僅沒感到指揮失誤，反而命令部隊退守孟良崮，同時給蔣介石拍發電報，建議以七十四師爲誘餌，中心開花，裡應外合，將華野主力吸引並消滅於蒙陰山區。

接到張靈甫的電報，蔣介石一躍而起，這才是黃埔生！這才是第七十四師！以身作餌，這需要何等勇氣，他自己首先感動得熱淚漣漣，急忙電令顧祝同、湯恩伯等調集十個整編師，增援張靈甫以實現所謂「中心開花、裡應外合」之戰略構想。

蔣介石給湯恩伯等將領函

「山東共匪主力今日已向我軍傾巢出犯，此為我軍殲滅共匪，完成革命之唯一良機。以我全體將士，應竭盡全力，把握此一戰機，萬眾一心，共同一致，密切聯繫，協力邁進，齊向當面之匪猛攻，務期殲滅，發揚光榮偉大戰績以告慰總理及陣亡將士在天之靈；如有萎靡猶豫，逡巡不前，或赴援不力，中途停頓，以致友軍危亡，致使匪軍漏網逃脫者，定必以畏匪避戰，縱匪害國，貽誤戰局，嚴究論罪不貸，希各奮勉勿誤。」

陳毅、粟裕的臉沉了下來，形勢十分微妙，主動與被動的轉換，往往就在一瞬之間。雖然他們以五個主力縱隊包圍了第七十四師，而蔣軍則以十個整編師又進行了反包圍。雙方都明白，取勝的關鍵在於第七十四師的盾牌有多堅，陳、粟大軍的矛有多利。不是魚死，就是網破！

十五日下午一時，孟良崮之戰開始打響，誰都知道這是生死決戰，所有人的臉色嚴肅得像鍍了一層青銅。

孟良崮，位於蒙陰東南六十公里的蘆山山區頂峰，高五百餘尺，周圍怪石嶙峋，陡岩峭壁，雙泉崮、透明崮、板子崮、忠字崮、錐子崮等環繞其間，易守難攻。第七十四師扼險而戰，居高臨下不斷發動反擊，機關槍、衝鋒槍打得滾燙。仗一直打到暮雲飛捲，陣腳依然未亂。

擔任主攻的第一縱隊司令員葉飛不由暗自誇獎，像這樣的惡戰，這樣的血肉橫飛，換上其他國民黨軍隊，早就魂飛魄散，精神崩潰，意志瓦解了，第七十四師居然挺了一日，沒有寸步退縮。

南京的感覺也良好。接到戰報後，國民黨新聞局長董顯光召開了記者招待會，說：「政府對山東之軍事發展頗為滿意，國軍已與共軍主力接觸而擊破之。相信該省大規模戰爭不久可以結束。」

誰知第二天情況就急轉直下。

陳毅、粟裕當天晚上就琢磨出克敵之道。孟良崮是一片沙礫，寸草不生，滴水皆無。如果在冷兵器時代，算得上是易守難攻的險地，但在近現代化戰爭中，觀念就要改變。一發炮彈炸開，彈片夾著石片，一彈就成了多彈，往往死傷一片。

陳毅的電話很快搖到了各縱隊司令部：「用炮彈教訓張靈甫。」

一陣狂轟濫炸，第七十四師的陣形立即亂得像滿山的石頭，不成章法。

最後決戰的時刻到了！許世友、葉飛不約而同地使上最後一把勁，所有預備隊都投入了戰鬥。死亡，向七十四師張開了巨口。

堵住第七十四師退路的王必成的第六縱隊，他們在垛莊頑強抗擊著整編八十三、二十五師的多層次衝擊。

王必成與整編八十三師師長李天霞是老相識，他們之前交過手，知道其深淺，所以王必成只以偏師扼守大望山一線。李天霞碰了幾次釘子後知趣地縮了回去。

黃百韜的整編二十五師則十分賣力，因為顧祝同已私下透露，如果讓七十四師完蛋，南京怪罪下來，誰也兜不了。所以黃百韜拼了血本，「只許前進，不許後退！」他下了道死命令。

在第七十四師與黃百韜之間，只隔著一座黃崖山，衝過黃崖山，前面就是開闊地，就能與第七十四師鼓角相聞，並肩戰鬥。但是，就這一山之隔，猶如天塹，黃百韜使了吃奶的勁，打了一晝夜，還在山腳下沒挪窩。

張靈甫終於失望了，黃百韜那邊始終雷聲大，雨點小，解放軍已經漫山遍野爬了上來，黑壓壓的，就是由著你用槍打也打不及。陳毅、粟裕是橫下一條心，一鼓作氣擊敗這支王牌軍中的王牌軍。

張靈甫縮回了山洞，眼光掃向部下，副師長蔡仁傑、第五旅旅長盧醒拿出了老婆孩子的照片，相向而哭。副參謀長嚴運良絕望地長號一聲，向洞口跑去。還未出洞，迎面一槍從他腮幫子擦過，弄得滿臉血污，索性橫在洞口裝死。此情此景，都兆示著七十四師的氣數已盡了。

張靈甫最後一次抄起話筒：「南京，蔣先生。」

「你是誰？」話筒中傳出蔣介石的寧波口音。

「我是張靈甫，黃百韜見死不救，李天霞見死不救。我已到了盡忠報國的時候了。」

蔣介石在沉默，兩眼失神，心痛如焚。

陳毅也在沉默，他爲張靈甫惋惜，也爲張靈甫不值。赫赫有名的張靈甫，在抗日戰爭中爲挽救民族危亡，屢建功勳，卻在內戰中斷送了生命，斷送了名譽。

陳毅嘆息了一聲，出於人道主義，出於對張靈甫在抗戰中表現的肯定，專門指示華野指揮所聯絡部，爲張靈甫買了一具棺材，派人送到臨沂，再轉至南京。

蔣介石主持陸軍軍官學校第十六期畢業典禮

蔣介石看到張靈甫的屍體，悲從心來，先將第八十三師師長李天霞抓到南京，軍法審判。

「李天霞本來就是從第七十四軍出來的，卻見死不救，禽獸何異。」他跺著腳罵，嚇得顧祝同連句求情的話也不敢講，生怕禍及己身。

張靈甫的追悼會在滁縣召開，蔣介石親自過問喪事，靈堂上懸掛著他手書的橫幅——

蔣介石給湯恩伯等將領函

「碧血千秋」，並下令重新組建第七十四師，以作鼓舞軍心，悼念亡魂之意。但實際情況是，新組建的七十四師雖然仍是全套美械裝備，但戰鬥力與其前身相比顯然不能同日而語，只能充作二三流部隊使用，派不到關鍵處，派不上大用場。

蔣介石給劉峙等將領函電

徐蚌會戰於一九四八年秋末開始醞釀，蔣介石根據劉鄧的中原野戰軍主力東移河南禹縣的情報，判斷中共的戰略目標是：林彪的東北野戰軍揮師南下，牽制華北傅作義部隊；劉鄧的中原野戰軍自河南東進，協同陳、粟的華東野戰軍，與蔣軍決戰，虎視徐州、蚌埠，奪取津浦鐵路，並威脅南京。

蔣介石深知，此戰非同小可，勝則局面尚有可爲，甚至有柳暗花明之望；敗則一瀉千里，劃江而治都有問題。爲免臨陣倉促，蔣介石於一九四八年十一月令國防部長何應欽草擬作戰方案，以爲未雨綢繆之計。

十一月廿二日，何應欽的作戰方案出籠。其設想是：此次會戰由徐州「剿總」（主任為劉峙）和華中「剿總」（主任為白崇禧）共同擔綱，白崇禧任總指揮。戰略方針是：放棄中小城市，收縮戰線，集中兵力。

方案於廿三日由國防部第三廳廳長郭汝瑰呈交蔣介石。蔣認爲與自己的戰略意圖相符，表示可以照案執行。國防部遂於次日下達了作戰命令。

命令曰：

一、徐州方面：

1.應對陳毅部取攻勢防禦，逐次消耗共軍，並鞏固徐州附近地區而確保之。

2.第七（黃百韜）、十三（李彌）兩兵團分別控制於阿湖、新安鎮、八義集各地附近機動，截擊南竄之共軍，應援東海方面之戰鬥。

3.第二兵團（邱清泉）應機動控制於碭山附近，依情況協同黃維兵團夾擊出於黃泛區之劉伯承部。

4.第三綏靖區（馮治安）應以主力控制於運河以西地區台（兒莊）、棗（莊）支線，擔任守備。

5.第十六兵團（孫元良）於劉伯承主力向黃泛區竄犯時，向宿縣、蒙城附近轉移，而後控於蚌埠機動。

6.第四綏靖區（劉汝明）應以主力守備商丘，一部掩護隴海鐵路東段交通（商丘至徐州段）。

7.徐州「剿總」應加強徐州、蚌埠、淮陰防禦工事，務期堅固、守備，以形成機動兵團之核心，並預爲因陳毅部之南竄可能引起的各種應戰作準備。

二、華中方面：

第十二兵團（黃維）並指揮第二軍、十五軍，應索劉（伯承）、陳（毅）等主力進剿，如伯承主力越過平漢線東竄，即先機推進周家口附近，適時聯繫邱清泉兵團夾擊而殲滅之。

三、會戰由白崇禧統一指揮。

眾將領命後，星夜兼程，趕赴指定地點。

廿五日，黃百韜第七兵團到達新安鎮。

廿六日，李彌第十三兵團到達八義集。

廿八日，邱清泉第二兵團到達碭山、黃口。

就在這節骨眼上，白崇禧卻臨陣變卦，甩手不幹了。

據郭汝瑰一九八五年回憶：

十月三日，白崇禧由漢口來到南京，當日下午五時，國防部開會討論中原作戰問題，白崇禧高高興興地參加，滿口同意以第十二兵團轉戰於阜陽、上蔡、太和地區，他還自動提議以第三兵團隨第十二兵團進出阜陽和大和附近。

但三十一日上午十時再次開會時，白崇禧突然變更主張，堅決不肯統一指揮徐州和華中兩剿總。他說：「你們要我統一指揮，無非是爲了調動十二兵團嘛！你們把十二兵團調去就是。」

不過第二軍、第十五軍在形勢上不便歸十二兵團隊列，只能以第十四軍熊授春部、八十五軍吳紹周部歸十二兵團。

第十二兵團以第二軍、十五軍戰鬥力爲強，白崇禧一下抽去兩個主力軍，必然亂了陣形。

白崇禧爲什麼一夜之間忽然變卦，令人費解。按說，統一指揮兩個「剿總」，是這位自視甚高，有「小諸葛」之稱的桂軍首腦夢寐以求的。此次出任總指揮，出於何應欽的推薦，白何私交甚篤，照理白不應辜負何。

原來，就在三十日晚，李宗仁秘密召見了白崇禧，二人密謀乘機拆蔣介石的台，逼蔣下野。

蔣介石何等聰明，自然一眼看穿桂系的花招。「仗一定要打贏，不能讓李、白看笑話。」他恨恨地對左右說。

臨陣換將，本來就是一大禁忌，偏偏徐州「剿總」總指揮劉峙卻是個草包，除了聽話一點外，百無一長。

蔣介石也知道劉峙不是劉伯承的對手，立即加派杜聿明爲徐州「剿總」副總指揮，前往徐州，全權負責前方指揮。蔣本人也於三十一日晚匆匆由北平飛回南京，坐鎮京師，靜觀戰局發展，隨時準備親赴徐州，面授破敵機宜。

及至十一月四日，蔣介石探得前方情報：劉（伯承）陳（毅）大軍約七十萬之眾，正浩浩東進，但主攻方向不明。

戰鬥迫在眉睫，蔣介石急召顧祝同、郭汝瑰等，研究應戰方案。

「十二兵團加入徐州剿總隊列後，我方在隴海路東線共有八十萬大軍，敵我對比，我稍占優。」郭汝瑰道。

「目前我軍態勢，八十萬大軍沿隴海線一字排開，東起海州（今連雲港），西到商丘，首尾遙望千餘里，猶如一條長龍。若共軍集其主力攻其一點，或擊龍腰，或割龍尾，一攻即破，勢必陣法大亂。」

「郭廳長言之有理。」蔣介石聳然動容，命令顧祝同立即放棄商丘等中小城市，繼續收縮戰線，將徐州「剿總」所轄五個兵團，集中於徐（州）、蚌（埠）一帶，沿津浦線兩側。

六日，蔣介石正式下達作戰命令：

1.徐州守備部隊應切實加強工事，堅固守備。

2.第七兵團黃百韜部應確保運河西岸，與第一綏靖區、第三綏靖區密切聯繫，並在運河以西地區清剿。

3.第二兵團邱清泉部以永城、碭山地區爲集結中心，並在附近清剿。

4.第十三兵團李彌部應集結於靈璧、泗縣地區機動，並在附近清剿。

5.第十六兵團孫元良部以蒙城爲中心，進行清剿，掩護津浦路之安全。

6.第四綏靖區劉汝明部移駐臨淮關，以第八綏靖區轄地爲轄區，原第八綏靖區即撤銷。

7.第九綏靖區撤銷第四十四軍歸黃百韜指揮，立即由陸路撤往運河以西，與第七兵團會合，第九綏靖區各級官長到徐州待命。

8.淮陰守備由第四軍擔任。

這道作戰命令戰略意圖很明顯，用少數部隊固守徐州，卡住隴海鐵路咽喉，阻止劉伯承利用隴海鐵路東西調動軍隊，延緩其攻擊速度，這是其一；其二，所有主力部隊（共五個兵團）悉數集中於徐州、蚌埠之間，機動配備，無論劉伯承從平漢路東進，還是經蘇北南下，都可以利用津浦鐵路，迅速調集部隊，集中五個兵團迎戰，尋求局部優勢。

這個方案說明，蔣介石對「華東戰場方面暫取戰略守勢」，不可能對作戰部署再做大的調整。因為在不明白解放軍進攻意圖的情況下，交戰地點無法確定，難以有針對性佈陣，只好牢牢卡住行軍路線——津浦路，隨時集中使用兵力。

然而，這一切仍是紙上談兵，劉、鄧、陳、粟會讓你從容佈陣嗎？「兵貴神速」，時間、速度往往是取勝的關鍵。

解放軍偵知蔣介石意圖後，立即集中主力擊其弱點，目標直指黃百韜兵團。

八日，即蔣介石佈置計畫的第三天，當黃百韜剛剛與第四十四軍會合，準備撤往運河西岸的關鍵時刻，解放軍各部隊向預定目標直撲而來，運河兩岸頓時槍聲大作，硝煙滾滾。

驚慌失措的黃百韜做夢也沒想到解放軍來得這樣快，遂一面以少量部隊在運河附近設法阻擊，一面令大部隊迅速渡河。

時值初冬，河水尚深，徒涉幾不可能。而河面僅有一座殘破不堪的陳年老橋，黃兵團十幾萬人馬擠在一堆，爭先恐後地上橋西逃，秩序既亂，速度亦慢，黃百韜見橋窄人多，乃令第六十三軍奔赴窯灣渡河。

延至九日深夜，兵團指揮部、第二十五軍、四十四軍、六十四軍、一〇〇軍才相繼渡過運河，退到碾莊附近，而六十三軍卻在窯灣遭到圍攻，全軍覆沒。

到達碾莊，驚惶未定的黃百韜接到蔣介石急件。

碾莊黃司令官鑒：密、極機密。第三綏靖區張克俠、何基灃叛國投共，可恨！八日，匪華東軍粟裕親領一、四縱隊由萬年閘渡河，似有側擊弟部後背企圖。中正。

屋漏偏逢連陰雨。

九日深夜，粟裕的兩個縱隊佔領碾莊西側的大許家、曹八集，華東野戰軍其餘各部隊則全速渡河，黃百韜頓感兩面受攻，腹背皆敵，遂在碾莊附近佔領一個長寬不到十公里的環形地帶，固守待援，已失去機動作戰能力。

由於解放軍的及時前進，蔣介石集中使用五個兵團的戰略部署宣告破產。此時，徐州「剿總」各部隊位置爲：

第十六兵團孫元良部在宿縣；

第十二兵團黃維部已開進到汝南埠，並繼續東移；

第二兵團邱清泉部、第十三兵團李彌部正由曹八集向薛家湖退卻。

由此可見，蔣軍沒有一個兵團處於本月六日下達的作戰計畫中規定的位置，彼此失去保護。

蔣介石不得不重新調整部署。十一月十日，專門致電劉峙，指示方略：

戌灰防揮督電：

1.應本內線作戰之原則，集中全力以求運河以西、徐州以東之共軍而殲滅之。為求決定性之勝利，宜盡百般之手段，遲滯阻擊由西東竄之共軍之第三、第八、第十三各縱隊越過津浦南段參加其主力軍之作戰。

2.黃百韜兵團之六十三軍（實際上已於當晚被全殲——筆者注）應在原位置固守待援，其餘各軍不應再向後撤，尤應協同邱清泉兵團夾擊運河以西徐州以東之共軍。

3.李彌兵團應抽一個軍參加攻擊。

4.邱兵團應以主力轉用於徐州以東，協同黃兵團作戰。

5.徐州守備部隊應堅持固守，支持各方面之攻擊，形成戰場上之堅固支撐點，以利決戰。

6.孫元良兵團應即推進至夾溝、符離集地區，阻擊共軍第三、八、十三各縱隊之東竄，並維護交通。

7.劉汝明部即集結於固鎮、宿縣，維護鐵路交通，並清剿鐵路兩側共軍。

可見，蔣介石仍希望五個兵團協同作戰，解黃百韜之圍，並相機反包圍解放軍。其重點在消滅對方有生力量，不在乎一城一地的得失。

但是，徐州「剿總」總指揮劉峙卻主張堅守徐州，保地不保兵。當日晚十時，劉峙請示蔣介石稱：

徐州以西之共軍尚有強大力量，企圖為牽制邱兵團，策應徐州以東兵團作戰。我軍作戰基本方針，應採取攻勢防禦，先鞏固徐州，以有力部隊行有限目標之攻擊，策應黃百韜兵團作戰，俾爭取時間，然後集結兵力，擊破一面之共軍。

蔣介石吃過「丟人保地」的大虧，當然不肯再蹈覆轍，遂立即回函批駁：

所呈之作戰方針，過於消極，務宜遵照「戌灰防揮督電」所示方針，集中全力擊破運河以西之共軍，以免第七兵團先被擊破。

從軍事原則的角度考慮，蔣介石的作戰方針實高劉峙一籌，黃百韜被圍，當務之急是救出黃兵團，保存有生力量。否則，若四個兵團坐視黃兵團不顧，悉數龜守徐州，則解放軍一旦收拾了黃百韜，解除了後顧之憂，立即就可揮師西進，圍困徐州，到時候，徐州勢必成爲碾莊第二。

粟裕

爲了確保自己的戰略意圖能得到貫徹執行，蔣介石下令，嗣後一切均由杜聿明全權指揮。

杜聿明領命，立即遣李彌率第八軍，邱清泉率第五軍、第七十軍、七十四軍迅速東進，援助黃百韜。

蔣介石擺出決戰之勢，但粟裕的應對卻更有力，偵知邱、李兵團滾滾而來，意在協同黃百韜反包圍圍攻碾莊的解放軍，立即遣華東野戰軍第七、第十兩個縱隊沿途阻擊，並猛攻碾莊，爭取早日解決黃百韜。

不能怪邱、李兵團不用命，他們已經使出了吃奶的力氣，無奈共軍部隊韌勁十足，往往一個村莊拉鋸幾十次，有時一天只能前進幾公里，待黃百韜被聚殲之後，邱、李兵團還是一籌莫展。

事後，許多國民黨高級將領都很納悶，爲什麼集中兩個兵團之力都不能解碾莊圩之圍，黃埔四期生、軍統大特務文強讀了《毛澤東選集》第四卷後才恍然大悟，原來華東野戰軍使用了一半以上兵力來打援，這一點，卻是蔣介石無論如何也想不到的。

十四日晨，劉伯承又調幾個縱隊猛攻宿縣，宿縣爲徐州、蚌埠之間的咽喉，宿縣一失，津浦鐵路即被切斷，到時候不但黃百韜救不成，邱清泉、李彌亦有腹背受敵的可能。

蔣介石給劉峙等將領函電

這一招擊中了蔣介石的要害，爲保住宿縣，他只好派李延年率三十九軍、九十九軍合組爲第六兵團，由固鎮出發，北上解圍。

十五日晚，解放軍攻下宿縣，邱、李兵團有隨時被截斷後路之危險。

黃百韜固然要救，宿縣更不能丟！蔣介石的「戍灰防揮督電」作戰方案又成一張廢紙，沮喪、憤怒、不安、恐懼一齊向他襲來，「箭在弦上，不得不發」，不願意拆散僅有的四個兵團也不行了。

十八日，蔣介石令十二兵團黃維部向宿縣挺進，協同第六兵團李延年部攻城。

邱、李援軍不繼，黃維、李延年另有任務，不能參加救黃行動，黃百韜的命運岌岌可危了。廿二日，黃百韜妄圖頑抗，遭到解放軍痛殲，終至全軍覆沒，黃百韜本人憤而自殺。

黃百韜兵團被殲後，國防部建議放棄徐州，退守淮河，蔣介石亦認爲放棄徐州勢在必行，但他又強調，要退守淮河，必須打通徐蚌線，因爲只有徐蚌交通打通後，才能決定徐州守軍主力如何轉移，而要打通徐蚌交通，必須明瞭徐州東邊敵情，才能下命令。這是廿三日的事。

廿四日，李延年來電稱，解放軍五萬餘人本日由大李集向宿縣、任橋、固鎮方向急進，第六兵團背後壓力很大。

爲免李兵團被解放軍分割包圍，成爲黃百韜第二，蔣介石急令黃維十二兵團向李兵團靠攏。

真正是做夢也想不到，劉伯承放著李延年這個軟柿子不吃，卻啃上了硬骨頭黃維兵團，當十二兵團廿六日沿澮河右岸行至南坪集東南之雙堆集時，兩支解放軍從左右分別殺出，迅速將黃兵團包圍。

聞知十二兵團被圍，蔣介石最初並不在意，十二兵團的戰鬥力在國民黨軍隊中號稱一流，黃維本人也凶悍能戰，完全可以支撐一段時間，甚至有能力打破包圍。

及至廿八日，黃維來電稱，解放軍炮火十分猛烈，共軍數倍於守軍，突圍幾不可能，蔣這才感到事態非常嚴重。他一面電令黃維擴大防守區域，堅守待援，一面急召杜聿明來京，商討援黃事宜。

十二月一日，徐州守軍廿五萬之眾空城而出，由杜聿明率領經肖縣南撤。

徐州守軍的南撤果然引起解放軍的反應，據蚌埠來電，劉伯承抽調兩個縱隊，急奔馬莊、永城，意在截擊杜部南撤，黃兵團壓力已輕。

蔣介石認為機不可失，應趁劉伯承分兵之際，先期進佔永城，集中有力部隊反撲劉部先頭部隊，攻其必救，既可緩解黃兵團壓力，亦可殲敵有生力量，遂派空軍空投一封親筆信給杜聿明，信中的口氣十分焦慮：

> 應速決心於兩日內立即解決灘溪口、馬莊一帶敵部（據報不足四萬人）為各個擊破之惟一良機。如再延遲，則各方之敵必於三日後麇結弟部周圍，又處被動矣。此機萬不可失，切勿再作避戰迂迴之圖。弟南下廿五萬眾，皆聚集在吳集周圍地區，此最不利，應即分路

蔣介石給劉峙等將領函電

前進，向敵出擊，否則，臃腫滯延，又將坐待被困矣。如欲先占永城，牽制敵之主力，可派有力部隊進佔，切不可全部進取。據報，馬莊敵之先頭部隊，今晚似可先我進佔永城，則我軍又落後矣。若再以主力攻城，是最不上算。此時應以決心覓敵之主力而殲滅之為唯一急務。

蔣介石不幸言中了，果然，杜聿明收到信的次日，解放軍佔領了永城，而此時杜聿明部尚在永城東北八公里以外。

四日，華東野戰軍浩浩南下，迅速將杜聿明部包圍於陳官莊、青龍集、洪河集、李石林一帶。

杜聿明爲什麼會遭被困厄運？問題仍出在一個「慢」字上。

杜部南下時，中高級將領甚至下層軍官均攜家帶眷，闊太太、嬌小姐隨軍，加上機械化部隊與步兵隊未能協調一致，是慢的根源。本來，杜部放棄徐州，意在奔襲以解雙堆集黃維兵團之圍，理應輕裝疾進，迅速秘密，怎能攜帶大批輜重及非作戰人員？歷史上清軍圍攻天京。李秀成自杭州回兵勤王，就是因爲輕裝疾進，才能甩掉清軍，遠端奔襲成功。

杜聿明部被圍後，蔣介石手中已無機動兵力，只希望杜部各兵團三面掩護，一面進攻，逐次躍進，以與黃兵團靠近，並令李延年兵團由新橋、曹老集向雙堆集靠近。

中共解放軍的策略是：阻一圍二，即阻擊李延年兵團向雙堆集靠近，圍攻杜聿明、黃維，使三處都孤軍奮戰，以便各個擊破。

六日，中共解放軍由東、北兩面進攻黃兵團第十四軍陣地，該軍苦撐兩日，不支瓦解。至此，黃兵團僅剩下第十軍、第十八軍及第八十五軍三個軍了，更加岌岌可危。

八日晚，黃維遣兵團副司令胡璉自雙堆集飛往南京，要求突圍。蔣介石起初還有點猶豫，後考慮到第十八軍及第十軍是自己親手組建的「黨國中堅」，與其坐以待斃，不如拼死一搏，或許尚有一線生機，遂令胡璉連夜飛回雙堆集，要黃維毅然突圍。

蔣介石對部將的控馭是很有一套的，胡璉登機前，他留胡共進晚餐，餐後又放映電影《文天祥》，此舉意義不言自明，無非讓他保持氣節，拼死而戰罷了。

國民黨統治大廈將傾，絕不是某個人的力量就能支撐起來的。十二月十五日，黃維下達突圍命令，採取「四面開弓，全線反撲，覓縫穿隙，衝出重圍」的方針，逃出一個算一個。

黃維、胡璉都跟著十一師乘戰車往外衝，黃、胡臨行前都要了大量安眠藥，作了死的準備。

在突圍過程中，黃維所乘戰車發生故障，混在潰兵中被解放軍俘虜。胡璉也背部中彈，單車殺出一條血路。突圍結果，黃維兵團三個軍僅千餘人僥倖逃脫，其餘全部被殲。

黃維兵團覆滅後，圍攻黃兵團的解放軍立即加入攻打杜兵團的戰鬥。是時，李延年兵團已奉命撤往淮南，掩護湯恩伯部構築長江防線。放眼淮海戰場，只剩下杜聿明獨戰劉、鄧、陳、粟了。

蔣介石知道杜部久拖必垮，只有突圍一途。

十八日，蔣介石致電杜聿明，甩給杜八個字：「擊潰當面之敵南下。」癡人說夢而已，如果杜聿明部有力量擊潰當面之敵，當初就不會被包圍了。而今圍攻杜部的解放軍數倍於當初，輪番上陣，此落彼起，怎能被「擊潰」？

一九四九年一月十日，杜聿明又苦撐了二十多天後，全部被殲，無一漏網，杜本人亦被俘。

綜觀淮海戰役的歷程，戰役開始前，蔣介石已估計到解放軍會採用分割包圍，各個擊破的戰術，並始終想把分散隔離的兵力集結起來，形成有力的打擊力量（即五個兵團一齊使用），而中共解放軍則搶在蔣的五個兵團到達指定地點、擺好陣勢之前發動進攻，先包圍黃百韜，再包圍黃維、杜聿明，使蔣介石的作戰方案落空，始終棋差一著，最終贏得了戰役的勝利。

醉翁之意

蔣介石給邵毓麟電

就在蔣介石撤離大陸，退守臺灣，惶惶不可終日之際，朝鮮戰爭突然爆發。一九五〇年六月廿五日，金日成率領的北朝鮮人民軍直逼釜山、漢城，南朝鮮李承晚集團一片驚慌，連連告急。

六月廿七日，在蘇聯代表缺席的情況下，美國操縱聯合國安理會作出決定，要求援助南朝鮮李承晚集團，消息傳來，蔣介石大喜過望，敏感地意識到，臺灣的前景出現了一絲生機。

蔣介石的反應迅速而積極，首先馳電李承晚，表示將採取有效步驟進行援助，同時急電駐南朝鮮「大使」邵毓麟稱：

朝鮮遭受侵略，中韓宜屬手足，自應挽救危局，中國政府茲特決定先以陸軍三個師、運輸機二十架，援助韓國。

臺灣駐美「大使」顧維鈞和胡適也到白宮會見杜魯門，表示願派國民黨精兵三個師，攜飛機二十架赴朝鮮助戰，軍隊五日內便可出動，望美國儘快派船接運。

難道蔣介石真有實力承擔出兵朝鮮嗎？

難道蔣介石真心誠意要解南朝鮮之危嗎？正好相反！

此時，正是蔣介石霉運當頭之際，一九五○年年初，國民黨軍隊基本上被趕出了大陸，數十萬殘兵敗將倉皇逃至臺灣。蔣介石為鼓舞士氣，打起精神叫喊要以臺灣作為反攻大陸的基地，可話音剛落，中共解放軍便於四月十二日跨越瓊州海峽登上海南島。僅六天時間就殲滅和驅逐了島上的胡宗南軍隊。接著又相繼解放了被蔣介石視為屏障的舟山群島、萬山群島、東山島等海島。

中共解放軍集結福建沿海進行兩棲作戰軍事訓練，準備解放臺灣。臺灣孤懸危如累卵，蔣介石自顧不暇，如坐針氈。風雨飄搖的臺灣，到處是一片淒淒慘慘的景象。此時蔣介石急欲出兵朝鮮，只是為了引火焚身，爭取美國支持，以擺脫絕境。

抗戰勝利後，蔣介石採取了向美國一邊倒的外交路線，也正是在美國的支持下，蔣介石才敢於發動一場美國出錢出槍，蔣介石出人的反共內戰。蔣介石認定，只要堅持反蘇反共，美國就不會拋棄他。但是，美國對蔣介石的表現感到失望。特別是蔣介石在大陸統治的最後一兩年，美國對蔣介石的態度趨於冷淡。美國總統特使魏德邁甚至在南京國民會堂上公開點名指責蔣介石政府無能腐敗，讓蔣介石大爲尷尬。美國甚至希望中途換馬，在美國暗中支持下，李宗仁當上副總統，一九四九年又逼蔣介石下野，讓位於李宗仁。

蔣介石明知美國對他落難不會落一滴眼淚，但卻認識到他的出路還是在於美國的支持。爲免於被拋棄，蔣介石從幕後走到前臺，想籠絡一些東南亞反共國家，組成「反共同盟」，搭起架子，造成聲勢，然後呼籲美國當盟主，從而改變棄蔣政策。

爲了實現這一目的，蔣介石帶著下野的沮喪和軍事失利的不安，於一九四九年秋出訪了菲律賓和南朝鮮，這三方誰都明白自己能力有限，蔣介石已是強弩之末，當時菲律賓總統還表示願意蔣介石在不得已時流亡菲律賓，建立遠東反共聯盟。蔣介石也直言不諱地說，「聯盟的目標是希望美國參加」，「組織太平洋聯盟之海上行動，必須來之美國」。

蔣介石如此不斷向美國獻媚，卻是落花有意，流水無情，美國人根本不理會。美國非但對蔣介石不感興趣，甚至還打算必要時拋棄他。

一九四九年二月，美國駐華大使參贊莫成德特意從南京飛到臺北，遊說蔣介石派到臺灣任省主席兼警備總司令的陳誠，要陳誠背叛蔣介石，斷絕臺灣與大陸的往來，不讓蔣介石來臺灣，說美國可以每年撥給兩千五百萬美元作「經濟援助」。陳誠不爲所動，使得蔣介石能在大陸掙扎一番後落腳臺灣。現在披露的美國國家安全會議記錄證實了此事。

就在蔣介石忐忑不安之時，美國並不考慮蔣的情緒和面子，於一九四九年八月公佈了《中美關係白皮書》，向全世界公開指責蔣介石「不能應變，其軍隊喪失了鬥志，其政府不爲人民所支持」，浩繁的篇幅充滿了對蔣介石的怨責和絕望，表明蔣介石的失敗，美國毫無錯誤。顯然，美國已準備在中國脫身了。

中華人民共和國成立後，美國國務院曾召集一些外交官和中國問題專家舉行圓桌會議，商討對華政策。參加會議的人普遍認爲蔣介石將被永遠趕出中國大陸，中共不久將攻佔臺灣，美國與蔣介石和國民黨政府的關係將從此結束。會上許多人都主張承認新中國，只是一些當政者認爲「事情並沒有那麼緊迫」而擱置下來。時任美國國務卿艾奇遜甚至表示：只要中共政權不同於蘇聯政權（如南斯拉夫鐵托式），那麼，即使是共產政權也是可行的。於是美國對華外交實行了「等塵埃落定」的觀望政策，並採取了如下行動：

一九四九年蔣介石軍隊撤離南京，國民政府南遷廣州時，艾奇遜指示駐華大使司徒雷登繼續留下來，以尋找機會與中共接觸，只派一位秘書到臺北。美國政府與臺灣方面的文書，都拒用「照會」，僅以「備忘錄」代替。

一九四九年九月，蔣廷黻在聯合國大會上提出「控蘇案」，指責蘇聯政府違反「雅爾達協定」和《中蘇友好同盟條約》而支持中共，要求各國不要承認蘇聯支持的中華人民共和國政府，而美國代表賽普提出，只要譴責蘇聯就可以了，要將決議中「不承認中共政權，不許中共入聯合國」等句刪去。通過的決議案是：

「大會呼籲各國尊重中國政治獨立與領土完整，並尊重中國人民無論現在或將來，均有權自由選擇其政治機構及維持獨立政府，不受外力控制。」

一九五〇年一月十日，艾奇遜在聯大安理會上表示，如安理會多數國家贊成中共進入聯合國，美國將不行使否決權。

一九五〇年一月五日，美國總統杜魯門發表講話，按照《開羅宣言》和《波茨坦公告》，臺灣早已在日本投降時歸還中國，「現在美國亦無意在臺灣獲取特別權利，或建立軍事基地」，「美國亦不擬遵循任何足以把美國捲入中國內爭中的途徑」。

一月二十日，艾奇遜發表國防界線的演講，指出美國的太平洋防線是自阿留申群島經日本、沖繩，而至菲律賓。這樣就將臺灣劃出美國勢力範圍，美國將不承擔安全義務。杜魯門還聲明：蔣介石政府從美國獲得的軍火，哪怕是一九四七年、一九四八年定的貨，都一律停運停交。

一九五〇年五月十七日，美國駐台代辦報告，臺灣命運已盡，建議撤僑，並請自六月十五日將美領事館撤退，五月十九日，美國國務院電准撤僑，並准視情況自定離台日期。五月廿八日，美國國務院向菲律賓總統探詢，是否願意接受蔣介石及高級人員來菲律賓避難。

凡此種種，無一不使蔣介石頹喪至極，蔣美的關係下降到了冰點。按照臺灣官方的說法，這是對國民黨「精神上的沉重打擊」。除美國外，四強中的蘇聯與臺灣方面斷交，英國則於一九五〇年一月就承認了中華人民共和國。印度、緬甸等十七國也先後承認中共。在遠東委員會十二國中，主張由蔣介石方面參加戰後對日和會的只有兩個國家。蔣介石四面楚歌，這是國民黨「外交史上最黯淡的一個時期」。

就在蔣介石為生存和前途焦慮不安之時，朝鮮戰爭爆發了，這給蔣介石帶來一線生機和希望。朝鮮戰爭的爆發，使美國重新審視臺灣的戰略地位，美國國內也有部分人主張不應該拋棄蔣政權，不甘心在蔣介石身上花了五十億美元而落得兩手空空。

六月廿五日，杜魯門等人聽取了麥克阿瑟強調臺灣戰略地位的報告。麥克阿瑟認爲，臺灣是美國太平洋防線，自阿留申群島經日本、沖繩，而至菲律賓中的一環。戰時可扼亞東之航線，斷敵對東南亞資源之徵取；平時可作爲空軍和潛水艇之基地。如敵人佔領臺灣，可使其成爲一艘不沉的航空母艦，對敵之攻擊能力會因此而增加百分之百。因此，美國不能輕易放棄。

杜魯門、艾奇遜這時也認爲臺灣在反共問題上確有價值，甚至萌發佔領臺灣的計畫。如是，它或可成爲美國的一部分，或者也可成爲與中共交涉，以牽制中共與蘇聯保持距離的籌碼。於是，六月廿七日美國通知臺灣，將派第七艦隊武裝進駐臺灣，「阻止中共攻擊臺灣，同時通知中國國民黨政府，勿對大陸攻擊，並令第七艦隊看視其攻擊之停止」。「臺灣未來之地位，必須等待太平洋地區恢復安全後，與日本和平解決，或由聯合國考慮。」

蔣介石終於長出了一口氣，定下了慌亂的心神。但是，他也清楚地認識到，臺灣只是美國爲謀求自身利益的工具或外交籌碼。美國散佈「臺灣地位未定」論，要將臺灣問題將來留交日本、太平洋會議或聯合國考慮，是表示美國還沒有完全接納和認可蔣政權。讓第七艦隊進駐臺灣雖阻止中共解放臺灣，但又要蔣保證不得武裝反攻大陸，這也意味著美國不願刺激大陸政權，不願造成美國武裝支持國民黨反攻大陸的印象，更不願看到由於美國助蔣而刺激中國大陸政權出兵朝鮮。蔣介石暗自思忖，如果情況有變，美國隨時都會拋棄他。

蔣介石雖對美國不滿，但又必須在這一線轉機之時拖住美國才有出路。你美國不是要與臺灣保持一定距離嗎？那我偏要投入你的懷抱，做出難分難解的姿態。

正是基於這一目的，蔣介石才在自顧不暇的情況下主動要求出兵朝鮮。如果美國接受蔣介石出兵，那麼，蔣介石就可以達到以下目的：

一、蔣是以國民政府名義，以聯合國會員國名義請戰的，同意蔣出兵，就無疑證明美國再次確認了蔣介石政權的合法性。

二、蔣介石從此將牢牢捆在美國戰車上，無論結果是好是壞，美國對蔣都得負責到底。

三、蔣介石軍隊在朝鮮直接威脅東北，中共必將與美蔣對抗，美必定不會承認中共政權。

四、蔣介石軍隊在朝鮮也會刺激引發中共對朝作戰，戰火擴大有可能不可收拾，如蘇聯再加入，則第三次世界大戰爆發，美國又要利用蔣，蔣政權的地位將水漲船高。同時，還可借助美國，把逃到臺灣的軍隊經朝鮮半島渡過鴨綠江，進入東北而重返大陸。

五、主動請戰，積極回應美國的主張，也可向美國表示，你雖對我不仁，可我對你還是一往情深，忠心耿耿，愛之如初。

美國人對蔣介石的用意揣摩很深。其時，麥克阿瑟在朝鮮正苦於兵力缺乏，六月廿

道格拉斯・麥克阿瑟，一八八〇年生於美國阿肯色州。畢業於美國西點軍校。美國著名軍事家。二戰期間，先後擔任美國遠東軍司令，西南太平洋戰區盟軍司令，戰後出任駐日盟軍最高司令和「聯合國軍」總司令等職。一九四五年九月代表同盟國簽字受降。一九五〇年朝鮮戰爭爆發後，麥克亞瑟指揮侵朝戰爭，一九五一年因戰爭失敗，被解除一切職務。一九六四年去世。

▶▶道格拉斯・麥克阿瑟

九日急電杜魯門准請美軍兩營赴朝作戰，另以兩師聽候調遣。六月三十日上午，杜魯門便將蔣介石請撥三個師赴朝助戰的方案提出討論。艾奇遜發言認爲：如果國民黨軍隊在朝鮮出現，中共勢必介入朝鮮戰爭，臺灣本身防務也特別空虛。由日本派船赴台運兵入朝，還不如由日本直接運送美軍入朝，路程更近，轉運便捷。臺灣國民黨軍隊的戰鬥力也讓人擔心，缺乏坦克、大炮，其戰鬥力與南朝鮮軍隊相彷彿，是無法與蘇聯裝備訓練的北韓軍隊相抗衡的。言畢，眾人皆點頭稱是，於是決定婉言謝絕。

蔣介石對不能出兵朝鮮一事十分不滿，耿耿於懷，而「聯合國軍」總司令麥克阿瑟聽說蔣欲出兵，正求之不得。一九五〇年七月底，他專程趕到臺灣與蔣介石面談，蔣大誇海口，說臺灣可出兵五十萬，讓麥克阿瑟欣喜不已，他甚至提出可以派軍事代表團來臺灣幫助訓練和裝備，提高國民黨軍隊的戰鬥力，還可以派出大批飛機轟炸中國東北，保證蔣介石在鴨綠江登陸成功。

蔣介石給邵毓麟電

麥克阿瑟隨即向杜魯門要求同意由蔣介石出兵。

麥克阿瑟畢竟只是一名軍人，他所考慮的只是軍事上的勝利，而五角大廈的決策者是從全球角度來審視美國的戰略利益的，美國利益的中心在歐洲，它不願在東方大動干戈，而讓蘇聯在一旁坐看美國消耗。早在六月廿六日，杜魯門就曾決定美軍在朝鮮不過三八線。於是，一九五〇年十一月以後，美國就考慮如何結束朝鮮戰爭。

麥克阿瑟的這一主張，既不符合美國的利益，也遭到輿論的譴責。杜魯門擔心會引起同新中國的直接軍事衝突，於是拒絕了麥克阿瑟讓蔣出兵的要求，並派哈里曼去日本向麥克阿瑟說明美國的考慮。

蔣介石不甘心自己的計畫受挫，在請兵朝鮮計畫被拒後，又向麥克阿瑟另獻「圍魏救趙」之計，即美國幫助蔣介石武裝出兵大陸的福建、浙江方面，並開闢第二戰場，以減輕中國人民志願軍對美軍的壓力。

麥克阿瑟對此十分感興趣，此時，所謂「聯合國軍」在朝鮮被打得焦頭爛額，麥克阿瑟病急亂尋醫，於一九五一年三月對外發表講話，叫喊接納臺灣軍隊，把戰火擴展到中國的「沿海地區和內陸基地」，使大陸「立即陷於軍事崩潰的危險」。

這一談話，在世界範圍內影響很大，遭到正直善良的人們指責，美國政府也不容許這位信口開河的傲慢將領繼續指手畫腳，杜魯門不得不於一九五一年四月一日宣布立即解除麥克阿瑟的職務。蔣介石企圖出兵朝鮮以反攻大陸的夢想也終於隨風而逝。

蔣介石秘檔與信函

作者：張慶軍
出版者：風雲時代出版股份有限公司
出版所：風雲時代出版股份有限公司
地址：105台北市民生東路五段178號7樓之3
風雲書網：http://www.eastbooks.com.tw
官方部落格：http://eastbooks.pixnet.net/blog
Facebook：http://www.facebook.com/h7560949
信箱：h7560949@ms15.hinet.net
郵撥帳號：12043291
服務專線：(02)27560949
傳真專線：(02)27653799
執行主編：朱墨菲
美術編輯：吳宗潔

法律顧問：永然法律事務所 李永然律師
北辰著作權事務所 蕭雄淋律師

版權授權：南京快樂文化傳播有限公司
初版日期：2014年8月
ISBN：978-986-352-056-6

總 經 銷：成信文化事業股份有限公司
地　　址：新北市新店區中正路四維巷二弄2號4樓
電　　話：(02)2219-2080

行政院新聞局局版台業字第3595號 營利事業統一編號22759935

定價：280元

國家圖書館出版品預行編目資料

蔣介石秘檔與信函 / 張慶軍著. -- 初版. --
臺北市：風雲時代, 2014.06　面；　公分
ISBN 978-986-352-056-6(平裝)

1.蔣中正 2.書信 3.歷史檔案 4.中華民國史

005.32　　　　103009971